U0781191

财务报告
计量导论

Value
and Profit

An Introduction to
Measurement in Financial
Reporting

价值与利润

［英］杰弗里·惠廷顿（Geoffrey Whittington）著

乔元芳 译

立信会计 出版社
LIXIN ACCOUNTING PUBLISHING HOUSE

图书在版编目(CIP)数据

价值与利润：财务报告计量导论 /（英）杰弗里·惠廷顿著；乔元芳译. —上海：立信会计出版社，2022.10

（会计经典丛书）

ISBN 978-7-5429-7030-5

Ⅰ. ①价… Ⅱ. ①杰… ②乔… Ⅲ. ①会计报表 Ⅳ. ①F231.5

中国版本图书馆 CIP 数据核字(2022)第 198398 号

| 策划编辑 | 孙　勇 |
| 责任编辑 | 孙　勇 |

价值与利润:财务报告计量导论

JIAZHI YU LIRUN CAIWU BAOGAO JILIANG DAOLUN

出版发行	立信会计出版社		
地　　址	上海市中山西路 2230 号	邮政编码	200235
电　　话	(021)64411389	传　真	(021)64411325
网　　址	www.lixinaph.com	电子邮箱	lixinaph2019@126.com
网上书店	http://lixin.jd.com		http://lxkjcbs.tmall.com
经　　销	各地新华书店		
印　　刷	上海盛通时代印刷有限公司		
开　　本	710 毫米×1000 毫米	1/16	
印　　张	18.25	插　页	4
字　　数	295 千字		
版　　次	2022 年 10 月第 1 版		
印　　次	2022 年 10 月第 1 次		
书　　号	ISBN 978-7-5429-7030-5/F		
定　　价	98.00 元		

如有印订差错,请与本社联系调换

价 值 与 利 润

  财务会计的计量方法,决定了财务会计报告所报告的损益金额和企业资源,影响我们对企业价值和业绩的认识。因此,计量对股东和企业的其他利益相关者都有影响。甚至有人认为,导致 2007—2010 年全球金融危机的部分原因就是对金融工具的错误计量。

  本书是杰弗里·惠廷顿(Geoffrey Whittington)已出版的《通货膨胀会计》一书的后续之作,作者对财务会计计量的理论和实践进行了独具特色的研究分析。本书试图定义和说明各种不同的计量方法,使用简明易懂的数字示例并分析其理论性质。同时,本书还介绍了大量的经验证据以及思想、实务的历史发展。本书是学习财务会计的高年级本科生和研究生,以及与会计准则有关的从业人员和政策制定者的必备读物。

  杰弗里·惠廷顿是剑桥金融中心贾奇商学院的高级研究员,也是国际会计准则理事会的创始成员。他著有关于财务会计的许多出版物和论文,包括《会计要素》(剑桥大学出版社 1992 年版)和《通货膨胀会计论》(与戴卫·泰迪合著,剑桥大学出版社 1984 年版)。

献给卡斯帕、哈米什和桑德

杰弗里·惠廷顿简介

学历与现任职位

杰弗里·惠廷顿生于 1938 年 9 月 21 日，获伦敦大学理学学士学位、剑桥大学硕士和博士学位，为爱丁堡大学荣誉科学博士、苏塞克斯大学荣誉博士。现任剑桥金融中心(CCFin)和剑桥金融研究基金会(CERF)荣誉资深研究员，剑桥大学菲茨威廉学院(Fitzwilliam College)金融和会计研究员、名誉教授、终身董事。

职业经验

杰弗里·惠廷顿教授是特许会计师，他曾是皇家收入和财富分配委员会顾问、公平交易办公室(关于股票"大爆炸"交易案)的兼职顾问，也是垄断和合并委员会的兼职成员。他曾担任多个机构的学术顾问，后来成为英国会计准则委员会的兼职成员、国际会计准则理事会的全职成员。他曾在竞争政策、会计和定价问题上担任国内外大型公司的顾问。

杰弗里·惠廷顿教授是英国皇家工程师学会三个小组的第一成员，是一个小组的主席，另一个小组的执行主席。他是许多编委会的成员，也是许多主席任命的顾问和许多执业委员会(英格兰和威尔士以及苏格兰特许会计师公会)的成员，这些委员会与学术研究、技术问题和会计准则有关。他曾是米德直接税改革委员会的成员，随后又成为财政研究所税法改革委员会的成员，以及贸工部公司法财务报告审查小组的成员。目前，他是四个编委会的成员、英国会计准则理事会以及竞争与市场管理局学术委员会成员。

曾经担任的全职工作

杰弗里·惠廷顿教授接受过特许会计师训练，他以剑桥大学应用经济学系研究员的身份开始了自己的学术生涯,并在剑桥大学菲茨威廉学院担任经济学研究主任。后来他在爱丁堡大学和布里斯托尔大学担任会计和金融学主席。他于1988年返回剑桥大学,担任经济学院普华永道财务会计教授。他于2001年从剑桥大学离职,担任国际会计准则理事会全职理事,任期5年,2006年返回剑桥大学。

荣誉和奖励

1994年当选英国会计协会杰出学者,1997年获爱丁堡大学名誉科学博士,2001年登上大英帝国司令勋章新年荣誉榜,2003年获英格兰和威尔士特许会计师公会创始学会百年奖,2004年进入英国会计协会名人堂,2010年获《算盘》杂志钱伯斯最佳论文奖(联合),2014年获苏塞克斯大学名誉博士。

研究兴趣

会计准则的基础理论,包括目前对财务报告概念框架的修订;会计计量,特别是公允价值及其与其他计量方式的关系。

译　序

一

　　"价值"和"利润"是会计专业人士和会计信息的利益相关方都耳熟能详的两个专业名词。会计专业人士和会计信息的利益相关方对诸如资产价值、企业价值、股权价值、净利润、每股收益等名词能信手拈来,这些名词的含义似乎也不言自明,价值和利润的金额似乎是确定无疑。但从理论层面深究起来,"价值"和"利润"却又十分复杂,依据不同理论,一项资产的价值和一个企业的利润似乎又会有不同的答案,就像"一千个人眼里有一千个哈姆雷特"一样。就拿贯穿本书始终的那个简单示例来说(弗雷德是一名街头商贩。他用自有的 100 英镑,在某一大的早晨去批发市场以每个 1 英镑的价格买了 100 个菠萝,当天他以每个 1.50 英镑的价格卖出 80 个,剩余 20 个),在不同的情况下,一天结束时弗雷德没有卖出的 20 个菠萝存货的"价值"和经营一天获得的"利润",就会有差别极大的不同答案。如果在这个简单示例中,进一步加入负债(弗雷德从梅布尔姑妈那里借了 50 英镑)、固定资产(弗雷德花费 100 英镑购买了一辆购物车)、利润分配(每天营业结束后弗雷德都会提取款项用以个人消费)和跨期经营(弗雷德经营三期后停止经营,清算了业务),情况就变得异常复杂了。

　　从这个简单示例就可以看出,本书是一本稍微有点"烧脑"的关于会计计量问题的理论专著。

二

　　综观本书,其基本逻辑和主要观点如下:

　　第一,会计具有经济后果,会计信息会影响相关利益各方的投资决策、贷款决策、股利分配政策、税收政策、工资协议和公用事业定价政策等。

　　第二,如果市场是确定、完善和完全的,会计并不能提供信息增量。但现实情况是,市场存在高度不确定性,既不完善也不完全。因此,财务报告提供的会计信息就很重要，而会计计量是决定会计信息质量的基础。

第三，会计计量是将数字金额赋予一个会计项目的过程。要进行会计计量，一是要选择一个计量单位，当然就是货币（可以是当地货币，也可以是外国货币，会计准则中统称为"功能货币"）。二是要选择计价方法，这涉及计量属性的选择，如历史成本还是现行市场价值（如重置成本或销售价值），还需要确定计量的汇总层次。例如，是对工厂的各个项目分别进行计价，还是将各个项目作为工厂总价值的一个组成部分进行估值，抑或是对整个企业确定一个估值额。

第四，如果物价处于静止状态，既没有普遍变动（通货膨胀或通货紧缩），也没有相对变动，而且市场处于充分竞争状态，则每项资产只存在一个价格，会计人员就不需要在入手价值（重置成本，在这种情况下假定其等于历史成本）、脱手价值（销售价格）和使用价值之间进行选择，因为它们都相等。按历史成本原则计算的利润也将等于经济利润，即历史成本会计计量的财富净值增加额等于公司资产现值合计的增加额。

第五，历史成本计量符合经管责任观，而现行价值计量可以满足决策有用观的要求。

第六，现实的情况是，物价往往存在普遍上涨或普遍下跌（比较罕见）的情况，但更为普遍的现象是物价一直是相对变动的，因而采用不同的计量属性就会有不同的资产计价结果和利润计量结果。历史成本和通过一般指数调整的历史成本与现行价值之间的差异，会因物价变动幅度的大小不同而不同。重置成本、可变现净值和使用价值是现行价值的不同表现，分别代表了一项资产不同可用机会的价值。

第七，如果我们采用计量观，认为财务报告可以提供净财富或利润等最佳总量指标，在财务报告中采用单一价值计量指标即可。如果采用信息观，那就是认为会计数据只不过是使用者决策模型的其中一个输入变量，而不是衡量报告主体财务业绩和财务状况的最佳指标，那就需要会计使用多种不同的价值量度。无论采用哪种方法，如果只提供单一价值指标和利润指标，则无法满足所有各方的不同需求。因此，为每项资产分别报告不同的价值是有必要的。

第八，不同的资本保持观（业主观还是实体观）对资本保持的要求不同，基于不同资本保持观计算的利润也不相同。

第九，会计准则的制定不仅仅是一个技术问题，更是一个政治过程。

三

本书作者惠廷顿是研究通货膨胀会计方面的知名专家,他与国际会计准则理事会(IASB)前主席泰迪维持着长期的学术关系,他们合作出版过通货膨胀会计方面的专著。当然,本书的范围远远超出了通货膨胀会计,其副标题已经明确展示了本书是一本名副其实的"会计计量"专著。就通货膨胀会计而言,本书的基本逻辑和主要观点如下:

第一,在存在通货膨胀或者价格相对变动的情况下,为实现资本保持,有必要对历史成本进行通货膨胀调整。

第二,根据价格指数调整历史成本的做法本质上仍然是历史成本会计范畴,通常称作不变购买力会计,而非现行价值会计。

第三,根据资本保持观的不同,通货膨胀调整又分为按一般价格指数调整和按特定价格指数调整,而价格指数又有期初指数、期末指数和平均指数等不同的种类。

第四,在通货膨胀期间,企业持有货币性资产会发生持有损失,持有货币性负债会发生持有利得。不同资本保持观不下,持有利得和持有损失计入损益还是资本准备也会有所不同。

第五,虽然不变购买力会计在英美等国的实验在20世纪80年代已经宣告停止,但通货膨胀对价值和利润的影响事实上并没有完全消失,物价的普遍上涨和相对变动是世界各国经济的常态,在会计中考虑通货膨胀影响仍有现实意义。国际会计准则委员会(IASC)发布的《国际会计准则第29号——恶性通货膨胀经济中的财务报告》,目前依然是有效的国际会计准则。

四

在写作手法和行文风格方面,本书有几个明显的特点:一是全书使用一个通俗易懂的日常案例贯穿其中,层层递进引入会计计量的各种情形和问题,方便会计基础知识相对薄弱的读者直观地理解会计计量的各种概念。二是将"资产＝负债＋权益"这一会计恒等贯穿全书,用几个简单的符号和代数式,轻松地表达和展示各种会计计量概念。三是尽管全书主要使用规范研究方法(本书全文使用"理论研究"),但惠廷顿作为较早开展实证研究(本书全文使用"经验研究")的专家,在各章介绍了大量经验研究成果,列举了大量研究文献,有利于读者借鉴前人研究成果。四是作为曾经在国际会计准则理事会任职的创始理事,作者不仅关注会计计量的纯理论问题,而且还关注公允价值计量、概念框架修订等现实会计问题,从而又使本书呈现出"接地气"的一面。

五

我首次看到本书英文版,是在北京国家会计学院图书馆。浏览之后,顿觉本书实际上就是一部内容丰富的会计计量理论史,在会计理论和实践上都具有重要的参考和研究价值。本书研究比较了各种会计计量属性,介绍了它们的优点和缺点,提供了丰富的实证研究结论和正反各方面的观点。在翻译本书的过程中,我深切意识到英美会计界对会计计量问题研究视野之深广、研究方法之全面,深切意识到目前我国会计理论界和实务界争论、困惑的不少会计计量问题,实际上早在 20 世纪 60 至 70 年代英美会计界就已经研究得很透彻了,而反观我国会计理论界,关于会计计量这类基础研究却极为罕见。

我翻译本书前后历经 3 年之久。业余时间,我徜徉在会计理论与会计历史的知识海洋,日积月累地将一个个英文单词逐渐转化为一个个熟悉的方块汉字,不啻是一次愉快的、自我实现的心灵之旅。翻译的过程,也是一个学习的过程,还是一个再创作的过程。对原著涉及的我国会计理论界和会计准则未曾明定的大量专业词汇,准确翻译尤为困难,往往需字斟句酌、搜肠刮肚、劳心费神,而一旦我找到一个自己满意的译法,满足感和成就感则油然而生,个中滋味只有亲历者方能体味。

在本书翻译过程中,立信会计出版社的孙勇老师、倪丹燕老师一直给予关注和大力支持,对书稿进行了认真校阅与修正,在此表示衷心感谢。当然,对于本书不可避免地存在的错谬,责任当然全由译者承担,期待广大读者不吝指正。

乔元芳
2022 年 7 月于上海

序　言

我于 1983 年出版的《通货膨胀会计:论争综述》是本书的基础。《通货膨胀会计:论争综述》旨在介绍通货膨胀会计的基本框架,为阅读戴卫·泰迪(David Tweedie)和我在 1984 年出版的《通货膨胀会计论》作准备。当然,《通货膨胀会计:论争综述》也意在介绍支撑财务会计的计量概念,因为这关乎现行的实务,在制定经济决策时格外重要。如损益表中的利润如何计量、资产负债表中的资产和负债如何计量等问题,会影响我们对企业业绩的理解,并会越来越多地影响包括公共部门机构在内的其他主体的业绩,这在 2007 年金融危机之后变得非常明显。

在当初撰写《通货膨胀会计:论争综述》时,通货膨胀还是世界经济一个主要的关注点,所以它强调通货膨胀会计,当然它也承认通货膨胀只是计量问题的一个侧面,因为即使忽略不计通货膨胀(一般价格水平变动),个别价格通常也会发生相对变动。从那时起,世界经济已经发生了变化,不再强调一般价格变动,而是强调个别价格变动。值得注意的是,金融危机后,经济衰退的特点是低通货膨胀,同时,石油等某些商品和大宗商品的价格也出现了很大变动。

尽管本书基于前书,特别是使用了相同的会计恒等式基本框架和数字示例,但本书反映的是从强调通货膨胀向强调个别价格变动的转变,还重写并重排了文本,以突出特定价格变动而不是一般价格水平变动。特别是,本书将关于通货膨胀的详细讨论放在第 5 章。本书还试图反映自《通货膨胀会计:论争综述》初版问世以来学术界发表的大量相关研究成果。这些研究大多是经验研究,而本书的框架基本上是理论研究①,侧重于如何或应该如何建构会计报表,而不是实际采用什么方法建构会计报表以及会计信息使用者如何获取会计报表。因此,本书的风格似乎有点过时,但我并没有感到不妥,因为理论研究和经

---

① 本书所说的"理论研究"指的是与经验研究相对应的"规范研究"。——译者注

验研究相互之间肯定是必不可少的伙伴,而不是竞争对手:如果不是基于理论上合理的问题,经验研究就不可能得到合理的答案;政策决定当然也包括根据经验研究的可行性和结果在理论模型之间作出选择。尽管我作为一名经验研究者,以基于大型公司会计数据库的研究开始了我的学术生涯,但是我的直觉是,经验会计研究的狂热扩张,已经将理论排挤到了不健康的程度。因此,我们可能将会面临这样一种危机,即过去获得的知识将会丧失,在将来变得相关时却又必须将它重新找回。因此,如果能说服部分会计研究人员利用我的简单但却基本的会计恒等式和数字示例来从事研究工作,相比就最近的经验研究工作撰写一份广受欢迎的调查报告,我会更加满意。

这并非表明本书仅面向会计研究人员。我尽力使它具有可读性并通俗易懂,但读者如果具有基本会计知识对理解本书会更有帮助,如从入门课程中已获得的知识。除此之外,读者的会计和财务背景越强,就越能更好地理解本书。当然,理解也是相对的。即使我作为作者,也不能完全理解该学科中的所有看似简单却往往微妙的问题。这就是在《通货膨胀会计:论争综述》初版发表后的1/3世纪之后,我仍然努力反躬自问的原因。

我向在撰写本书的漫长过程中为我提供帮助的所有人士致以谢忱。除了在初版序言中已经表示感谢的人士,我还受益于朋友和同事的支持和评论,这些朋友和同事不胜枚举。不过,我在此特别感谢牛津大学和剑桥大学的教授理查德·巴克(Richard Barker)和杰夫·米克斯(Geoff Meeks)以及我早期指导的博士生,他们都对倒数第二稿发表了非常有益的评论。另外,感谢剑桥大学基督学院的威廉·彼得森博士(Dr. William Peterson),他对第5章指数的处理进行了精妙的评论,使我至少避免了一个低级错误。另外,我要对本书尚存的错误和不足承担全部责任。最后,自2006年离开国际会计准则理事会以来,我的工作得到了剑桥金融研究基金会(CERF)在贾奇商学院提供的研究支持,我要感谢其受托人及其历任董事的支持,感谢约翰·伊特威尔教授(John Eatwell)和巴特·兰布雷希特教授(Bart Lambrecht)一如既往的鼓励。

本书的初版是献给我的孩子艾伦(Alan)和理查德(Richard)的,他们当时都不到10岁,这是时间流逝的一个标志。本次出版则要献给我的孙辈们,当本书付梓之际,他们都10多岁了。如果他们这一代的某些人能阅读本书,那就不枉我撰写本书的付出了。

目　录

第 1 章　财务会计计量问题导论

1.1　引言

本章的目标是解释会计计量具有重要性的原因,并对以后各章更为详细的分析进行总体概述。首先,我们讨论会计特别是财务会计及其运用。其次,我们考虑计量对会计数字的影响。再次,通过简单的数字示例说明各种计量方法,并利用英国公司的数据展示量化各种调整的重要性。最后,本章概括了本书其他章节的论证过程。

1.2　财务会计

会计可以宽泛地定义为"提供会计主体(对其他方担责的个人、组织或集团)与经济活动有关的信息"。基于本书目的,我们将缩小其范围,把国民收入会计和非商业组织的个性化问题排除在外。我们将主要关注商业实体(通常是公司实体)会计,且将关注的领域集中到财务会计,而不关注管理会计。财务会计主要是传统上定期编制的财务报告,通常至少每年编报一次,主要为公司所有者和融资提供者(即典型的公司的股东和债权人)的利益服务。我们将会看到,近年来,财务报告的使用者及其用途呈扩大之势。

我们不应特别关注为公司管理层内部使用、以帮助他们进行决策和控制活动的管理会计。管理会计的信息范围非常宽泛,其形式也没有法律明确规定,因而管理会计实务相比财务会计更具异质性。管理会计计量基础的正确选择显然很重要,误导性信息可能导致管理不善。财务会计提供了对管理决策结果的总体描述,是管理会计的补充。[1] 本书将避开对管理会计问题的专门分析,理由只是为了简化[2]:财务会计存在足够多的问题来满足当前的研究目的。

财务会计通过向会计主体外部的人士提供财务信息,帮助他们做出与之相关的决策,从而在市场经济运作中发挥重要作用。在这些决策中,最具代表性的是投资决策。投资者通常也被视为法律(如公司法)、会计制度(如国际会计准则理事会的准则)和其他监管要求(如证券交易所的上市要求)认为的主要的报表使用者。在公司制企业的投资者中,权益性股东扮演着特别重要的角色,其在公司立法中地位突出,通常赋予他们在公司会议上选举董事、接受账目、批准股利、任命审计师和开展其他重要业务的投票权。在有限责任的约束下,他们通常通过公司的股利支付分享主体的利润,并在出现亏损时承担剩余风险。尽管账目也需要告知其他使用者,但由于这些原因,股东通常被视为公司的所有者和信息需求至关重要的群体。除债券持有人和银行等非权益投资者外,其他使用者还包括供应商、客户、雇员以及与报告主体有经济关系的其他方面,以及向其他方提供咨询和信息的中介机构,如信用评级机构和财务分析师。其他使用者还包括范围更广的利益相关者,这些利益相关者的利益可能更加宽泛,甚至可能与主体没有直接的经济关系。[3]

政府也依赖会计信息进行征税、国民收入统计,它们是宏观经济管理和监管的基础。近年来,会计信息在监管中的使用有所增加,特别是在竞争性政策方面和私有化公用事业的价格管制方面。[4] 在后一种用途中,计量一直是一个颇具争议的问题:用来计量资产基础的方法,可能对消费者承担的价格、对被监管实体的股东利润产生重大影响。在 2007 年开始的国际信贷危机中,银行监管机构对会计信息的监管应用变得非常重要。在这里,计量再次成为一个关键问题。特别是,一些评论人士声称,使用"公允价值"(估计的现行市场销售价格)计量金融工具,放大了银行利润及其资产负债表偿付能力的明显波动,导致银行不恰当地违反了监管目标,从而助推了危机。[5]

然而,财务报告[6]的主要关注点是投资者(特别是权益性股东),显示了他们作为所有者和最终风险承担者的角色。国际会计准则理事会(IASB)等主要会计准则制定机构的概念框架,将(现有的和潜在的)投资者确定为财务报告的主要使用者,并认为其他使用者也将从相同的信息中受益,尽管财务报告并非专门为其他使用者而设计。

为服务于投资者的需求,概念框架通常分为两个主要目的:决策有用性和经管责任(有时更宽泛地称为"受托责任")。决策有用性与投资者追加投资或减持投资的决策有关。因此,最好的服务方式是直接提供实体估值和股票估值方面的事前信息。经管责任是董事或其他高级内部管理人员对外部利益相关者(特别是普通股股东和其他长期投资者)承担的主体业绩责任。因此,经管责任更加关注对报告主体业绩的事后评价,可能由此影响公司对董事奖罚的决定(根据英国法律,向公司年度股东大会提交财务报告是股东的其中一项责任),也可能会对投资决策产生影响(如传递管理质量的信号)。但是,相对于决策有用性,经管责任不太直接关注未来。国际会计准则理事会(IASB)提出的一项建议中,因概念框架未将经管责任作为独立于决策有用性的一个目标而引发了一些争议并被撤回,[7] 从而再次认可了财务报告经管责任职能的重要性。

财务报告使用者范围和不同用途的这些例子证明,运用财务报告能产生经济后果,财务会计很重要。股价水平、税收、股利、董事薪酬和产品价格等事项,会直接影响个人经济福利。因此,尽管这个主题表面上看起来有些枯燥和技术性,但是关于不同会计方法的争论往往非常激烈甚至充满狂热。受影响的各方都有强烈且直接的动机拥护似乎最有利于他们的会计技术。关于会计计量的争论,当然也是如此。[8]

在讨论计量及其对会计的影响之前,必须考虑财务报告使用者范围和用途范围不断扩大的另一层含义。一种特定类型的信息(如单一的利润数字),不太可能满足所有潜在使用者的需求。例如,用于评估利得税的利润指标不一定等价于设定可分配股利上限的利润指标:根据英国现行法律,应税利润和可分配利润的定义不同就是这方面的证据。进言之,即使在会计准则制定者所偏好的服务于投资者特定需求这一狭窄的范围内,不同投资者由于偏好不同,信息需求也各不相同,因为他们的风险厌恶程度可能不同,评价报告主体的模式也不一样。尽管如此,关于财务会计特别是财务会计计量的争论,一直被许多参与者所隐含的信条所困扰,即希望找到能够提供"全部答案"的一个数字或方法。这一问题因以下事实而变得更加复杂:绝大多数个别问题都可能有许多答案。例如,根本不清楚公司税应以利润为基础,还是以对股东支付净额为基础[9],因为可以这样辩称,股利决策不仅要考虑利润,还应考虑流动性限制。

1.3 财务会计计量

财务会计计量是将数字金额赋予会计项目的过程。为实现这一目的,必须作出两个独立选择:一是选择计量单位,二是选择计价方法。选择计价方法将涉及计量属性的选择,如历史成本(为获得一个项目而实际支付的金额)或现行市场价值(如重置成本或销售价值)。计量还需要确定计量的汇总层级。例如,我们是对工厂的各个项目分别进行计价,还是将各个项目作为工厂总价值的一个组成部分进行估值,抑或试图对整个企业只得出一个估值额?

核心财务报告的计量单位是货币单位。这似乎是一个显而易见的简单决定,但实际上它却产生了两个难题。

第一,必须选择一种货币。在某些情况下,这倒是简单明了,但对于那些在多个货币区域经营的主体,情况就不同了。对国际集团公司而言,为会计目的选择一种功能货币以及将项目从其他货币转换为功能货币的外币折算,这些问题非常复杂,需要会计准则提供深入的指导。[10]

第二,选择了一种货币之后还存在通货膨胀问题。名义货币单位(如英镑或美元),在购买力方面很难长期保持实际价值不变。因此,会计师发现与重量或长度等实物单位不同,名义货币计量单位在不同时间的价值并不相同,从而降低了会计数字在不同期间的可比性。货币计量也可能导致一个期间内各账户的不一致,因为典型的历史成本会计是按照项目的过去价值或成本计量的,或在报告期内的不同时间进行计量。在这种情况下,当货币单位具有不同的购买力时,报表就汇总了在不同时间计量的项目,这个过程有时被比喻为"苹果加梨"的过程。在高度通货膨胀时期,问题变得尤为严重。在发生高度通货膨胀的经济体中,一种可能的解决办法是找到一个不变或相对不变的价值单位,并将可变的名义货币单位折算为这个新单位。这一过程与外币折算过程相同:有时不变价值单位实际上是另一种更稳定的货币,如美元或者20世纪20年代的德国金马克。更常见的解决办法是利用价格指数调整现行货币来创造一个不变计量单位,如创造一个新的"不变美元"计量单位。[11]这将在第5章中加以讨论。

计价问题是一个根据选定的货币单位来计量报表中各项目的问题。要在会计报表项目不同的经济属性之间作出抉择也存在困难。会计师首选的传统方法是历史成本,即为资产支付的初始金额或为负债收取的初始金额。但是最近在某些情况下他们则采用了现行价值。特别是国际会计准则理事会(IASB)对某些金融工具使用的公允价值[12],在关于金融危机的辩论中引发了极大关注。现行价值分为三类：入手价值（当前取得成本）、脱手价值（预计当前处置收入，其中公允价值是一个特殊变型）和使用价值（预计在经营中持续使用的未来收益现值）。

计量问题并不限于在某一时点对资产和负债的计量，如在资产负债表中的计量（如第 1.4 节所示）。它还关注在收益表中反映的随时间变化而产生的计量变动（收益表反映利润计量）。确认利润之前必须保全的所有者资本，会受到通货膨胀（计量单位问题）和特定价格变动（计价问题）的影响。下面的简单数字示例揭示了更多计量方面的问题。

1.4　数字示例

这个示例出自会计职业界的一位领导人对一群工业会计师的讲话，该领导人试图说服他们采用会计准则委员会发布的现行成本会计制度（CCA）（SSAP 16，1980）。现行成本会计制度用现行重置成本[13]取代了[14]传统的历史成本，标志着财务会计计量基础的重大变化。这个示例的交易非常简单，却展示了一些相当微妙的问题。

示例如下：

弗雷德（Fred）是一名街头商贩。一天早上，他去批发市场买了 100 个菠萝，每个 1 英镑。他以每个 1.50 英镑的价格卖出 80 个，他用传统的历史成本法计算当天的利润，如下所示：

收益表[15]（本期）

	£
销售收入	120
减　商品销售成本	80
利润	40

请注意，他记录的商品销售成本为 80 英镑，即 80 个菠萝的成本。这就意味着剩下的 20 个菠萝值 20 英镑，这是他为这些菠萝所付出的金额，也就是历史成本。

与其收益表相对应的是财务状况表，传统上称为资产负债表。[16]这张报表展示了他在某个时点的资产和负债情况。在这一天的开始，他有 100 英镑现金，相当于他自己的资本，因此他的期初资产负债表只有两项：

资产负债表（期初）

资产：	£
现金	100
合计	£100
融资：	
业主资本：	
期初出资	100
合计	£100

当天结束后，他的资本增加了 40 英镑（利润），达到 140 英镑，对应的是现金加库存的菠萝，如下所示：

资产负债表（期末）

资产：	£
现金	120
菠萝存货	20
合计	£140
融资：	
业主资本：	
期初出资	100
加 利润	40
合计	£140

上述结果基于两个计量假设：

（1）价值非以货币形式固定的资产（"非货币性资产"，即本例中的菠萝存货），使用历史成本会计进行计量。

（2）资本保持概念采用的是货币资本（有时称为"名义资本"），即确认利润之前应从期末资本中扣除的期初业主资本额。

理解这些假设的最好方法，就是看一下改变上述假设的后果。

我们先改变历史成本假设。假定当天没有卖出的菠萝第二天就卖不掉了，这样它们实际上就一文不值。这将增加 20 英镑的存货消耗成本，并减少 20 英镑的期末资产。这样的话，利润为 20 英镑，总资产为 120 英镑。这就是"成本与市价孰低"稳健估值规则的具体应用，这个规则在实务中经常被用来修正历史成本。

另一种计量规则是放弃稳健主义，记录现行市场价值，而不管其是高还是低。如果我们考虑这种情况下的脱手（出售）价值，并修正假设（即当天未售出的菠萝第二天可以相同的价格出售),我们可能会考虑以当前 1.50 英镑的销售价格记录这些存货。这就是盯市(marking to market)情形,估值结果将与国际会计准则理事会目前定义的公允价值保持一致。[17] 在这种情况下,利润总额为50 英镑,期末资产(等于业主资本)为 150 英镑,包括 30 英镑的存货。如果实现该利润还需要花费重大成本,会计师和准则制定者可能都不愿意确认因纯粹销售价格变动所隐含(带来)的全部利润,这就需要进行"公允价值减销售成本"估值,因此,记录的利润将因预期销售成本而相应减少。

按"盯市"基础估值且不调整销售成本的收益表,将包括存货价值的未实现利得,如下所示:

收益表

	£
销售收入	120
减　商品销售成本	80
销售利润	40
加　未出售存货利得	10
收益总额	50

现在,报表的最后一行称为"收益"(income)而非"利润"(profit),因为它除了销售实现的利润,还包括未出售存货的未实现利得。确认重估价产生的未实现利得及报告这种未实现利得的方法,在财务会计中是一个有争议的话题。关于区分营业利润和其他利得(计入"综合收益"总额)的优点和方法,一直存在争议。这一问题将在后续章节中进一步探讨。

期末资产负债表的相应变动是总资产增加至 150 英镑(反映期末存货的10 英镑重估价),业主资本相应增加(反映由于重估价而产生的 10 英镑利得)。

与使用现行市场价值不同的另外一种方法,是使用供应存货在批发市场的入手价值(重置成本)。重置成本计价表示因拥有资产而不在市场上购买资产可以避免的现行成本。如果我们假设,在一天的交易结束时,菠萝的批发价格已经上升到 1.25 英镑,则期末存货估价为 25 英镑,期末资产为 145 英镑,收益为 45 英镑(其中 5 英镑为期末存货重估价所致)。

表 1.1 总结了弗雷德在一天结束时的财务状况以及衡量他一天经济活动盈利能力的各种备选方法。

计量方法	收益 (£)	期末存货 (£)	期末资产 (£)
历史成本	40	20	140
销售(脱手)价格	50	30	150
重置(入手)价格	45	25	145

表 1.1   **各种备选方法的资产计量结果**
(名义货币资本保持)

即使在这样一个只有两项资产(现金和交易性存货)且无负债的简单例子中,相同的事实情况使用不同的计量惯例,收益也从 40 英镑到 50 英镑不等。如果我们将历史成本模式下的"较低市场价值"变量包括在内,变化会更大,但由于那是基于不同的事实假设(较低的市场价值),这并非有效可比。尽管稍后将会基于相同的事实假设,引入更多变量来讨论更多的备选计量惯例,但本例已足以说明计量的重要性(表 1.1)。

然而,还有一个更为重要的问题需要说明,就是资本保持观,它涉及在确认收益之前必须保留(或"维持、保全")的资本数字的计量。到目前为止,在这个例子中,我们采用的是货币资本保持观,这在直觉上是如此自然,以至于它几乎没有引起注意。换言之,我们将弗雷德最初的 100 英镑视为计量利润的自然基础,因此,期末资产[18]中任何超过 100 英镑的部分都视为利润。但事实并非如此:将资本保持在固定的名义货币金额,可能无法维持该经营的经济基础。

为了通过弗雷德的示例说明这一点,让我们来看弗雷德最初的故事[19],内容如下:

> 假设弗雷德以传统的历史成本基础计量其利润。他发现一天结束时有 40 英镑的利润就出去消费了,保留 80 英镑来补充他卖出的菠萝。第二天早上,他到批发市场后发现菠萝的价格已经涨到 1.25 英镑,这就意味着他只能买 64 个菠萝,从而也就无法重置当初的 80 个实物库存(加上他前一天剩余的 20 个)。因此,由于弗雷德的消费(就公司而言,这就是股利)基于不考虑重置成本上升的收益计量,其实际业务规模将因此而受到侵蚀。

为了维持按菠萝计算的实物资本,弗雷德就不得不支付重置成本(100 英镑=80×1.25)来补充他已经售出的菠萝,从而他的利润减至 20 英镑。他还要按重置成本(25 英镑)对其期末存货进行重新计价,但这将被视为资本增值而非收益。这部分增值不会出现在收益表中,当然可以在补充的"利得和损失表"中另外报告(如稍后讨论的桑迪兰兹模型)。在"利得和损失表"中,资本增值加上利润,就是基于货币资本保持的综合收益(或"总利得")。按重置成本计算,他的期末资产为 145 英镑(见表 1.1 的最后一行),其中资本为 125 英镑(100 个菠萝、每个价值为 1.25 英镑的重置成本),利润为 20 英镑。他可以花掉 20 英镑,而不影响他以实物(菠萝的数量)衡量的维持业务资本存量的能力。这就是现行成本会计所采用的方法,就是在价格迅速上涨情况下,英国的桑迪兰兹委员会(1975 年)和会计准则委员会(1980 年)所支持的方法,[20] 尽管其相关性取决于特定价格(菠萝成本)变动,而不是一般价格水平变动(通货膨胀)。这种方法有时被称为实体法(entity approach),因为它从企业实体(保持其实物运营能力)的角度而不是投资者的角度来考量资本保持。作为主要投资者(通过权益资本出资),弗雷德很可能会反对,他认为没有必要调整购买菠萝的具体成本,因为他经营这项业务是为了赚钱,而不是为了保存菠萝存货。如果菠萝升值,其潜在盈利能力就会提高。如果他消费了这些钱,就意味着减少了菠萝的实物存货,如果他能继续保持同样的毛利率,并不会削弱他的盈利能力,而毛利率反过来又会维持他的销售收入。如果菠萝的毛利率确实下降了,他可以经营其他多种水果,这样还可以有更好的毛利率。因此,他对保持一个特定的实物储备水平毫无兴趣。

弗雷德的观点被称为业主观(a proprietary view),这并不令人惊讶,因为他是所有者。这种观点关注的是保持财务资本而不是实物资本。对于投资者来说,这是一个自然的视角,因为他们的最终利益是通过经营后可用于个人消费的现金流量。这是该案例最初使用名义货币资本以及弗雷德后续支出行为所隐含的观点,也就是在经营中保留了 100 英镑的名义货币资本。

当出现通货膨胀时,货币购买力下降,再使用保持名义现金价值的名义货币资本可能就无法满足所有者的目标了。在上面的案例中,通过保持实物资本而不是名义资本,即维持对所保持资本价值所代表的商品和服务(不仅仅是菠萝)的控制,可能会更好地实现弗雷德的目标。要实现这一目标,就要使用一般价格水平指数调整期初资本。在我们这个单日交易案例中似乎不太现实,因为一般价格水平指数在如此短时间内的变动可能是如此之小,以至于无关紧要。然而,财务报告通常每年编制一次,全年的通货膨胀预期将对利润计量产生重大影响。而且,在发生高度通货膨胀的经济体中,即使在一天里,通货膨胀也可能很严重。因此,如果我们假设弗雷德的交易持续了整整一年,或者他在一个高度通货膨胀经济体中经营,那我们就可以合理地假设这段时间的通货膨胀率为10%。在这种情况下,我们将在年末把100英镑期初资本调整为具有相同购买力的110英镑(100英镑基础上增加10%)。10英镑的调整将从利润中扣除,以增加资本。这项扣除将保全资本的实际购买力,降低弗雷德超支的欲望。

如果允许使用通货膨胀来调整期初资本,那我们还应该审视弗雷德报表中的其他项目,以确保对这些项目也根据通货膨胀进行恰当调整。弗雷德在期末只有两项资产——现金和存货。现金是固定的货币金额,因此,如果我们在期末将所有价值都折算成期末英镑(就像我们折算资本那样),对(现金)不进行调整是恰当的,因为即使价格发生变动,120英镑依然是120英镑[21]。还有一项资产——存货,在历史成本制度下存货按期初货币单位计价,但与现金不同的是,它没有合同性固定货币价值。因此,我们需要对存货的历史成本进行现行购买力调整,使其达到按现行购买力货币单位计算的等值水平,即22英镑(或20英镑增加10%)。存货计量增加的2英镑,抵销10英镑期初资本调整后,产生了8英镑的通货膨胀调整净额。应该注意的是,这种调整并不是按当前特定价格对存货进行重估价,而是按现行计量单位对历史成本进行重述。

现在,收益表应该是:

收益表

	£
销售收入	120
减 销售成本(现行英镑)	88
利润(现行英镑)	£32

按现行英镑重述的历史成本期末财务状况表是:

资产负债表(期末)

资产:	£
现金	120
菠萝存货(现行英镑)	22
合计	£142

融资:

业主资本	£
期初资本	100
加　通货膨胀调整	10
以现行英镑计算的期初资本	110
加　利润	32
合计	**£**142

32 英镑利润等于原历史成本下的 40 英镑利润,减去 10 英镑的资本调整,加上 2 英镑的存货调整。

如果我们将通货膨胀调整应用于存货按现行市场价值(分别是售价和重置成本)估值的情况,由于存货估值已经以期末单位表示,就不需要再进行通货膨胀调整了。在这两种情况下,唯一需要调整的是资本保持调整,每种情况下利润都会减少 10 英镑。表 1.2 汇总了通货膨胀调整的结果。如果存在期初存货,资本保持调整在每种情况下都会有所不同,因为不同存货的计量惯例会导致期初资本计量不同,从而导致不同的通货膨胀调整(调整额等于期初货币金额乘以通货膨胀因子)。

表 1.2　　　　通货膨胀调整结果("真实财务资本保持")

计量方法	收益 （£）	期末存货 （£）	期末资产 （£）
历史成本(通货膨胀调整后)	32	22	142
销售(脱手)价格	40	30	150
重置(入手)价格	35	25	145

表 1.2 显示,将通货膨胀调整应用于期初资本(在资产计量采用历史成本的情况下,对资产也要增加类似调整),除了表 1.1 中的三个计量指标,还提供了三个新的收益计量指标。此外,考虑以重置成本计量资产时也可采用实物资本保持调整(以储备可供出售的菠萝数量),在我们这个非常简单的例子中,一共提供了 7 种不同的收益计量方法。

资产计量和资本保持还有可能进一步变化,因为我们还没有将负债引入示例,当然更复杂的情形将留待后续章节讨论。本例就足以证明,会计计量问题相当复杂,可能对企业实体的业绩表现和财务状况产生重大影响。我们的示例还是基于假设的事实,现在我们看一些真实的证据,说明物价变动的重要性及其对财务会计的影响。

1.5　部分经验证据

数字示例已经表明了各种不同计量制度的潜在重要性。这里我们提供了近几十年的真实例证,说明它们在现实世界中的重要性。

1.5.1　英国的现行成本会计(CCA)

第一个案例来自英国要求大型公司采用现行成本会计的时期。表1.3列示了现行成本会计的影响、现行成本会计(1980年SAP16要求的格式)对于按新准则编制的报表且纳入商业统计局调查范围的公司报表所记录利润和净资产的影响[22]。采用现行成本会计的公司数量列示在第11行,遵守该准则的公司数量在1982年达到顶峰,但从1983年开始下降,反映出随着通货膨胀率(第12行)的下降,现行成本会计越来越不受欢迎[23]。到了1985年,样本公司中就只有17家公司提供现行成本信息了,而且该准则也不再具有强制性。标准会计实务公告第16号(SSAP 16)的现行成本会计方法,要求已消耗存货和固定资产折旧应基于其现行重置成本而非其历史成本,现行成本超过历史成本的部分冲减利润(表1.3第2行)。抵销存货和固定资产增值后的"持有利得"不确认为利润,而是作为资本调整。因此,现行成本会计下的利润计量,实质上是基于"实体"的实物资本保持观,类似于弗雷德保持菠萝库存的情况[24]。在现行成本会计下,资产负债(财务状况表)中的存货和固定资产按现行成本计量,而不是按历史成本计量。

现行成本会计对利润的影响,如表1.3第1至第3行所示。按历史成本计算的利润所下降的百分比,是1980年到1984年(大量公司采用标准会计实务公告第16号的最后一年)现行成本调整从41.8%变动至21.4%的结果。总体下降幅度显然很重要。随着时间推移的相对下降幅度,与一般通货膨胀率(第12行)从1980年的15.1%下降到1984年的4.6%有关。尽管现行成本会计反映的是特定价格变动而非一般价格变动,但一般通货膨胀指数确实反映了所选定的特定价格的平均值。因此,如果一般价格与特定价格均受类似经济因素的影响,我们可能会观察到,较高的总体通货膨胀与现行成本会计使用的特定价格的较高平均变动具有相关性[25]。

　　表 1.3 第 5 行至第 7 行反映了现行成本会计调整对年末资产负债表中有形资产净额的影响。同样,现行成本调整占比也很大:表 1.3 第 8 行显示,由此产生的有形资产净额增幅从 1980 年的 30.8％到 1984 年的 25.4％不等。有形资产净额随时间下降的幅度,也同样与一般通货膨胀降低有关,但有形资产净额的下降并不像利润那样明显。这是因为,有形资产净额以固定资产重计量为主,这些固定资产要持续使用多年,因此,其调整反映的是多年的价格变动,而非仅仅最近一年的价格变动。

　　现行成本会计调整,减少了按历史成本计算的会计利润、增加了资产。因此,这两种调整在降低报酬率方面相辅相成。表 1.3 第 9 行是历史成本下的报酬率,第 10 行是现行成本下的报酬率。现行成本下的报酬率一直低到异乎寻常的程度:1980 年还不到历史成本下的报酬率的一半,1985 年是历史成本下的报酬率的 3/4。报酬率是衡量公司业绩的常用指标,基于不同会计计量方法的收益率差异和变动都很大,说明(计量)方法的选择具有现实重要性。

表 1.3　　　　　1980—1985 年英国大型公司的获利能力

	1980 年	1981 年	1982 年	1983 年	1984 年	1985 年
利润(百万英镑)						
1. 历史成本下的利润(HC)	12 997	16 857	15 503	14 764	9 021	1 702
2. 　减　现行成本调整	5 431	6 067	5 152	4 541	1 930	247
3. 现行成本下的利润(CCA)	7 566	10 790	10 351	10 223	7 091	1 455
4. 第 2 行/第 1 行(％)	41.8	40.0	33.2	30.8	21.4	14.5
有形资产净额(百万英镑)						
5. 历史成本(HC)	75 494	105 057	109 805	91 165	49 206	10 471
6. 　加　现行成本调整	23 249	29 720	29 369	25 299	12 515	1 357
7. 现行成本(CCA)	98 743	134 777	139 174	116 464	61 721	11 828
8. 第 6 行/第 5 行(％)	30.8	28.3	26.7	27.8	25.4	13.0
9. 历史成本下的报酬率(第 1 行/第 5 行)(％)	17.2	16.1	14.1	16.2	18.3	16.3
10. 现行成本下的报酬率(第 3 行/第 7 行)(％)	7.7	8.0	7.4	8.8	11.5	12.3
11. 按现行成本编制报告的公司数量	323	468	705	445	177	17
12. 通货膨胀率(％)	15.1	12.0	5.4	5.3	4.6	5.7

（续表）

定义

第1行,历史成本下的利润:息税前利润总额加其他收入减折旧

第2行,现行成本利润调整:折旧、销售成本和货币性营运资本调整

第5行,有形资产净额:净资产加上银行贷款、透支和某些其他负债,减去无形资产和投资

第7行,现行成本调整:有形固定资产和存货的现行成本会计重估价

第12行,通货膨胀率:本年度12月份零售物价指数相比上年度的变动

更精确的定义,请参见原书

资料来源:商业统计办公室:《商业观察,MA3,公司财务》,1986年第17期和1988年第19期,英国皇家出版局。

注:通货膨胀率来自《1990年年度统计摘要》表18.8,英国皇家出版局。

1.5.2　土耳其的现行购买力会计

说明会计计量重要性的第二个示例,使用了一种完全不同的方法,即使用一般价格水平指数将历史成本折算为现行购买力单位,这种方法称作现行购买力会计(CPP)。本书第1.5.1节对此作了简要说明,在后续章节将进行更全面的探讨。现在值得注意的是这种方法的两个重要特点。第一,它只是根据一般价格水平指数而非根据会计报表中各项目的具体价格变动,因此,其在方法上与现行成本会计(CCA)有所不同。第二,它关注计量单位(货币)购买力变动的调整,因此,在高度通货膨胀时更有可能最为相关。事实上,现行购买力会计已在高度通货膨胀经济体中被采用,特别是拉丁美洲经济体[26]。本例引用自土耳其,该国1982—1990年的年平均通货膨胀率为49%。表1.4列示了37家土耳其最大的公司在此期间报告的未经调整的历史成本结果,然后再将这些结果与使用现行购买力会计方法进行通货膨胀调整后的结果进行比较。惠廷顿等(Whittington等,1997)对表1.4所使用的方法进行了全面解释。

表1.4的前两列,列示的是计量单位(货币)价值变动对增长率的影响。这两个增长指标都被通货膨胀夸大了,销售收入增长更为扭曲。与净资产指标不同,销售收入这一指标没有反映这些不同年度的货币价值。后面两列也显示,报酬率指标也因通货膨胀而出现剧烈扭曲,未经调整的平均利润率分别为32.4%和25.5%,而调整后的水平则是更为合理的12.3%和9.4%。最后一栏是杠杆率,这是一项计量长期借款风险敞口的常用指标,似乎也受到了通货膨胀的扭曲,调整后杠杆率还不到未调整指标的一半。造成差异的原

因是：一方面，将以历史货币单位计量的资产调整为现行货币单位后会增加资产额；另一方面，借款是以固定金额的货币单位表示，不能重述其金额——如果我借了 1 英镑，稍后我还是必须偿还 1 英镑，即便还款时 1 英镑的购买力可能较低也是如此，这就是在通货膨胀时产生"借款利得"的根源所在。当然，如果贷款人在贷款开始时准确地预测了通货膨胀，借款人的收益也会被利息支付所抵销。

表 1.4	1982—1990 年土耳其公司会计业绩指标				
指标	净资产 增长	销售收入 增长	息税前利润 （EBIT）/净资产	息税后利润 （EAT）/净财富	长期债务/ 净资产
	%	%	%	%	%
未调整	57.7	56.2	32.4	25.5	22.8
按现行购买力调整后	28.7	3.2	12.3	9.4	9.7

注：息税后利润（EAT）是扣除所得税和利息以后的盈余；息税前利润（EBIT）是未扣除利息和所得税之前的盈余。净资产（net assets）包括长期负债。净财富（net worth）不包括长期负债。所有的百分比都是全部 37 家样本公司的年平均比率。

1.5.3　英国石油公司（BP）年报按重置成本（计算的）利润

　　反映计量现实重要性的最后一个例子，是世界最大石油公司之一的英国石油公司（BP）的会计报表。现行会计准则要求，库存（或美国和国际术语中的"存货"）按先进先出法（FIFO，假设先入库的存货先消耗）以历史成本计量。由于油价波动较大，英国石油公司认为，衡量其营业毛利率最好的办法是从经营收入中扣除库存的重置成本，而不是历史成本。因此，英国石油公司年报中把根据重置成本计算的每股普通股利润作为一项关键业绩指标（BP，2015，第 26 页），并提供了当年按历史成本计算的利润与按重置成本计算的利润调节表（BP，2015，第 216 页）。这两个利润指标的差异是存货（库存）的"持有利得或损失"，即存货出售或使用时的历史成本与重置成本之间的差额。从历史成本利润中扣除持有收益会降低重置成本利润，而扣除持有亏损则会提高重置成本利润。调节表的主要内容如表 1.5 所示。

表 1.5 　　　　　　　　英国石油公司历史成本利润与重置成本利润调节表

年度(12 月 31 日末)	2011 年	2012 年	2013 年	2014 年	2015 年
			(百万美元)		
年度利润(历史成本)	25 212	11 017	23 451	3 780	(6 482)
存货持有(利得)损失	(1 800)	411	230	4 293	1 320
重置成本利润	23 412	11 428	23 681	8 073	(5 162)

资料来源:英国石油公司年报和报表。

英国石油公司的重置成本调整,仅调整了存货而没有调整固定资产折旧,而计算完全重置成本下的利润指标还必须调整固定资产折旧。尽管如此,这一有限调整的结果却很显著,2015 年的历史成本损失减少了 1/5 以上,2014 年的利润则增加了一倍之多。前 3 年的调整幅度没有历史成本利润的幅度大,但金额和方向却是可变的,其中方向的可变性特别令人感兴趣。这是因为石油和相关产品的价格起伏不定,可能会下跌(导致 5 年中有 4 年产生了持有损失),也可能会上涨。这一结果表明,使用一般价格水平指数代替具体价格(不像现行购买力会计那样,对计量单位变动进行一般调整)是不够的。所有这些年度的一般价格水平指数都出现了上涨(见表 5.2),尽管通常远低于表 1.3 所示的实施现行成本会计时的水平,但若按一般价格水平指数调整存货,5 年全都会报告持有利得(而不是 4 年是持有损失,另 1 年是持有利得),尽管增幅不大却稳定。然而,这种“利得”,与油价几乎没有任何关系。

前述三个案例,就足以说明财务报告计量方法选择的重要性。同时还表明,这个问题对不同国家和不同经济状况都重要。本书的其余部分将致力于解读各种不同的计量制度,并分析选择它们的原因。

1.6 与当前问题的相关性

我们已经看到,计量是财务会计的一个重要问题。即使在明显很简单的情形下,计量的选择也绝不是一件简单的事情。此外,这一选择对关键会计指标具有重大影响,如利润或运用的资产。因此,毫不奇怪,计量不仅会引起会计师的激烈辩论,而且也会引起企业所有利益相关方的激烈辩论,因为这些利益相关者(包括股东、贷款人、监管机构和税务当局)的利益会受到会计报告计量方法的影响。

　　最早也可能是持续时间最长的论辩之一,就是为进行价格监管而采用何种计量方法合适的问题展开的。这一论争最早出现在 19 世纪末的美国,当时因铁路价格受到管制,铁路公司试图使用重置成本而不是传统的历史成本计量其作为监管基础报表中的资产(Boer, 1966)。由于重置成本通常高于历史成本,资产价值更高,因而基于它确定应通过价格实现的利润和折旧。类似的争论今天仍在继续。例如,在英国和澳大利亚,私有化公用事业公司的价格上限就受到限制。

　　在许多国家发生并进行过多次论争的话题是报表的通货膨胀调整。我们已经看到,通货膨胀是计量单位(货币)的价值随时间推移发生了重大变化(通货膨胀时下降,不常见的通货紧缩时上升)。正如我们在土耳其的案例中所看到的那样,通货膨胀可能严重扭曲资产价值、利润和用于评价商业实体业绩和状况的其他指标。解决这个问题的一个方法,就是采用前面已经展示的现行购买力会计,对此第 5 章还将作进一步讨论。20 世纪 20 年代,欧洲特别是德国发生了极端通货膨胀,当时现行购买力会计方法的基本思想已经形成。此后在许多国家都出现了极端通货膨胀,特别是拉丁美洲国家,这些国家广泛使用现行购买力会计方法[27]。尽管 20 世纪 60 年代和 70 年代发生了全球通货膨胀,但与产生现行购买力会计体系的时代相比,通货膨胀水平并没有那样严重,从而导致对"通货膨胀会计"(更准确地说是"物价变动会计")的激烈争论,表 1.3 所示的现行成本会计(CCA),暂时为官方所青睐。正如我们所见,当通货膨胀率下降时,英国(以及提出采用现行成本会计的其他国家,主要是英语国家)对现行成本会计的支持就不复存在了。就英国而言,由于政府宣布不建议根据现行成本会计结果征收公司所得税,放弃现行成本会计的做法得到鼓励。对于大多数公司来说,使用现行成本会计可以增加税收的可抵扣费用,就像表 1.3 展示的现行成本调整那样[28]。有关会计方面的论争,如在价格监管、税收征管、股利支付和金融市场估值时,会计对财富转移的影响从未停止,往往还会增加争论的激情。

　　另一场关于会计计量的激烈公开辩论,那就是公允价值(FV)。通货膨胀率下降后,现行成本会计就过时了,但会计仍然需要某种现行(价值)计价方法,对反映现行情况(而不是包含在历史成本中的过去情况)的会计需求不断增加。因此,会计准则制定者试图引入现行价值作为补充信息(作为报表附注),或者在某些情况下将其作为取代历史成本的计量方法。这对金融工具会计尤其如此，因为在 20 世纪的最后 10 年，金融工具的用途和种类都发生了极度扩张。有时，这些工具的复杂性使历史成本难以确定，或者（由于涉及高杠杆率和市场价值波动）历史成本明显不宜作为反映资产或债务的手段。（会计）准则制定者认为，在许多情况下，现行市场价值是对此类资产（和负债）更加相关的计量指标。在后现行成本会计时代（20 世纪 80 年代中期以后），他们选择将这种市场价值称为公允价值。用这个称谓或许是因为这个词在美国已经使用了很长时间，但部分原因也可能是它可以避免关于现行成本会计的负面联想，因为现行成本会计是不受支持的现行价值法。公允价值概念最初由美国准则（财务会计准则委员会制定）使用，但后来被国际机构——国际会计准则委员会（IASC）及其继任者（自 2001 年开始）所采用[29]。

如果（会计）准则制定者是希望使用公允价值而非现行成本会计来规避争议，很遗憾令他们失望了，因为产生了两波争议。第一波主要是技术层面的争议，很明显公允价值（2006 年美国财务会计准则委员会发布了《财务会计准则公告第 157 号——公允价值计量》，FAS 157，国际会计准则理事会认可了其方法）被假定代表销售价格。这遭到了报表编制者的强烈反对，特别是在欧洲（欧盟要求上市公司自 2005 年起采用国际会计准则理事会的准则），他们反对以无关紧要，甚至可能不存在的市场价格记录他们不打算出售的资产（或他们不打算结算的债务）的想法。特别是，由于根据取得资产（在某些情况下是负债）时的公允价值（而非成本）来记录，从而可能产生"首日"利润，有人对此提出了批评。

其中一些反对意见是对国际会计准则理事会意图的误解，以为要求普遍采用公允价值计量，而事实上公允价值只适用于有限的领域，而且往往还具有可选择性[30]。然而，反对者确实对公允价值的相关性和可靠性提出了质疑。

这些反对意见通常针对非金融工具采用公允价值的情形。金融工具通常被认为具有一个有纵深性和流动性的市场，从而能够可靠地确定价格。然而，对公允价值的第二波争议也是更严厉的批评，出现在 2007 年金融危机之后，针对的是使用或涉嫌滥用公允价值来计量金融工具。在流动性危机中，公司可能没有机会出售，因此，销售价格将完全归零，尽管一项资产（如抵押贷款组合）如果能被保留（通过偿还使抵押失效）就有价值。因此，一些人声称公允价值没有相关性，并说服国际会计准则理事会放宽了将金融工具从以公允价值计量类转换到以摊余成本计量类的限制。其他人也认为公允价值不可靠，特别是当"按模型计价"（在缺乏直接可观察的市场价格时，使用估值模型来估计市场价格）

而非"盯市计价"(使用目前活跃市场中观察到的价格)时。人们认为,这导致了资产价值和利润的人为波动,包括可能永远无法实现的"首日"利润。一些人更进一步认为公允价值产生的人为波动与监管或契约会计比率的使用相互促进而导致了危机。因误解信息而责备送信人可能就是这样一种情况,但至少它将公众对会计特别是会计计量重要性的认识提升到了新的高度。到目前为止,读者应该已经被说服,认识到了计量在财务会计中的重要性。公允价值和其他现行价值计量将在本书第 4 章、第 6 章和第 7 章中进一步讨论。

1.7　其他章节安排

第 2 章将更深入地讨论财务报表的目的和结构。第 3 章论述会计使用的传统计量基础——历史成本。第 4 章将对挑战历史成本的现行价值会计进行论述和示例。接下来的第 5 章将讨论通货膨胀和现行购买力会计的个性问题,简要介绍并说明通货膨胀调整是与现行价值相互补充而非相互竞争的技术。第 6 章将回到现行价值这一主题,并讨论许多可以运用的其他现行价值计量方法。然后是第 7 章,将概括先前的讨论,并以阐述计量特别是国际财务报告准则(IFRS)会计计量的实务现状为结束语。

注释

1　例如,爱德华兹和贝尔(Edwards 和 Bell,1961)在关于企业收益计量的经典论文中,强调了财务会计对管理层业绩评价的相关性。

2　关于管理会计,可以参看霍恩格伦等人(Horngren 等,2013)广为流行的入门教材和库珀等人(Hopper 等,2007)关于管理会计各层面的介绍性论文集。

3　例如,英国会计准则委员会(ASB)的"财务报告原则公告"(会计准则委员会,1999 年,第 1.3 段),列出了 7 类财务报表潜在使用者。

4　例如,参见惠廷顿(Whittington,1994,1998a)。

5　普朗坦等(Plantin 等,2008)研究了公允价值会计在金融危机中潜在的不稳定作用。

6　"财务报告"一词用于定义包括叙述性报告和补充披露在内的财务报表。财务会计通常只涉及主要财务报表(收益表、资产负债表和现金流量表及其附注)。

7　这是国际会计准则理事会建议修订的概念框架的部分内容,其最新版本是征求意见稿(IASB,2015)。莱纳德(Lennard,2007)和惠廷顿(Whittington,2008a)讨论了国际会计准则理事会(IASB)概念框架下的经管责任。

8   最近,围绕公允价值在国际会计准则中所扮演角色的争议就是这样,而且已经成为一个国际政治问题。早些时候关于通货膨胀会计的辩论,在政治层面和专业层面同样激烈(Twedie 和 Whittington, 1984)。

9   米德(Meade, 1978)讨论了这些不同方案的优点并支持后者。

10 现行外币折算国际准则,即 IAS 21(IASB, 2005a)证明了这些问题的复杂性。

11 不变购买力单位可以在任何特定时日用货币单位计算出来,并作为不变购买力会计(CPP)的基础。一个常见的特殊情况是,选择的单位就是当前日期的被计量单位,从而产生现行购买力(也缩写为 CPP)。在实务中,几乎总是使用现行单位,因为它对报表的当前使用者有明显的直观吸引力。

12 国际会计准则第 39 号规范了金融工具的计量,目前正被国际财务报告准则第 9 号取代。其他几项国际准则也规定或允许使用公允价值。

13 严格地说,现行成本的基础是剥离价值(对企业价值),这将在后面的章节中讨论。在实务中,对于盈利的持续经营企业,剥离价值通常是现行重置成本。

14 标准会计实务公告第 16 号(SSAP 16)被证明是一个虚幻的希望。正如我们将在本章后面看到的那样,虽然它只要求补充披露现行成本,并且只适用于特大型公司和在证券交易所挂牌上市的公司,但许多公司却没有采用这一准则。它的不受欢迎致使它在成为公认做法之前就淡出了。

15 收益表(the income statement)传统上称为损益表(the profit and loss account)。国际会计准则理事会引入这一新名称,目的是更准确地反映该报表的内容。不过,收益表的"损益"部分(泛指日常业务交易的结果)与"其他利得和损失"部分(如固定资产的价值变动)之间的划分,仍存在一定程度的含混不清。其他利得和损失加上损益,就是综合收益(即所有来源的收益和利得)。

16 国际会计准则理事会还鼓励描述式财务状况表,而不是传统的资产负债表。然而,本书将继续使用传统格式,因为它是一个更准确和更容易理解的术语。正如我们稍后将会看到的那样,资产负债表对财务状况的描述非常有限。

17 公允价值计量是国际会计准则理事会(2011)制定的国际财务报告准则第 13 号的主题。

18 如果示例中有负债,这是指净资产,即资产减负债。

19 这个最初的故事(Whittington, 1981a),目的是想特别说明通货膨胀问题,并使用"现金对现金"的例子说明资本保持,即在期初或期末,除现金外没有其他资产。即使在这个简化的案例中,会计选择也多种多样且都存在问题。

20 大约在那个时代,出于类似的原因,其他不少国家也推荐这一制度。请参阅泰迪和惠廷顿的研究(Twedie 和 Whittington, 1984)。

21 当然,购买力就没有那么多了,资本调整已经展示了。如果在整个期间持有 120 英镑,弗雷德需要 132 英镑来保持其真实资本。事实上,他少了 12 英镑,这就是在后续章节将讨论的更复杂的物价水平调整体系中所谓的"持币损失"。

22　《商业观察》(Business Monitor)杂志展示了全部的样本,包括所有规模条件以上的公司和规模较小的随机样本公司。未在证券交易所上市的小型公司不需要遵守标准会计实务公告第 16 号(SSAP 16),但可以自愿采用。

23　泰迪和惠廷顿(Twedie 和 Whittington,1997)讨论了标准会计实务公告第 16 号(SSAP 16)的失败和其他国家的类似尝试。

24　一个复杂的问题是"货币性营运资本调整",这是标准会计实务公告第 16 号(SSAP 16)最具争议的内容之一,惠廷顿(Whittington,1983)以及泰迪和惠廷顿(Twedie 和 Whittington,1984)对此均有讨论。

25　这种对应关系并不完美,因为一般价格水平指数通常是以消费品价格为基础,而公司采用的现行成本会计调整,赋予资本品更高的权重,而且这些不同类型资产的价格也不一定同步变动。

26　泰迪和惠廷顿(Twedie 和 Whittington,1984)综述了这些发展。

27　泰迪和惠廷顿(Twedie 和 Whittington,1984)追溯了通货膨胀会计的历史。

28　英国石油公司的例子看起来可能与此相矛盾,但它与物价(更确切地说是油价)上涨不那么快的时期有关。另外,英国石油公司的案例只涉及存货。如果固定资产折旧也使用现行成本会计,固定资产折旧就会显著增加,而且因为它反映较长时期(资产寿命)的价格,所以更有可能产生较为稳定的现行成本调整。

29　一个重要的里程碑是 1998 年制定并在其后修订的《国际会计准则第 39 号——金融工具:确认和计量》,它要求对某些金融工具以公允价值计量。这是一场激烈交锋的结果,国际会计准则委员会中部分有影响力的成员支持所有金融工具均按"完全公允价值"计量(Camfferman 和 Zeff,2007,第 11 章)。

30　然而,国际会计准则理事会的许多思路和决定对公允价值的支持显而易见。惠廷顿(Whittington,2008)对此进行了批判性讨论。

第 2 章　理 论 基 础

2.1　引言

本书第 1 章阐述了公司财务报表(由公司根据法定要求,向股东和公司组织外部的其他利益相关方发布)所涉及的计量问题。我们主要关注两张主要报表,即财务状况表(资产负债表)和财务业绩表(收益表)。

我们的任务是确定财务会计计量问题的性质,并解释和评估为解决这些问题而提出的各种方法。这个分析的第一步就是确定财务会计的性质和目的:如果不了解这一点和相伴而生的问题,就不可能理解计量所带来的其他问题。本章的任务就是分析财务会计的性质和目的。

2.2　财务会计及其用途

财务会计的传统职能是反映经管责任①(stewardship)[1]。就公司而言,这意味着负责管理公司资产的董事会,应定期向所有者(股东)说明他们是如何履行这一职能的。在最狭义的传统意义上,这意味着根据反映过去交易历史成本的报表[2],可以验证核实经管人的诚信情况,但不一定能够核查(经管)效率情况,因为(经管)效率应根据公司资产现行价值增长情况进行评估。因此,效率评估也是经管责任的一个层面,特别是评估过去的计划和预期已在多大程度上得以实现[3]。从这个方面看,相比历史成本,现行价值能更好地反映企业的当前状态。

现在的和未来的股东也将利用这些报表来估计公司未来盈利能力,并以此

---

① 或译作受托责任。——译者注

为基础做出投资决策。长期贷款人也有类似的需求。因此,从长期投资者的角度来看,决策有用性也是财务会计的一个重要功能。随着在证券交易所上市的公司数量和全球触角的扩大,管理层与投资者之间的信息鸿沟不断加大,决策有用性变得越来越重要,在一些最重要的准则制定机构看来,这个方面现在是财务会计的主要目的[4]。

　　除了长期投资者用会计来做出决策,债权人传统上也会运用会计来评估其贷款的安全性,而债权人保护一直是会计师运用保守估值原则的一个重要因素。按照公认准则编制并经独立审计师出具意见的财务报表,其可靠性已被认可,并在贷款契约中被广泛使用:借款人承诺通过保持一定程度的财务谨慎来保护债权人。在大多数司法管辖区,公众也有权通过公共登记册查阅公司账目。这反映了一个事实,即公众(供应商、客户或雇员)可以与公司发生交易,但在一些企业的交易中也可能有更广泛的公众利益。

　　近年来,公司报表预期应满足的使用范围已大幅扩展[5],本书第 1 章概述了其中一些用途。这种进步与发展产生的部分原因是分散持股的大型公司的成长以及随之而来的所有权(股东)与控制权(董事)分离的扩大。这使财务报表在股东与管理层两个集团之间的沟通中承担了更多的责任,而行使直接控制权的股东(如家族企业的股东)有权获得管理信息。资本市场的全球化使这种情况变得更为严峻,因为投资者往往与融资企业不在同一个国家甚至不在同一个洲:全球化是推动全球各国越来越多地采用国际会计准则理事会制定的国际会计准则的强大力量(一个重要因素)。另一个重要原因无疑是政府对公司事务的日益关注,这一点在税收领域尤为明显:所得税和公司税通常赋予政府对公司利润的索取权,这一索取权与向股东支付股利一样重要[6]。政府还通过各种投资激励和区域发展计划,为公司创造财务利益,会计信息也已被用于实施反通货膨胀价格、股利控制、竞争政策和公用事业价格管制。同时,社区内的其他群体,如雇员和消费者,也对公司财务状况表现出越来越浓厚的兴趣,这反映了公司经营所处经济、政治和社会环境的变化。值得注意的是,最近人们非常关注可持续性概念,以及如何通过财务报告来支撑可持续性[7]。

　　这些进展的结果意味着,会计可以服务于各种使用者和各种用途已被认可。这一点早就得到了一些学术界作者的认可[尤其是 H.C.Daines(1929),他可以说是运用使用者导向法来设计会计信息的先驱],但已经被职业界广泛接受。从历史上看,《公司报告》(会计准则筹划委员会,1975)是英国的一项重要进展（其先行者是美国的特鲁布拉德报告；财务报表目标研究组，1973），它很好地总结了使用者导向法及其影响。虽然《公司报告》是一份讨论文件，未作为政策公告，但是它来自一个高级别职业委员会，并提出了与英国早期会计职业界狭隘方法不同的建议[8]。尽管当时没有被立法接纳，但是《公司报告》中提出的许多建议，之后被政府的《公司报告的未来》绿皮书所采纳[9]。然而，要求更广泛披露的经济和社会压力仍持续存在，这反映在披露要求的增加上，特别是《公司法》（2006 年）中的董事报告要求，该法遵循了欧盟的要求和《公司法审查指导小组报告》（2001 年）。美国职业界和政府对财务报告的态度也发生了类似的变化[10]。当然，美国是证监会（SEC）最终控制着上市公司财务报表的格式，立法框架倾向于强调对投资者的决策有用性，而非股东的经管责任（Bush，2005）。

使用者导向以投资者为代表性使用者，它是会计准则主要制定机构——特别是国际会计准则理事会（IASB）——概念框架的基础。国际会计准则理事会已获得国际社会对其所制定准则的广泛支持，100 多个国家和地区正在采用其准则。这一导向可以包含管理层对股东经管责任的概念，但也可以更狭义地解释为：通过嵌入对预计未来现金流量具有相关性的信息，优先对主体进行估值，实现对投资者的决策有用性。由于对决策有用性采用了一种更具包容性的解释，国际会计准则理事会在其关于修订概念框架的初步意见中，建议取消反映管理层经管责任这一独立目标（IASB，2006）。后来，特别是收到欧盟的反馈后，国际会计准则理事会在其征求意见稿中又重新引入了经管责任（IASB，2015）①。

对投资者事前的决策有用性和对现有股东（或所有者）事后的经管责任，两者到底孰轻孰重，争论仍在继续。然而，很明显，这两种观点都很重要，并且在很大程度上相互补充：经管责任会给管理层带来压力，对管理层的压力又会影响投资者的预期回报。

会计信息使用者导向产生了两个后果。第一个后果是，它导致了这样一种观念，即会计信息应与使用者将要做出的投资决策相关。由于决策是在当前做出的，关乎现在或者未来，但与过去无关，从而导致对历史成本估值基础的不

---

① 《财务报告概念框架（2018）第 1 章——通用目的财务报告的目标》重新恢复了"经管责任"（stewardship）一词。根据国际会计准则理事会 2018 年版概念框架结论基础第 1.32 段至 1.41 段的解释，2010 年版概念框架之所以删除经管责任，是因为这个词很难翻译成其他语言。——译者注

满(除非可以证明它能够提供具有预测价值的数据),对现行市场价值和基于当前机会和未来前景评估的价值更感兴趣,这反过来又导致可靠性[11]与相关性之间的冲突。历史成本数据更易验证(如通过检查与购买或销售有关的文档),且采用相同规则的两个独立会计师基于历史成本数据应该能够得到相似的指标,因而也就相对客观[12]。因此,历史成本相对可靠[13]。但经常有人认为,当数据本身不具有相关性时,可靠性并没有价值[14]。从缺乏流动性市场获得的现行价值数据或通过对预期收益折现而得到的"经济"现值不易验证,也不客观(因为它们取决于可能发生的事情,而不是已经发生的事情),但它们显然与现在的决策相关,并在未来产生后果。当然,对于受托责任,历史成本的相关性更强,因为在这种情况下,让管理层对以前预期的结果负责尤其重要,可验证性和客观性可能是特别可取的属性,因为管理层(发布财务报告的董事会)可能倾向于运用主观判断以对自己有利的角度报告业绩。然而,对投资者的价值相关性和对所有者(现有股东)的经管责任的不同要求,是值得强调的一个问题,但它们没有本质差别。验证经管责任通常需要对企业现状进行评估,而评估企业现状也需要站在其未来视角进行审视;决策者在形成预期时,往往也会考虑管理层过去的业绩和公司治理质量。此外,现有股东也是投资者(他们有出售或购买更多股份的选择权),因此,这两类信息他们都需要。使用者导向的第二个后果是,人们认识到存在各种各样的使用者和用途,每一使用者和用途都可能有不同的信息需求,就像经管责任和投资者决策有用性之间存在矛盾一样。如果财务报表属于"通用目的"型,信息需求不同的使用者之间就存在利益冲突的可能性。深度披露可以提供更多细节,甚至可以报告各种估值基础,它有助于克服这些问题,但这将给报表编制者(提供额外信息的成本)和使用者(解释更为复杂信息的成本)带来额外的成本[15]。现行会计准则关于在报表附注(而非主要财务报表组成部分)提供各种估值的选择或要求[16],就是解决后一个问题进行现实尝试的例证。

当然,可能有人认为,不同使用者的信息需求之间存在着很多交叉重叠,集中关注他们都感兴趣的领域,比仅仅关注差异更为有效。当然,诸如企业所支配经济资源的价值、融资方式以及企业从内部来源(留存利润)和外部来源(借款和新发股票)增加这些资源的能力等问题,对各种各样的使用者都有意义。然而,传统的"通用目的"财务报表——资产负债表(财务状况表)和损益表(财务业绩表),总体上是按历史成本原则计算的,并不能提供全部信息。部分原因是历史成本报表并非为满足决策需要而设计,决策是在当前做出的,未来才会产生后果,而历史成本和现值之间的关系会因价格变动而削弱。另一部分原因是其适用于多用途体系设计的任何尝试,广泛多样的用途意味着额外信息需求范围极其广泛,而这些需求之间基本没有共同点。这一问题因存在不确定性而更加复杂,意味着收入和价值的事后计量并不一定等于其事前计量[17],且在缺乏完善和完全市场的情况下,无法客观地确定资产或公司的现行经济价值(即未来收入的折现现值)[18]。因此,不确定性增加了估值方法的多样性和主观性。国际财务报告准则第 7 号(2005)作为国际会计准则理事会(IASB)发布的关于金融工具披露的准则,例示了多种不同的披露(如敏感性分析),就是准则制定者处理不确定性所采用的方法。由于市场存在不平衡或者不完善[19],增加了现行市场价值的主观性,并意味着重置成本(购买价格)可能偏离可实现净值(出售价格),这又强化了额外披露的需求。

因此,试图报告公司资产的“真实”价值或期间利润,将会遇到不确定性问题。从各种可用的方法中只选择运用单一方法,不大可能满足所有潜在使用者的需求。面对这一困难,一些作者认为[20],会计师不应试图成为估价师,而应集中精力向使用者提供具有相关性的信息,因为使用者自己会估计主观价值。对会计师而言,一种可选的方法是既尝试计算会计收益这样的总括变量,但又为不同的潜在用途提供不同的指标。这种方法在“目的不同,收益各异”的文献中得到例证[21]。最狭义的方法是只报告一个单独的收益指标(或类似的经济绩效综合指标),在没有不确定性或不存在市场不完善的情况下,以它作为“真实”计量的最佳代表或“替代物”,来满足所有使用者的需要。关于使用替代方法计量经济收益的有效性问题,人们进行了大量的辩论[22]。迄今为止,替代关系只在约束性很强的情况下才成立,这种关系不太可能成为会计实务的适当基础[23]。经济学家和会计师探讨会计报酬率与经济报酬率(内含报酬率或 IRR)之间关系的文献也很丰富[24],两者之间的确切关系,只在公司的整个寿命周期结束后才存在。而且,基于年度财务报表的那种单一年度结果计算的年度回报率之间并不存在相关性。

然而,虽然不大可能精确计量收益和资本等概念,但它们是传统会计的关键组成部分(当然真实计量这一主旨在传统上也留下了许多不尽如人意之处),而且在会计的许多用途中计量很可能是关键一步。因此,在考虑各种计量方法对报表影响之前,必须明晰这些概念及其在会计中的传统作用。这就是本章下一节的内容。

2.3　收益、价值和资本

　　传统的企业财务报表包括财务状况表（资产负债表）和财务业绩表（损益表）。我们将它们分别称为资产负债表和收益表。使用"收益表"（income statement）一词是为了说明这样一个事实，即该报表可以包括非交易收益（如重估价或固定资产处置利得），而"损益表"则是指仅限于交易收益或其他核心业务活动收益的报表。如果收益表报告的是综合收益（即包括该期间的所有利得和损失），则资产负债表和收益表可以"相互勾稽"。勾稽是指在所有者没有注入资本（如发行新股）和抽取资本（如股利）的情况下，收益表中记录的某一期间的收益应等于同期资产负债表的净资产变动。这要求既无资本公积转入，也无资本公积转出，这些通常与重估价方法有关。勾稽之所以存在可能，是因为这两张报表都来自共同的复式记账系统[25]。实现这种勾稽的综合收益指标，有时称作干净盈余收益（clean surplus income）。这两张基本报表及其勾稽关系示例如下。

　　资产负债表是在某一时点关于资产和要求权的报表。

A 公司在时点 t 的资产负债表[26]

要求权	£	资产	£
业主权益	P	非货币性资产（即波动货币值）	N
负债	L	货币性资产（即固定货币）	M
	$P+L$		$N+M$

　　由于业主权益是对企业资产的剩余要求权或"权益"（有时称为净值或净资产）要求权，我们有以下定义：

$$P_t \equiv N_t + M_t - L_t \tag{2.1}$$

　　其中，t 表示共同的时间点，"资产负债表恒等式"为：

$$P_t + L_t \equiv N_t + M_t \tag{2.2}$$

　　由于业主权益是一个余额，其会因产生利得而增加，因产生损失而减少，从而就确保了资产负债表一直维持平衡[27]。这一恒等式有两个特征，在考虑会计计量时极为重要。

第一,按照惯例,货币通常被用作计量单位。如果货币价值有波动,意味着资产负债表的不同组成部分以不同价值的单位进行计量,因此,有人认为,剩余索取权(业主权益,P)未以同质单位计量,将资产负债表的各组成部分加总起来不合情理。不变购买力会计(CPP,第 5 章将作进一步讨论)就是为克服这一难点而提出的一套方法。

第二,资产和负债的计价是确定剩余索取权金额(P)的关键。计价就是将资产转换为货币单位的过程。因此,我们将明确界定的那些货币价值固定的资产 M(如现金或存款)以及那些货币价值将会发生波动的资产 N 区分开来。尽管实践中将某些资产划分类别时可能会遇到困难,但是这种划分在有关计量特别是通货膨胀会计的理论探讨中是有益的。在这里,我们假设负债 L 也具有固定的货币价值,尽管在某些情况下并非如此:最明显的是长期固定利率贷款,其市场价值(以此价值即被可赎回)波动与利率成相反方向。

资产负债表恒等式在任何时间点都保持不变。因此,我们可以对同一会计主体不同时点的任何两张资产负债表轧差,形成一份自我平衡表(a self-balancing statement),反映两个资产负债表日之间的期间财务状况变化情况:

$$N_{t+1} + M_{t+1} \equiv L_{t+1} + P_{t+1} \tag{2.3}$$

与式(2.2)相减,得:

$$(N_{t+1} - N_t) + (M_{t+1} - M_t) \equiv (L_{t+1} - L_t) + (P_{t+1} - P_t) \tag{2.4}$$

这种关系是资金流量表(the flow of funds statement)的基础。资金流量表本身是一张重要的财务报表[28],但它也是收益表的基础。在历史上,收益表更为重要。如前所述,在没有业主抽取或注入资金或没有对业主账户进行其他"资本"调整的公司中,业主权益的变动完全归因于期间收益。重排式(2.4),"干净盈余"收益可定义[29]为:

$$(P_{t+1} - P_t) \equiv (N_{t+1} - N_t) + (M_{t+1} - M_t) - (L_{t+1} - L_t) \tag{2.5}$$

本章附录提供了这些代数关系的简要数字示例。

我们应该注意到这一收益定义的某些特点,这对后续讨论计量具有重要意义。收益计量取决于资产负债表的计量惯例。因此,如果两张资产负债表中的所有数字并非以相同的单位来计量,就违反了计量单位应当同质的假设。同样,两张资产负债表计量资产和负债使用的计价惯例将影响收益计量,高估期末财务状况表中的资产、低估期初财务状况表中的资产都会导致高估利润。应特别强调的是,收益计量要求两张资产负债表之间以及每一资产负债表内部的计量保持一致。由于这两张资产负债表时点不同,在这两个时点之间,货币单位的购买力(用一般价格指数衡量)有可能发生变动(实际上是一种可能性),特定资产的相对价格也会发生变动。记录和区分一般价格变动和特定价格变动的影响,一直是关于通货膨胀会计辩论的核心关切。拥护各种不变购买力(CPP)会计的人士,主要寻求解决一般购买力问题;拥护各种现行成本会计(CCA)以及最近的公允价值会计的人士,主要是寻求解决特定价格变化问题,而"实值"会计的拥护者则试图同时解决这两个问题。

从表面上看,会计师计算收益的方法与下一段所描述的经济学家计算收益的方法一致:收益是在保全期初资本(净值)不变的情况下,一个期间所增加的盈余净值(所有者权益)[30]。然而,传统会计实务却偏离了"干净盈余"法,因为部分利得和损失没有通过收益表而直接增加了业主资本。此外,会计师传统使用的计量期初和期末净值所采用的估值惯例也不同于经济学家的估值惯例:会计师更倾向于使用经保守主义修正的历史成本,作为实务执行的相对客观基础;经济学家则更倾向于现行市场价值或基于折现预期回报的净现值,因为这与制定决策更为相关[31]。

被广泛引用的经济学家的收益定义是希克斯(Hicks,1946)的收益定义。他关注的是个人收益,他把个人收益定义为消费者在保持期初经济状况(或"资本")不变的情况在下一个期间可以消费的金额。希克斯提出了三种收益定义,每种定义都体现着不同的资本保持概念(以下简称希克斯收益定义1、定义2、定义3):

定义 1　收益是……在保持预计收入的资本价值不变(以货币价值计算)情况下预期能够消费的最大金额。

定义 2　收益……是……一个人本周可以消费的最大金额,并且期望在接下来的每一周都依然能够消费相同的金额。

定义 3　收益必须被定义为一个人本周可以消费的最大金额,并且期望在接下来的每一周都依然能够按真实价值消费相同的金额。

定义 1 是最接近会计师的方法:期末保持的资本价值等于期初持有的资本价值。然而,计量资本的方法并不是会计师所使用的方法:它是一种基于折现预期未来收益的前瞻性现值。

定义2是要求维持预期支出而不是维持资本价值。因此,要维持的资本用预期未来收入流来表示而不是用它的资本化价值来表示。当利率保持不变时,前面两个定义之间没有区别,但当利率发生变化时,两个收益指标将有所不同。例如,如果利率上升,在给定的预期收入水平下,就会产生较低的资本价值,从而期末资本价值就会降低,希克斯收益定义1的收益就会因利率变化所产生的损失而相应减少,而希克斯收益定义2的收益却因为预期收入不变而不会受利率变动的影响。

定义3是考虑通货膨胀,也就是货币价值支出(就像希克斯收益定义1和希克斯收益定义2所定义的那样)与实际价值支出(对真实货物和服务的控制,而非对货币单位的控制)之间的差额。这一问题也引起了会计师的关注,将在第5章加以讨论。

所有这些定义都是事前理念,基于前瞻性方法,利用期初存在的信息和预期,因而这些定义与决策制定具有完美的相关性。还有三个事后概念与事前概念相对应,就是站在周末来定义过去一周的收益,这显然与财务会计更为相关,因为根据传统的财务会计"经管责任"职能,财务会计通常关注报告过去的事项。然而,正如卡尔多(Kaldor,1955)所指出的,即使事后计量,也涉及对未来事件的估计,以便评估"预期收入的资本价值"(希克斯收益定义1)或预计未来几周可用于支出的金额(希克斯收益定义2和希克斯收益定义3)。因此,尽管表面上看起来希克斯收益定义1可能与会计师计算公司收益的传统方法相似[32],但基本的估值方法却大相径庭。经济学对收益的定义比会计师的定义更为主观,不仅会导致资产在任何时点的估值都存在更大的不确定性,而且在不确定性条件下,事后估值也并不必然等于事前估值。因此,估计期间收益取决于作出估计时的知识状况。如果在期末进行事后计量,比如,在 $t+1$ 点进行事后计量,意味着在 $t+1$ 点估计的 t 点期初净值,可能与在 t 点按当时知识状况估计的 t 点期初净值有所不同。因此,并不能清楚地确定需要维持不变的资本(t 点的净财富),必须决定如何处理意外(windfall)利得或损失[33],因为这是评估期初净财富的两种方法存在差异的原因所在。

处理意外利得或损失的方法看似无足轻重,事实上这却是经济学家收益模型的核心,因为排除意外利得或损失并假定折现率不变时,一个期间的收益只不过是期初现值与折现率之积。现值(PV)的正式定义是:

$$V_0 = \sum_{t=1}^{n} \frac{Q_t}{(1+r)^t} \qquad\qquad (2.6)$$

式(2.6)中, V_0 =零点的现值, $Q_t = t$ 期的现金收入(正)或现金支出(负), r =每期折现率。

如果我们假定一个期间之后的情况确定或预期正确, Q_1 期的现金收入没有消耗掉,则:

$$V_1 = \sum_{t=2}^{n} \frac{Q_t}{(1+r)^{t-1}} + Q_1 = V_0(1+r) \qquad\qquad (2.7)$$

说明在这种情况下,期末现值是在期初现值的基础上按折现率增加。因此,期初现值与期末现值之间的差额就是收益,即:

$$Y = V_1 - V_0 = V_0 r \qquad\qquad (2.8)$$

因此,根据净现值和折现率方面的知识,在满足初始预期的特殊情况下,我们可以推导出该期间的收益(而且,在满足关于再投资的其他假设时,也可以推断出所有未来期间的收益)。

当预期没有实现时,利得或损失将在事后评价中发挥关键作用,因为它们构成了结果与先前所计划回报之间的偏差。构建适用于评估事后会计收益与先前计划偏差的指标是爱德华兹和贝尔(Edwards 和 Bell, 1961)在其经典的企业收益计量著作中提出的财务会计目标之一。将结果与先前预期进行比较,是会计在反映经管责任中的主要用途。

经济学家收益定义的一个重要特征现在已经显现出来了。如果我们知道现值,要实现很多目标,特别是为投资者决策而进行的企业估值,似乎都没有必要进行收益计量,因为现值综合反映了目前条件下预期发生的所有未来流量[34]。根据资本预算理论得出的投资决策规则是:当现值大于初始成本时,该投资可以接受:不需要估计收益。试图根据预期利润或报酬率进行投资决策,理论上复杂而低效,不太令人满意[35]。甚至源自基本折现关系用于投资评估的内含报酬率法[36],通常也不如净现值法令人满意[37]。一个重要的例子是,如果我们假设股东的估值是他预期从股票所有权中获得的未来股利的现值,那么掌握了净现值知识,就会知道进行股票估值根本不需要收益计量。

然而,在确定条件下运用净现值法可能使收益计量在某些方面显得多余这样一个事实,并不意味着收益计量在不确定条件下或在所有目的上都是多此一举。我们已经看到,在预期未实现的情况下,意外利得或损失计量了这些预期变化的影响,因而它们(从预期收益中独立出来)提供了与事后评估和控制有关的信息。更为重要的是,我们通常不知道净现值,因为这需要知道不确定的未来回报,需要进行估计,这就有可能需要使用过去的收益数据。因此,收益计量可能是估计现值的重要输入变量。这使我们远离了希克斯收益定义 1 的资本保持法,而转向了希克斯收益定义 2 和定义 3 的维持消费法,该方法在前面已经提及并在有关会计背景知识的第 1 章中进行了简要描述。如果我们能够估计期间消费的"标准流量"(对于个人情形),或者能够估计预期能维持[38]向股东分派的"标准流量"(对于公司情形),评估现值的方法就非常简单。众所周知,在预期收入流量以 $\overline{Q}$ 永续恒定的情况下,式(2.6)就简化为:

$$V_0 = \frac{\overline{Q}}{r} \tag{2.9}$$

因此,公司权益的现值就等于每期可归属于股权的标准收益流量除以适当的折现率 r。当然,估计适当的折现率是一个难题,特别是当我们在分析中引入风险时更是如此[39]。因此,人们可能认为会计师的角色应该停留在对 $\overline{Q}$ 的估计上,而将估值问题留给股东去处理。更进一步,会计师或许集中精力提供与估计 $\overline{Q}$ 相关的信息就可以了,而不必试图精确地估计 $\overline{Q}$[40]。

由于估计未来回报涉及主观性,要使会计系统明确地报告希克斯收益定义 2 或定义 3 下的标准流量收益指标,是一项难以完成的任务。斯科特(Scott,1976)和布莱克(Black,1980,1993)就如何帮助投资者提出了一些建议,当然他们不可避免地在很大程度上要依赖未来假设。对审计师来说,这些未来假设很难验证,特别是用于衡量经管责任时很是棘手[41]。因为这种方法存在固有困难,一些人提倡采用某种形式的现金流量报告[42],当然这一方法在预测未来事件时依然会遇到问题。在英国,对通货膨胀会计论争有贡献的一些研究人员,特别是研究杠杆率和货币性营运资本调整的人士(Gibbs,1976),关注的似乎是流动性而非盈利能力,因而这近乎是倡导使用现金流量会计[43],虽然他们仍然继续使用收益计量这样的表述(如作为利润计量的核心利益变量),但是,如果他们真正关心收益计量,那应该关心希克斯收益定义 2 或定义 3 的"标准流量"指标,而不应该是希克斯收益定义 1 的资本保持型指标,因为这样的指标主要是从会计师传统使用的方法中自然生成的。桑迪兰兹报告强调按现行成本计算的营业利润的预测价值,从这个角度可以解释为标准流量收益计量的一个实例[44]。

我们可以将前面讨论的企业收益计量要点总结如下:

(1) 收益模型有两种:一种基于资本保持;另一种基于消费维持(如果是公司,则是股利维持)。

(2) 资本保持模型至少在形式上与会计师传统计量收益的方式相一致。会计师传统使用的估值基础是历史成本,而经济学家的模型却以现行价值为基础。在充满不确定性和以不完全市场为特征的世界里,经济学家的理想计算方法含混不清,使我们面临在各种现行入手价值(购买价格或重置成本)、现行脱手价值(售价减处置成本)和现值(通过正常营业运用的预期回报折现值)之间作出抉择。所有这些计量方法都涉及一定程度的主观性,现行价值尤为突出。基于不同使用者和不同用途,选择的指标估计也会不同。

(3) 后一个模型是消费维持,它的预期成分浓重。显然,在不确定的未来,每个期间可以消耗(或分配)的最大金额在很大程度上取决于对购买价格、销售价格和生产效率的预期。一方面,资本保持观至少有希望使用可观察的现行市场价格,而消费维持观却完全依赖主观预期,除非它诉诸随意的假设[45]。另一方面,在无法观察到可靠市场价格的情况下,消费维持观确实避免了评估现行价值的问题。摆脱这一困境的另一条路径可能是完全放弃基于应计制的收益计量,采用如井尻雄士(Ijiri, 1979)和李(Lee, 1979)提议的既有事前预测,也有事后实际现金流量表那样的基于现金流量的业绩报表,尽管这可能也会带来一些新问题[46]。

(4) 前述对收益计量持保留意见的主张显示,在会计师具体运作的现实世界里,我们不可能计算出能够满足通用目的的单一收益数字。此外,即使市场足够完善与可靠,能够得到计量该数字所需的估值,那也有充分的理由使用资产负债表(基于适当的现行市场计量)而非收益表来对一家企业或其组成部分进行估值,而进行这种估值是评价财务会计有用性中的"决策有用性"方法的核心关切。因此,没有一个简单的标准来判断各种计量技术。很可能的情形,是不同的技术适用于不同的情况或不同的目的,因此,会计技术的选择可以被视为一个社会选择问题,涉及对会计的不同使用者那些竞争性诉求的判断。然而,我们至少希望探明某种技术是否满足某种诉求并确定满足这种诉求所必需的精确假设。

2.4　结论

在本章中，我们考虑了财务会计的一些核心问题。很显然，即使价格不发生变动，在一个充满不确定性、市场不完善以及不同会计信息使用者存在竞争性诉求的世界里，会计也面临着严重的困境。因此，毫不奇怪，关于计量的论争与其他会计问题的争议有着千丝万缕的联系。就像如何对固定资产进行估值这样的问题，既与计量资本和收益的基本模式有关，也与如何考虑价格变动对资本和收益计量的影响有关。

同样显而易见的是，不存在能够满足所有使用者需要、能够满足所有情形会计用途的单一会计模式和单一综合性指标（如收益）。

因此，接下来我们对计量技术的审视以及对这一主题的论争，不大可能推导出一个理想的通用解决方案。事实上，人们之所以对计量和其他会计问题的争议提出批评，是因为参与者往往刻板地坚持自己狭隘的"解决方案"，而不认可其他情形下其他备选方法所存在的优点。我们希望能够做到：确定替代性技术所依恃的假设，考虑根据这些假设得出推理的合理性，并考虑替代性技术的用途和适用环境。

附录　数字示例

本例是对第 1 章数字示例的扩展。我们仍然假设弗雷德在期末有 20 个菠萝。按历史成本计算，这些存货的价值为 20 英镑（销售价值和批发价值均高于成本）。我们假设弗雷德从梅布尔姑妈那里借了 50 英镑为其生意提供部分资金，从而增加了一项负债。增加的这一要求权减少了弗雷德自己作为企业业主的剩余索取额。

相关情况如下：

（1）弗雷德期初时有 100 英镑现金，其中 50 英镑是从梅布尔姑妈那里借的，另外 50 英镑是他自己（业主）的资本。

（2）然后他以每个 1 英镑的价格买了 100 个菠萝。

（3）菠萝的批发价随后涨到每个 1.25 英镑。

（4）然后，他以每个 1.50 英镑的价格卖出 80 个菠萝，获得 120 英镑现金。

本章的式(2.1)至式(2.5)所表达的代数会计关系与计价体系无关。我们使用历史成本法来例示上述几个公式的应用,因为历史成本法仍然是最广泛使用的方法,而且使用起来也很简单,这样可以避免因价格变动而重新表述所有者权益等问题。

历史成本报表

t 时的资产负债表(期初)

要求权		£	资产		£
业主资本	P	50	现金	M	100
借款(梅布尔姑妈)	L	50			
		100			100

$t+1$ 时的资产负债表(期末)

要求权		£	资产		£
业主资本	P	90	存货	N	20
借款(梅布尔姑妈)	L	50	现金	M	120
		140			140

很容易看出,资产负债表恒等式(2.1)、式(2.2)和式(2.3)在两张资产负债表中均成立。这里使用的横式(并排)报表格式强调了恒等关系。第 1 章使用的垂直格式可能更容易理解,并且在实务中更加常用。

资金流量计算($t \sim t+1$)

来源	£	运用	£
$(P_{t+1} - P_t)$	40	$(N_{t+1} - N_t)$	20
$(L_{t+1} - L_t)$	0	$(M_{t+1} - M_t)$	20
	40		£40

这证明恒等式(2.4)成立。简单重新排列就是垂直格式的:

资金流量计算($t \sim t+1$)

	£
资金来源	
来自交易业务的资金净额	40
资金运用	
存货增加	20
现金余额增加	20
	£40

业主资本账户没有发生交易,因此,其余额的增加(40 英镑)必定是交易利润[式(2.5)]。

收益表 $(t \sim t+1)$

	£
销售收入	120
减　销售成本 *	80
利润	40

* 100 英镑购入价格减去 20 英镑期末存货。请注意,由于使用了历史成本基础,报表不反映购买后菠萝批发价格的变化。

现金流量表已被认可为一种优于资金流量表的新增财务报表,因为它提供了观察主体业绩的不同视角,即排除了资产负债表中报告的应计资产和负债,因此,也就不存在计量问题。顾名思义,现金流量表综合反映了一个期间主体的现金交易。它以最纯粹的形式即所谓的直接法,综合反映现金交易:

现金流量表——直接法 $(t \sim t+1)$

	£
现金余额 (t)	100
加:销售收到的现金	120
	220
减:购买存货支付的现金	100
现金余额 $(t+1)$	120

在更复杂的企业中,间接法有时是推导现金流量表更方便的方法,就是以基于应计基础的收益表为起点,加回应计资产和负债,如下所示:

现金流量表——间接法 $(t \sim t+1)$

	£
现金余额 (t)	100
加:经营活动产生的现金净流量	20
现金余额 $(t+1)$	120

在这个简单的案例里,经营活动产生的现金净流量等于营业利润(40 英镑)减去该期间投资于存货的金额(20 英镑)。在更为现实逼真的情形下,需要调整影响利润计算但不影响现金流量的折旧和其他应计项目。

现金流量表的另一个复杂问题是现金的定义。现金当然必定包括目前银行存款的余额,但其他短期金融工具也被视为具有同样的流动性,这些"现金等价物"有时被纳入现金流量表的"底行"余额而非作为投资处理。

注释

1　值得注意的是,由英格兰和威尔士特许会计师公会发布的第一份通货膨胀会计研究(一个重要的计量问题)为《通货膨胀期间的经管责任会计》(英格兰和威尔士特许会计师公会,研究委员会,1968)。

2　历史成本惯例经常被稳健原则所修正。例如,存货和在产品的"成本与市值孰低法"以及类似国际会计准则理事会等会计准则制定机构要求对某些其他资产进行的"减值测试"。

3　在会计角色的这个层面,爱德华兹和贝尔(Edwards 和 Bell, 1961)的作品最为突出,该作品是对会计计量理论最重要的贡献之一,本书将在后续章节中讨论。

4　例如,国际会计准则理事会提出的概念框架修订稿(IASB, 2015)。

5　尽管本书主要考虑英国的情况,但美国的会计史与其他英语国家的会计史也非常相似。最近,全球化力量以及由此而来的国际监管扩张,将这种相似扩展至世界上许多其他国家和地区。

6　公司的利润税通常有两种形式:直接对公司利润征收的利润税(如英国公司税)和向支付给投资者的股利和利息所征收的所得税。

7　可持续性包括环境可持续性,也包括社会和经济可持续性。布伦特兰报告(UN, 1987)大力提倡这一点,独立的全球报告倡议组(GRI group)随后制定了可持续报告指南。琼斯(Jones, 2010)归纳总结了这些进展。

8　例如,当时仍在使用的会计原则建议(英格兰和威尔士特许会计师公会,1952)。

9　贸易大臣(1977)。

10　《特鲁布拉德委员会报告》(财务报表目标研究组,1973),在许多方面都是《公司报告》的美国版本,它也是美国财务报告大多数后续发展的起点,特别是财务会计准则委员会(Financial Accounting Standards Board)的概念框架项目。泽夫(Zeff, 2016)提供了财务会计目标演变的全面历史,尤其是美国的会计准则方面。最近的企业社会责任披露,就是报表编制者对使用者需求的直接回应(Moser 和 Martin, 2012)。

11　国际会计准则理事会在修订其概念框架时,选择用如实陈报(faithful representation)取代可靠性(reliability)(IASB, 2015)。事实证明,这样做存在争议(Whittington, 2008)。因此,在这里我们保留"可靠性"这一原来的表述,因为它更加清晰。

12　基于此及相关理由而倡导历史成本的最著名人物是井尻雄士(Ijiri, 1971)。

13　但这不是说计量完全相同,原因是采用应计惯例,如成本与收入的配比以及收入确认,通常都涉及一定程度的主观判断。

14 见 R. L. 马修（R.L.Mathews, 1965）关于通货膨胀会计背景下对这一观点的著名论述。

15 钱伯斯（Chambers）的经典著作（1966 年，特别是第 7 章和第 8 章）对于报告各种各样的估值基础提出了批评，理由是这会导致报表使用者无法接受的复杂性。信息经济学会计方法将会计信息视为一种经济商品，《美国会计学会公告》（1977 年，第 21～25 页）对此进行了有益的概括和总结。

16 例如，国际财务报告准则第 7 号是国际会计准则理事会关于金融工具披露的现行准则（2005 年），它要求披露每类金融工具的公允价值（第 25 段）。

17 巴顿（Barton, 1974）批评了在不确定条件下，将经济学家的收益概念作为会计师模型的做法。

18 参见布拉米奇（Bromwich, 1977a）以及比弗和德姆斯基（Beaver 和 Demski, 1979）的作品。当世界上所有可能状态下的所有商品都有市场时，就存在完全市场，此时所有不确定性都可以通过期货市场交易加以对冲。

19 布拉米奇（Bromwich, 1977a）研究了不完善市场条件下现行价值会计的某些意义。最近，关于公允价值会计的争论，导致对非流动性市场后果的讨论（Plantin 等, 2008）。

20 布拉米奇（Bromwich, 1977a）、皮斯内尔（Peasnell, 1977）、比弗和德姆斯基（Beaver 和 Demski, 1979）是这一观点的早期倡导者。

21 参见惠廷顿（Whittington, 1981a）的收益计量文献综述。

22 参见巴顿（Barton, 1974, 1976）、雷夫森（Revsine, 1970, 1976）、库克和霍尔兹曼（Cook 和 Holzmann, 1976）、凯（Kay, 1976）、皮斯内尔（Peasnell, 1982）和爱德华兹等（Edwards 等, 1987）。

23 参见雷夫森（Revsine, 1976）。

24 凯（Kay, 1976）和皮斯内尔（Peasnell, 1982）进行了开创性研究，紧随费舍尔和麦高恩（Fisher 和 McGowan, 1983）的论文之后，《美国经济评论》（American Economic Review）发表了一系列论文。惠廷顿（Whittington, 1997）对这些文献进行了概述。

25 一方面，G.麦克唐纳（G. Macdonald, 1974a）认为，报表之间的这种勾稽方式对会计发展产生了约束性影响，因为它禁止对不同报表采用不同的估值基础。他认为，财务状况表（资产负债表）报告现行销售价值，其信息含量可能最大；业绩表以现行成本（后续章节要讨论的剥离价值）为基础，其信息含量可能更大。会计和审计的重心已经从 20 世纪前 30 年被视为主要财务报表的资产负债表，转移到目前受到主要关注的损益表（Chatfield, 1974）。最近，国际会计准则理事会因试图通过强调公允价值而重新引入"资产负债表法"而受到指责（Penman, 2007）。另一方面，奥尔森（Ohlson, 1995）的"干净盈余"模型表明，如果编制基础一致，资产负债表和收益表可以相互补充。

26 这里采用的格式是英国使用的传统横向格式，左侧是要求权，右侧是资产。在美国，传统做法是把资产放在左边,要求权放在右边。最近,所有国家的实务都倾向于采用垂直格式,即资产合计减负债得出"净资产"数字,将与净资产相等的所有者权益(业主权益)作为平衡项目列示。后一种方法被广泛使用,可能会给读者提供更多信息,但水平格式在教学方面有其优势。

27　此处使用的符号由钱伯斯(R. J. Chambers)首先提出,但钱伯斯并不会同意后续的所有用法,因为他坚定地致力于特定的严格计量标准,他声称只有基于现行可实现市场价值(Chambers,1978)的持续现行会计(Continuous Contemporary Accounting,CoCoA)方法,才符合严格计量标准。

28　例如,参见会计准则委员会 1975 年 7 月发布的《会计准则第 10 号——资金来源和运用表》。最近,准则制定者更倾向于使用现金流量表,如国际会计准则委员会发布的国际会计准则第 7 号(1992 年修订),将资金流量改为现金流量。如本章附录所示,现金流量表综合反映企业的现金收入和支付,而不是反映资产负债表所有项目的变动,因为资产负债表项目中还包括非现金应计项目。然而,在实务上,"现金流量"准则通常允许偏离纯现金流量(这要求使用不受欢迎的"直接法"计量现金流量,重点关注的是现金而不是现金等价物)并保留了资金流量要素。

29　当然,收益表记录销售和购货等总流量,其净影响反映在恒等式中随后的项目里。利润等于收入(资产增加或负债减少)减费用(资产减少或负债增加)。因此,净利润是归属于所有者的净资产增加。第 1 章和本章附录的数字示例清楚地展示了这种关系。

30　当然,这与经济学家的"纯利润"概念不一致。纯利润是扣除"正常利润"(normal profit)的名义利息费用后的余额。

31　爱德华兹(R. S. Edwards, 1938)、亚历山大(Alexander, 1948)、所罗门(Solomons, 1961)和巴顿(Barton, 1974)对会计师和经济学家计量收益的不同方法进行了有益的分析。惠廷顿(Whittington, 1981a)有文献综述和参考书目,关于该主题的阅读材料汇编请见帕克等(Parker 等, 1986)的作品,李(Lee, 1985)的作品是一本有清晰数字示例的教科书。

32　当然,希克斯的定义是个人收益的定义。要将它们转化为合适的企业利润定义,就必须将"支出"替换为"向所有者分派"。

33　此类利得或损失的两个来源是实际收入的变化或预期收入与原预期相比的变化,以及用来计算这些收入净现值的折现率变化。一些作者将利率变化与意外利得或损失分开处理。

34　惠廷顿(Whittington, 1974)更全面地阐述了这一论点。

35　这在任何一本好的教科书中都有讨论,如比尔曼和施密特(Bierman 和 Smidt, 2007)的教材。

36　让 $V_0 = C_0$,就可以计算折现率 r,其中 C_0 是初始成本。这时的决策规则是:$r' \geqslant r$ 时进行投资（r 是计算净现值使用的市场折现率）。

37 赫什莱弗（Hirshleifer，1958）对此进行了简洁的证明。

38 请注意，实际上并不需要进行事后维持。回报可以再投资于企业，这将导致后续回报增加。在假定盈余分配给业主而不是再投资情况下，标准流量表示在计量时点投资于企业的资源产生的可持续盈余。

39 阿米蒂奇（Armitage，2005）对这一问题进行了有益的评述。

40 这一点由皮斯内尔（Peasnell，1977）和布拉米奇（Bromwich，1977a）令人信服地提出。

41 诺比斯（Nobes，1977）对桑迪兰兹"剥离价值"估值建议提出的批评，也适用于斯科特（Scott，1976）的建议，特别是关于货币性资产的处理：因为所使用的估值方法取决于资产的预期用途，这进一步增加了主观性。然而，这种方法与国际会计准则理事会对金融工具的处理（国际财务报告准则第 9 号，2009 年），以及目前在计量方面的立场（国际会计准则理事会，2015）相一致。

42 现金流量会计的著名倡导者是劳森（Lawson，1971）、李（Lee，1972）和井尻雄士（Ijiri，1979）。

43 这一点由艾迪（Edey，1979）提出。

44 肯尼迪（Kennedy，1976）对桑迪兰兹用营业利润进行股票估值的建议提出了善意批评。

45 肯尼迪（Kennedy，1976）指出，按照从市场上获得的收益率对桑迪兰兹营业利润进行折现来对股票估值，是假设不存在通货膨胀；对于一个标榜为"通货膨胀会计"的会计体系来说，这无疑是一个不恰当的假设。

46 实践经验表明，现金流量信息是权责发生制会计的补充而非替代。即使是关于现金流量的学术建议，也未曾设想应计信息会完全消失。例如，李（Lee，1979）主张以现行现金等价物（销售净价）为基础来编制资产负债表。

第 3 章 历史成本会计

历史成本是传统会计的基础,但它通常不以纯粹的形式被使用。对历史成本的常见修正应用是对固定资产的特别重估价和稳健主义原则。稳健主义原则鼓励在估值实务中对特定资产估价进行向下调整,如对存货以历史成本与市场价值孰低计价。

在本章中,我们将考查历史成本会计的某些属性。这是研究会计的各种备选计量方法的必要前提,原因有二:第一,弄清楚人们对历史成本不满意的原因很重要,特别是在价格迅速变动的时期。如果这种不满意站不住脚,那就没有理由擅改经得起实际应用考验的传统方法。第二,在不存在价格变动的情况下,发现历史成本的特征很重要。如果这些都是财务会计系统的理想特征,那么我们可以认为会计的目标应该是调整历史成本以消除价格变动的影响,以便保留其在价格稳定时所具有的特征。事实上,一方面,在一般价格水平变动的情况下,这似乎是不变购买力会计倡导者通常所采用的逻辑,他们试图消除通货膨胀对历史成本计量的扭曲效应。另一方面,如果像某些人士所说的[1],即使没有价格变动,历史成本会计也毫无意义,那么将会计系统建立在恢复历史成本报表从未具有的重要性这一原则基础上,似乎败局已定。

3.1 静止状态

认为历史成本会计具有明确的重要性的一种假设情景就是静止状态。[2] 在这种状态下,所有价格在不同时间都固定不变且预期也保持不变,每项资产都有一个单一明确的价格(即购买价格、销售价格和使用现值之间不存在差异)且不存在交易成本(如资产的销售价格等于其所有者通过处置所能实现的金额)。静止状态的存在,确保了历史成本与现行成本在不同时间不存在差异,并且计量的货币单位保持恒定值。然而,成本仍有可能不同于"脱手价值"(出售时的可变现净值,或留作经营使用的未来现金流量现值)。当然,如果存在完整且完美的竞争性市场,即每项资产(或负债)只有唯一一个价格,那么这一情况可以被排除。在每项资产只存在一个价格的情况下,入手价值(重置成本,在这种情况下假定等于历史成本)、脱手价值(销售价格)或使用价值之间就不存在选择的问题,因为它们都相等。因此,每项资产和负债都有一个明确的、与历史成本相等的现行价值。在这种情况下,如果我们再假设所有资产和负债都具有可在报表中确认的可辨认历史成本,[3] 历史成本利润也就等于经济利润,即历史成本会计计量的财富净值增加额等于公司资产现值合计的增加额。[4] 因此,没有必要跳过历史成本会计,因为它也可以提供其他替代计价体系所能提供的全部信息。

但是,这种情况所要求的假设严格且不现实。要求绝对价格和相对价格保持不变,需要假定存在一个没有任何变化的均衡世界。而现实情况是,需求和供给的水平与模式不断变化,导致这两种类型的价格变动,从而根据标准篮子商品(如消费者物价指数)计量的货币单位价值会随着时间的推移而变动,不同商品的相对价值也是如此。每一项资产只有一个价格所要求的假设同样不现实。这些假设包括:

假设 1:所有市场都是完全竞争的长期均衡以及与此相关的所有假设。[5]

假设 2:所有资产和负债都存在这样一个市场("完全市场"),使得所有已部分使用的固定资产也都存在市场价格。

假设 3:无交易成本,从而价格既等于购买物品的成本,也等于销售所得。

假设 4:在历史成本会计所使用的权责发生制惯例下,所有资产和负债[包括已部分使用的资产和自身产生的无形资产(如客户商誉)]的计价金额,等于为获得这些资产和负债而花费的资源成本(包括已投入资本的累计利息成本)减去自购买日起已消耗的经济利益或已期满的负担(对负债而言),从而等于它们的竞争性市场价格。

假设 4 是必要的,因为虽然历史成本会计表面上看起来客观,但权责发生制(将收入和费用分配至各期)带来了分配问题。托马斯(Thomas,1969,1974)对此进行了认真的探究。例如,当为多种用途而成批购买商品或服务时,应当如何将该批总成本分配给每一个个别用途? 当一个期间仅消耗了其中一部分物品时,应该如何将成本分配到为产生本期利润而承担的成本和因为未来期间使用资产的应计成本? 这个问题的一个明显例证是固定资产成本,它通过折旧费用的形式进行跨期分配,而传统的折旧方法,如直线法或余额递减法,通常不能满足假设 4 的要求。[6]

完全竞争假设确保了没有任何资产[7] 能以两个不同的价格进行交易(有时称为"一价定律"的状态),从而重置成本等于销售价格,且每一成本或价格均与销售量无关。假设不存在额外交易成本,则可确保价格和价值对资产所有者或潜在购买者不存在差异,再加上静止状态(长期均衡的一种形式),这些假设也确保了经济中不存在超额利润(有时称为"纯利润"),每项资产只能获得正常利润率(就是第 2 章的折现率 r),其现值等于市场价格。完全确定性不是特定时点完全竞争均衡的必要条件,但要维持均衡,就必须有正确的预期。如果预期没有实现,静止状态很可能会被打破,因为事前的计划未能在事后实现,就会造成不均衡。

应当注意到,即使在严格的条件下,历史成本也并非会计唯一合适的计价基础:只是几个不同的价值恰巧相等而已。在这些情况下,我们选择历史成本作为基础,因为它在会计中的传统角色(可以接受、各方熟知、被证明具有可行性)易于验证并与公司控制职能相容。通过发票和类似记录,历史成本很容易形成文档,在记录公司实际交易和控制公司所有权下的商品和服务金额过程中会自然得到历史成本。因此,它符合提供企业交易账目的经管责任目标。这是井尻雄士为历史成本辩护(Ijiri, 1971)的经典中心主题。然而,在实践中,历史成本并非完全毫不含糊,因为应计制可能依赖于主观、随意的分配规则。

事实上,世界的特征既不是平衡静止的状态,也不是完全市场的充分竞争均衡。此外,还存在重大的额外交易成本,即使价格相等,也会产生不同的价值。例如,如果购买的(交易)成本和出售的(交易)成本都为正值,即使购买价格等于出售价格[8],取得一项资产的总成本——"入手价值",也将高于出售资产的净收益——"脱手价值"。

我们可能希望利用指数来调整历史成本记录,处理因静止状态被打破而引起的价格变动问题:用一般价格指数处理一般价格水平变动,用个别价格指数处理个别价格与一般价格指数有偏离的情形。如果仅使用一般价格指数,就会形成不变购买力(CPP)形式的会计;如果同时使用两种指数,就会形成实值形式的会计。然而,当假设 2(完全市场)不成立时,我们将面临一个更根本的问题:收益和价值无法拥有唯一定义。因此,我们面临着在历史成本、重置成本、现行销售价格或使用现值之间作出抉择(每一类别内可能还有多种选择),以反映资产使用方式的不同假设,且不得不考虑第 1 章和第 2 章讨论的不同类别信息服务于不同目的的可能性。[9] 这就产生了将在后续章节中讨论的各种各样的不同会计理论和体系。

3.2　已完工项目的利润

已完工项目是指从注入初始现金开始,到完成清算(如以现金变现)结束的项目。历史成本能够产生很有用且清晰无误的利润计量的情形,就是已完工项目的寿命周期利润。为举例说明,我们假定一个项目跨越两个会计期间,并使用第 2 章的符号来证明这个结论。假设 t 点的初始现金付款额为 M_t。资产负债表方程式为:

$$P_t = M_t \tag{3.1}$$

假设在第 1 期期末 $(t+1)$,现金 M_t 已经转换为存货 N_{t+1} 且未发生其他交易。现在的资产负债表方程式为:

$$P_{t+1} = N_{t+1} \tag{3.2}$$

因为存货以历史成本计价,$N_{t+1} = M_t$ 且 $P_{t+1} = P_t$。因此,第 1 期的利润为:

$$P_{t+1} - P_t = N_{t+1} - M_t = 0 \tag{3.3}$$

第 2 期期末 $(t+2)$ 时项目清算,存货 N_{t+1} 转换为现金 M_{t+2}。资产负债表方程式现在为:

$$P_{t+2} = M_{t+2} \tag{3.4}$$

因此,第 2 期的利润为:

$$P_{t+2} - P_{t+1} = M_{t+2} - N_{t+1} \tag{3.5}$$

　　显然,期间利润主要取决于第 1 期期末的存货估值(N_{t+1})[1]。如果存货按市场价值计算,则有可能大于历史成本估值,从而在第 1 期出现正的利润;但在第 2 期注销存货冲销利润时,第 2 期较低的利润完全抵销了第 1 期的利润,从而使项目寿命周期的总利润保持不变。后一个结果很容易证明。项目的寿命周期利润是两期利润之和:

$$P_{t+2} - P_{t+1} + P_{t+1} - P_t = M_{t+2} - N_{t+1} + N_{t+1} - M_t \qquad (3.6)$$

或者

$$P_{t+2} - P_t = M_{t+2} - M_t \qquad (3.7)$$

　　因此,与资产相关的中间估值并不影响寿命周期利润。如果我们不关心整个寿命周期内的分期利润,则历史成本与任何其他中间估值基础一样可以被接受。但是,一些重要的有保留意见是:

　　(1) 会计师通常关心持续经营而非自我清算的企业。因此,不能简单地假设"从现金到现金"。

　　(2) 即使是对一家自我清算的企业,会计师通常也是关心对该主体的定期评价,而非关心整个寿命周期的业绩。对于主体每一期间相对业绩的计量,中间估值 N_{t+1} 显然具有关键性影响。

　　(3) 假设 P_t 是要维持的资本,各寿命周期利润计量的等价性即可获得。第 1 章的"从现金到现金"业务,例示了资本维持概念的重要性。正如我们所看到的,一个真实的(通货膨胀调整后)资本维持系统将通过相关期间的一般购买力指数变化来调整 P_t,以便确定应维持的资本。因此,在我们的简单示例中,真实的寿命周期利润不是 $P_{t+2} - P_t$,而是 $P_{t+2} - P_t(1+p_1)(1+p_2)$,其中,$p_1$ 是第 1 期的一般价格指数增长百分比,p_2 是第 2 期的一般价格指数增长百分比。[10] 同理,基于主体的重置成本计量制度,可能涉及通过与实体交易的商品类别相关的个别价格指数 s 的变化来增记初始资本,产生 $P_{t+2} - P_t(1+s_1)(1+s_2)$ 的寿命周期利润,其中,s 是相关期间个别价格指数变动百分比。

---

[1]　原文误为 N_{r+1}。——译者注

因此,历史成本会计与其他资产计价制度在"从现金到现金"上的长期等价性,对如何编制持续经营主体的定期报表几乎没有影响,因为它忽略了定期报告的核心资产计价问题。此外,对于价格变动期间确认利润前应予保持的资本应如何计量的问题,历史成本会计也未恰当地处理。

3.3 "账面收益率"与内含报酬率的等价性

另一个为历史成本会计辩护的可能理由是,基于它得到的会计报酬率(ARR)或"账面收益率"(book yield)与资本预算理论中使用的内含报酬率(IRR)非常接近。回想一下(第 2 章,注释 31),内含报酬率是指收益率 r',用它作为折现率时,投资的净现值等于 0:

$$NPV = \sum_{t=1}^{n} \frac{Q_t}{(1+r')^t} - C_0 = 0 \qquad (3.8)$$

其中,C_0 = 初始现金流出净额;Q_t = 未来现金流入净额;n = 投资期数。

计算会计报酬率就是简单地用一个期间的会计利润除以用于赚取该利润的净资产的平均会计价值("账面价值")。事后评价经常用到会计报表,因此,人们认为理想的状态可能是根据会计报表计算的收益率(会计报酬率)应该等于或者至少接近内含报酬率。内含报酬率是根据经济理论得到的"真实"事后收益率,在大多数情况下,内含报酬率能最大化符合经济决策模型。

关于这个主题有大量的文献,哈考特(Harcourt,1965)和所罗门(Solomon,1966)的论文是一个开端,这些论文证明了会计报酬率和内含报酬率之间可能存在很大的差异。随后发表的一系列论文,旨在确定会计报酬率和内含报酬率之间的关系如何受到各种条件的影响,如项目数量聚合(即在公司层面计量还是在项目层面计量)、增量投资、不同计量期间(如采用平均会计报酬率而非年度会计报酬率),以及不同的投资期长度。凯(Kay,1976)[11]在一篇分析性论文中对所有这些内容进行了很好的概括与综述,证明了会计报酬率和内含报酬率之间的一般关系。似乎在一个项目或一个公司的整个寿命周期(即从最初创立到最终清算)内,内含报酬率是会计报酬率的加权平均值。凯(Kay)展示了一种计算恰当权重的方法。因此,长期来看,平均会计报酬率可能是内含报酬率的一个很好的近似值。如果满足其他特定条件(如公司以接近利润率的速度稳定增长),还可以提高它们的近似性。

从报告公司年度业绩的角度来看,这并不令人鼓舞,当然更不能证明历史成本会计是胜任的,原因如下:

（1）会计报酬率与内含报酬率的等价仅适用于企业的整个寿命周期。因此,为了报告一个持续（经营）主体的业绩,期末资产估值就至关重要,而无法证明历史成本能够较好地代表或"替代"某些现行估值基础（如重置成本）中的经济价值。[12]这是第 3.2 节中讨论的"从现金到现金"假设所存在缺点的另一个示例。

（2）会计报酬率与内含报酬率的等价性仅适用于公司整个寿命周期的平均值（以特定方式加权）,或两者从长期来看是近似值。因此,这一点对于支持使用会计报酬率作为单一期间经济回报计量指标的意义不大,而把会计报酬率作为单期经济回报指标被认为是公司年度报表的主要功能之一,它提供了盈利能力好坏的即时信号。凯（Kay,1976,1978）认识到会计报酬率的这种缺陷,这也是寿命周期下"从现金到现金"法所存在缺点的另一个例证。

（3）瓦特（Vatter,1966）在论争的初期提出了一个根本性问题,就是把内含报酬率作为一个理想标准是否合适。内含报酬率本身计算的是一项投资或者一个企业在寿命周期内获得的平均复合收益率,它基于所有期间回报率维持不变的假设,不承认资本机会成本在不同时期存在差异,也不认可回报本身可能集中于不同时期的事实。因此,内含报酬率实际上是表示整个寿命周期的回报率。为方便或可比起见,它用年利率表示,但它不表示特定年度的盈利能力,也不表示短于整个寿命周期的其他期间的盈利能力。换言之,它通过随意假设公司在每个期间均获得相同的回报率来处理分配问题。从这一点看,用它作为判断公司在短于整个寿命周期的某一期间业绩标准,不是一个恰当的选择。

在企业经验研究中使用会计报酬率,惠廷顿（Whittington,1979）提出的另一种辩护理由是:会计报酬率（被视为内含报酬率的近似值）的许多误差,预期都可以通过平均化去除,从而使统计研究产生很少的偏差或没有偏差。这一论点假定回报率是多年平均值,因而与涉及许多公司的大规模研究特别相关,特别适合对行业或大型公司集团相当长时期的结构和业绩进行某些经济学研究。

但这并不意味着会计报酬率对单个公司单一年度的业绩计量有效。因此，它与向特定公司股东或其他利害关系方编制年度财务报告的问题没有直接关系。

因此，基于历史成本（HC）的会计报酬率，可以作为会计实体多期（Kay，1976）事后平均经济回报率（内含报酬率）和多主体（Whittington，1979）事后平均经济回报率（内含报酬率）的估计（但不是精确的度量），能够提供有用的信息。因此，认为历史成本毫无意义是不正确的。以历史成本为基础的会计报酬率作为内含报酬率的替代指标存在不足的原因在于内含报酬率的局限性。因为内含报酬率反映的是长期收益率，并给予各年相等的权重。财务会计通常是报告 1 年或 1 年以下的业绩，无论是股东评价经管责任（揭示为改善财务业绩应采取的行动）还是投资者估值，近期业绩都是他们关注的中心问题。基于这两个目的，报表使用者需要评估企业当前的财务状况，尤其关注近期报表所报告的最新事项。会计师不太可能向使用者提供精确的指标，如现值（PV），但通过会计提供的信息可能有助于使用者自己估计现值。计算现值的其中一项重要内容是估计未来现金流量。考虑到这一点，我们研究历史成本利润可能有助于预测现金流量。

3.4　平滑现金流量

评估历史成本会计的另一种方法，尽管其模型不符合经济学家提出的估值类型，但符合第 2 章所定义的"希克斯收益定义 3"中的消费维持观。这一解释强调的是历史成本损益表，而不是资产负债表。损益表被视为可以计量公司从经营中获得可持续现金净流量的情况。应计制被认为是必要的，它可用于消除异常现金流量（如由于购置固定资产而产生的现金流量）。应计项目摊销（如通过记录折旧费）被解释为平滑那些上下波动项目成本影响的工具，从而利润成为一个衡量最大可持续股利的指标。[13]这样一个指标除了与股利政策相关，还可以通过计算可持续盈余的折现值（PV）——与投资者广泛使用的市盈率（P/E）一致的方法——作为企业权益股票的估值基础。[14]在这种收益计量法下，资产负债表被简单地解释为应计项目表（an accrual sheet），用来记录尚未计入损益的现金支出（历史成本）。特鲁布拉德报告（财务报表目标研究组，1973）和惠廷顿（Whittington，1974）的研究就是使用这种解释的例证，但这种方法起源于早期会计思想史，如施马伦巴赫（Schmalenbach，1959）在其《动态会计》中就采用了这种解释,但这种解释首次出现于 1919 年,因此,对该方法的合理性我们可参照历史先例来佐证。

彭曼(Penman,2007)辩称历史成本会计可作为评估可持续盈余的基础。[15] 他认为,对于购入生产要素、使用它们来增值并出售产成品获取盈利的传统企业而言,历史成本会计基础的交易记录提供了有关企业获取经营盈余能力的重要信息。在这种企业里,与估计企业资产的公允价值(解释为销售价格)相比,可持续经营盈余的折现值是更为可靠的估值基础。彭曼用资产负债表法和损益表法(基于历史成本)两种方法,对可口可乐公司的价值进行了分析,以证明他的论点。他认为,公允价值与被动地持有资产以通过市场价值获取利得的那些企业或业务部门(特别是资产具有能够可靠计量的市场销售价格的企业)更为相关,而与主动增值①的企业或业务部门不太相关。

"希克斯收益定义 3"的收益计量方法存在的主要问题是:我们需要作出严格的假设,才能使单一年度的利润成为衡量未来可持续分配的有用指标。如果一切(需求、产出、价格和成本)均保持不变,处于静止状态,我们可以将利润视为"标准流量"收益,用该收益除以适当的折现率,就可以得出公司的期末估值。[16] 然而,这是一个不合理的苛刻假设,而且在现实中,每个期间的业绩都具有独特性,不太可能重复出现。每一期间的有些特征会改善公司的未来前景,而另一些则会使其恶化。我们希望这些前景的变化,有一部分会反映在资产和应计项目期末价值的变化上(正如我们稍后将看到的,尽管现行价值也不太可能与经济学家计量的现值一致),但是,除了在前述的静止状态下,应计历史成本似乎不太可能是这方面的适当价值。特定年度的某些特征对未来前景没有任何影响,但会影响历史成本利润,除非进行一些高度主观性调整,如需求极其低迷导致的低销量和产能利用率。因此,把纯粹的历史成本会计解释为"希克斯收益定义 3"标准流量收益的理想计量标准,似乎不太合理。当然,如果知道未来结果,即使存在年度波动,也有可能估算出标准流量收益。在这种情况下,就有可能计算出一个与波动的预期年收益流量等值的固定年金,[17] 该年金等于折现率乘以未来预期收益的折现值。然而,这一指标将严重依赖于对未来事件的估计。因此,它将失去以过去交易为基础的相对客观性,而这正是历史成本的主要属性之一。此外,如果能够计算出企业或其股权的折现值,那么计算标

———————————

① 主动增值(actively adding value)是指企业通过加工原材料形成产成品加以出售而实现价值增值。——译者注

准流量收益这样的多余一步似乎就没有什么意义了。尼西姆和彭曼(Nissim
和 Penman,2008)的方法更为实际,他们使用现行收益作为模型的输入变量。
该模型将平滑因子和增长因子结合起来估计未来收益,而不是假设事先已经知
道收益。

因此,历史成本会计提供的信息可能有助于估计"平滑现金流量"指标,使
用会计盈余(通常需要使用者的其他调整)来评估股票价值的常见做法就是这
样一种应用(Black,1980)。尼西姆和彭曼(Nissim 和 Penman,2008)的研究
就是使用历史成本盈余数据作为预测可分配现金流量输入变量的一个例子,它
不是对这些现金流量的精确计量。因此,历史成本损益表可以为不确定世界中
的决策提供有用的信息,而不是提供精确的"纯粹"收益指标。

因此,尽管估计标准流量收益存在困难,但基于收益进行估值的思想仍具有
吸引力。特别是对于彭曼(Penman)确定的增值型活动而言,这种方法至少可以
与其他估值方法进行交叉验证,在不完美的世界里,它可能是最好的单一方法,因
为所有计量都会存在错误。这种方法也得到了斯科特(Scott,1976)和布莱克
(Black,1980,1993)等经济学家的支持。他们的方法之间也存在差异,但与彭曼
的方法一样都存在一个共同的困难,那就是收益的界定,特别是区分非经常性收
益与可持续收益尤其困难。每种方法都提出了解决这一问题的不同对策,但没有
一种用纯粹的历史成本作为计量所有资产、负债和成本的恰当标准。国际会计准
则理事会在将综合收益(包括所有利得)分解为有意义的组成部分时,试图区分综
合收益表中的利润与利得时,遇到一个更为普遍的问题(Barker,2004)。

引入一般价格变动和个别价格变动,似乎会削弱历史成本会计与标准流量
收益之间的可能联系,但事实并非如此。这种关系很大程度上取决于对一般价
格和个别价格未来走势所作的精确假设。例如,如果我们能够接受在没有通货
膨胀情况下,历史成本利润就是标准流量收益一个很好的近似值的观点;如果
我们进一步假定一般价格通货膨胀率为固定年化率且实际变量不变、资产年限
结构均衡,那么通货膨胀条件下的历史成本利润就是以现行价格计算的标准流
量收益或"真实"标准流量收益。如果我们希望估计未来时期的货币性标准流
量收益,[18]我们只要乘以适用于未来特定年度的通货膨胀系数即可。个别价格
的相对变动会引发更加微妙的问题。一个关键因素是个别价格变动如何以及
何时反映在销售价格中:一方面,如果总是以收回历史成本而非收回现行成本
为基础进行定价,那么历史成本会计依然会得出标准流量利润指标。[19]另一方

面,如果基于现行成本定价,现行成本会计(CCA)可能会给出更恰当的计量。

综上所述,在存在不确定性和市场不完善的现实条件下,我们似乎很难确切地支持历史成本利润就是标准流量收益的解释。然而,在恰当的情况下,历史成本盈余和利润率作为报表个别使用者估计过程的输入变量是有益的。不过,正如我们稍后将看到的那样,其他计量方法(如现行重置成本)也可能有潜在的用途。

3.5　客观性和经管责任

迄今为止,我们一直关注历史成本会计到底在多大程度上符合经济学理论推导出的一些理想标准,但在第 2 章中有观点认为,实现这些理想标准通常需要在现实世界中并不普遍存在的条件。因此,在现实条件下,历史成本会计未能计量经济学家的利润或价值概念,并不令人特别惊讶。然而,也可以认为,在某些情况下历史成本会计未能提供与这些概念计量相关的信息。因此,反映公司资产最新市场估值的现值,可能更适合评价企业的经济进展。[20]这种可能性我们将在后续章节加以讨论。

然而,井尻雄士(Ijiri,1971)提出了维护历史成本会计的另一条重要理由。这一理由的基础是,以实际已发生事件的记录为基础是历史成本会计的独特性所在。它不是基于或有事件,如假定资产通过市场出售将可获得的价格或假定资产通过市场重置将要发生的成本。这一特性使基本历史成本数据具有独特的客观性。尽管在历史成本会计的实务中,一个重要的主观性因素已经渗入了权责发生制操作,正如托马斯(Thomas,1969)所展示的那样,将成本分配到不同期间(如折旧费)和不同活动(如在当期销售和未来客户关系之间分配营销成本)是"不可救药"的和武断的。[21]井尻雄士认为,在解决不同利益方对公司要求权的划分(dividing)问题时[他将其描述为"分配"(allocation)。当然,这是一个与托马斯所描述的分配问题完全不同的分配问题,而是经济学家在分配理论中所描述的分配(distribution)问题],历史成本的相对客观性使其在解决潜在冲突方面具有独特的优势,一个例子就是确定公司税基。井尻雄士还辩称,历史成本会计在记录企业的实际外部交易方面具有独特的控制功能,这是会计传统经管责任的一部分。[22]尽管公司出于控制目的而保留基本历史成本记录,并不一定排斥财务报告决策功能或估值功能下按现行价值计算的重估价,但很少有人会否认历史成本记录在这方面的价值。[23]

3.6 结论

　　毫不奇怪,我们的结论是根据价值和利润的经济学概念,除非在现实世界中不太可能普遍存在的严格界定的条件下,历史成本会计并没有明确的意义。在一个不均衡、不完善和不完全的市场以及存在价格变动的现实背景下,历史成本会计可能会为以估值为目的的相关行为提供有用的信号,但报表使用者必须将这个信号与其他相关连的信息一起谨慎地加以解释。作为对过去事项的记录,历史成本会计在履行会计的传统经管责任方面确实具有价值,再加上历史成本会计体系是在实践基础上建立的,为会计人员希望保留它提供了动力。在管理层、股东和其他人士制定决策和估值方面,历史成本可能不充分或不完善。在所有价格都固定不变的静止状态条件下,历史成本可以作为现行价值的替代物,但一旦(现实地)允许价格发生变化,现行价值而非历史成本将代表可用或放弃的经济机会,并很可能被纳入决策或估值计算。当然,各种现行价值中,哪一个最为相关并不明确,这个问题将在后续章节中讨论。此外,在不完善和不完全市场的现实背景下,尚不清楚是否有可能按现行市场价值计量所有资产和负债。特别是对企业整体的估值,其中包括商誉和某些难以识别甚至是更难以估值的无形资产价值,这就开启了彭曼提出的历史成本盈余指标可能具有实务用途的可能性。很明显,仅有历史成本不太可能提供完整的信息,因此,现行价值会计的性质值得探究。

　　下一章将利用现行价值会计系统,解决个别价格变动影响的计量问题。本章附录给出了若干简单的数字示例,来说明本章正文运用的更一般的代数关系。

附录　数字示例

　　本例是第2章附录的一个变体。在这里,我们引入一项折旧资产,业务过程是一个3期的寿命周期循环,用来说明第3章介绍的一些概念。

第1期的其他情况是:

　　(1) 弗雷德开始时还有一项资产,就是期初以100英镑购买的可折旧固定资产(购物车)。

（2）该资产在 10 期内按"直线法"折旧（即每期的折旧是成本的 1/10）。

（3）购物车由店主付款购买，所以他的期初资本现在是 150 英镑（现金 50 英镑、购物车 100 英镑）。

（4）业主在期末提取 30 英镑自用。

第 2 期的情况是：

（1）以每个 1.30 英镑的价格购买 80 个菠萝，一半用现金支付，一半赊账并在下一期付款。

（2）以每个 1.5 英镑的价格出售 90 个菠萝。

（3）80 个菠萝以现金出售，10 个赊销并在下期收款。

（4）业主将所有现金都用在私人用途上，而非向债主偿债。

第 3 期的情况是：

（1）以每个 1.80 英镑的价格赊购 100 个菠萝。

（2）向上一期的债权人付了款，同时，债务人偿还了他们的债务。

（3）以每个 2 英镑的价格出售 90 个菠萝，其中 80 个现金销售，10 个赊销。

（4）店主花了 10 英镑现金用作私人用途。

在第 4 期，业主决定清算其业务：

（1）剩余的菠萝存货每个卖 2.20 英镑，买主用现金付账。

（2）购物车以 120 英镑卖出并收回现金。

（3）向债权人结清全部债务，向债务人收回了全部债权。

（4）业主还清贷款，提取剩余现金自用。

A.1　历史成本报表

资产负债表（第 1 期期初）

	£		£
业主资本	150	固定资产	
借款（梅布尔姑妈）	50	购物车（成本）	100
		流动资产	
		现金	100
	200		200

收益表(第 1 期, $t \sim t+1$)

	£
销售收入	120
减　商品销售成本*	80
交易利润	40
减　折旧†	10
利润	30

* 商品销售成本等于100英镑购货成本减去期末存货20英镑,两者均按历史成本计算。

† 折旧等于 $1/10 \times 100$ 英镑(历史成本)。

资产负债表($t+1$)

业主资本	£	固定资产		£
期初余额(t)	150	购物车(成本)	100	
加　本期利润	30	减　累计折旧	10	
	180			90
减　提款	30	流动资产		
期末余额($t+1$)	150	存货(成本)	20	
借款	50	现金	90	
				110
	200			200

收益表(第 2 期, $t+1 \sim t+2$)

	£
销售收入	135
减　商品销售成本*	111
交易利润	24
减　折旧	10
利润	14

* 根据先进先出法原则:期初存货(20个菠萝,每个 1 英镑)20 英镑+购货(80个菠萝,每个 1.3 英镑)104 英镑-期末存货(10个菠萝,每个 1.3 英镑)13 英镑。

资产负债表($t+2$)

业主资本	£	固定资产		£
期初余额($t+1$)	150	购物车(成本)	100	
加　本期利润	14	减　累计折旧	20	
	164			80

	£			£
减　提款	106	流动资产		
期末余额($t+2$)	58	存货(成本)	13	
借款	50	应收债务人	15	
流动负债		现金	52	
欠债权人	52			80
	£160			£160

收益表(第 3 期,$t+2\sim t+3$)

	£
销售收入	180
减　商品销售成本*	157
交易利润	23
减　折旧	10
利润	13

* 期初存货 13 英镑+购货 180 英镑-期末存货 36 英镑(20 个菠萝,每个 1.8 英镑)。

资产负债表($t+3$)

	£			£
业主资本		固定资产		
期初余额($t+2$)	58	购物车(成本)	100	
加　本期利润	13	减　累计折旧	30	
	71			70
减　提款	10	流动资产		
期末余额($t+3$)	61	存货(成本)	36	
借款	50	应收债务人	20	
流动负债		现金	165	
欠债权人	180			221
	£291			£291

收益表(第 4 期,$t+3\sim t+4$)

	£
销售收入	44
减　商品销售成本*	36
交易利润	8
已实现持有利得†	50
利润总额	58

* 期初存货(20 个菠萝,每个 1.8 英镑)36 英镑。
† 购物车出售收入 120 英镑减固定资产净值 70 英镑。

请注意,收益表的底行现在被描述为"利润总额"(total profit)而非前面的"利润"(profit),因为它包括固定资产(购物车)的已实现利得,它不是正常营业利润的组成部分。在估计未来回报时,收益的这两个组成部分作用有所不同。

资产负债表($t+4^*$)

	£		£
业主资本		现金	169
期初余额($t+3$)	61		
加 本期利润	58		
	119		
借款	50		
	169		169

* 本资产负债表在最终偿付 50 英镑借款之前编制,(扣除 50 英镑借款后)剩余的 119 英镑可供业主使用。

A.2 本章部分要点示例

A.2.1 "从现金到现金"收益指标的等价性[式(3.1)至式(3.7)]

本例报告的利润是:

	£
第 1 期	30
第 2 期	14
第 3 期	13
第 4 期	58
	£115

这相当于从开始营业到清算整个期间,业主投入的现金减去提取的现金。
在整个寿命期间,他的提款减去投入是:

	£
$t+1$	30
$t+2$	106
$t+3$	10
$t+4$	119
合计	265
减:投入资本(t)	150
	£115

如果我们改变中间资产负债表($t+1$、$t+2$ 和 $t+3$)的资产估值惯例,利润将在不同期间转移,但只要收益表报告所有已记录利得和损失时遵循"干净盈余"规则(clean surplus rule),企业整个寿命周期的利润总额就会相同。

例如,如果我们改变折旧方法,在 5 期内摊销资产,每期的折旧费用就是 20 英镑而非 10 英镑,这样前 3 期每期将减少利润 10 英镑。不过,最后 1 期的已实现持有利得将高出 30 英镑(120 英镑-固定资产净值 40 英镑=80 英镑),正好抵销了前期减少的利润。固定资产前期较高的折旧会在终点产生较低的净值,因此,出售资产时会相应产生较高的利得。折旧方法的变化,也可能改变前 3 期的相对盈利能力,如采用余额递减法,前期折旧费用相对较高,但总折旧在资产使用寿命内的最终结果总是相同的。这是因为从购买到出售,资产的净成本总是原始成本减出售价格,折旧只是一种在不同期间分配总成本的方法。

存货计价方法的选择同样会影响不同期间的相对盈利能力。例如,我们可以使用后进先出法(last-in, first-out,LIFO),即假定最近购买的商品最先出售。这种做法的可能优点是从利润中抵扣的费用更接近重置成本费用,并在美国受到青睐(主要是因为它带来的税收优势),但它可能导致存货的估值非常低,也不是有代表性的非常符合实际的存货流转方法,特别是对于易腐烂商品(如菠萝),首先出售最新鲜的存货有悖常理。在我们的例子中,使用其他方法的存货估值如下:

时间	先进先出法	后进先出法	
$t+1$	20	20	(20 个,每个 1 英镑)
$t+2$	13	10	(10 个,每个 1 英镑)
$t+3$	36	28	(10 个,每个 1 英镑, 加上 10 个,每个 1.8 英镑)

改用后进先出法计算存货价值和销售成本,我们得到下面的利润数字:

	£
第 1 期	30
第 2 期	11
第 3 期	8
第 4 期	66
	£115

企业寿命周期利润总额没有变化,但第 2 期和第 3 期的利润减少了(反映

重新购置存货的成本上升)。当第 4 期清算存货时,由于计算利润时扣除的成本是基于后进先出法估值的较低金额,从而第 2 期与第 3 期减少的利润正好就是第 4 期增加的利润。在"从现金到现金"的寿命周期循环中,结果必定始终如此。如果一期的期末存货导致该期销售成本降低,但当后续期间存货销售时又会增加后续期间的销售成本。期末存货估值较低,意味着本期销售成本较高,但后续期间的成本却较低。只要持有存货,较低的存货价值就意味着迄今为止的利润较低,较高的存货价值则意味着迄今为止的利润较高。但当存货最终被清算时,无论以前是以什么基础计价,企业创造的价值都是其实现的现金价值。因此,在两种计价方法下,尽管在第 2 期和第 3 期结束时,累积利润不同(就是每个期末的存货价值差异),但在第 4 期不再持有存货时,总利润再次相同。

A.2.2 引入通货膨胀调整后"从现金到现金"收益的非等价性[第 3.2 节式(3.3)]

假设第 1 期的通货膨胀率为 10%、第 2 期为 20%、第 3 期为 10%、第 4 期为 5%。如果业主未曾提取任何款项,他要想保持其资金的购买力,在最终清算确认利润之前,他需要保持的资本应是 228.69(£150×1.1×1.2×1.1×1.05)英镑购买力。因此,以货币单位购买力表示的该营业寿命周期结束时($t+4$)的"真实"利润为 36.31 英镑购买力(或 265 英镑-228.69 英镑)。

事实上,业主的状况更加复杂,因为他在每一期期末都已提现而不是在最终一次性提现,因此,出资额在各期之间发生了变化。运用"真实"资本保持概念,他的每期利润如下:

期间	原"货币"利润 £	重述期初资本 计算过程	重述期初资本 金额(£)	"真实"利润 £
1	30	£150×1.1	165	15
2	14	£150×1.2	180	-16
3	13	£58×1.1	63.80	7.20
4	58	£71×1.05	74.55	54.44
合计	115			60.64①

"真实"期间利润总额为 60.64 英镑,大大低于未经调整的"货币"利润指标,这在通货膨胀时期是可以预料到的。各期期初资本按该期价格指数的上

---

① 原文误写为 60.65。——译者注

升比例增加,使"真实利润"的计算是基于"期末"保持资本而非"期初"保持资本。当然,各期之间的计量单位仍不具有下一段将要阐述的不变购买力会计体系的严格可比性。现在,期初资本的定期调整,意味着即使是在"从现金到现金"的情况下,企业整个寿命周期的利润也将取决于估值方案:不同的估值方案将导致每期期初资本的不同,由于通货膨胀率不同,重述金额也不相同。例如,假设在第 1 期结束时存货价值增加了 10 英镑,并且重估后的存货在第 2 期卖出了,这使以后的存货估值保持不变。这意味着第 1 期的利润将增加 10 英镑,第 2 期的期初资本也相应增加,即 160 英镑。然而,在第 2 期期末,该资本又被重述(×1.2),以便在确认利润之前维持在 192 英镑,比上一个数字增加 12 英镑。因此,第 1 期增加的 10 英镑利润将被第 2 期减少的利润 12 英镑(在本例中,实际上是损失增加到 28 英镑)所抵销,从而导致整个寿命周期利润减少 2 英镑。

前面计算的"真实"利润,并不是第 5 章所述的完全不变购买力(CPP)指标。完全不变购买力系统使用另一种估价方法,就是用不变购买力英镑重述资产的历史成本。此外,不变购买力系统还要以不变购买力英镑重述期间利润,以便公司寿命周期利润总额按同质计量单位加总。这样,各期利润均以期末英镑计量。纯粹的支持不变购买力人士反对这些数字的期间不可比或加总,因为它们以不同的计量单位表示。以现行英镑(第 4 期期末)进行不变购买力调整后,重述的"真实"利润数字如下:

期间	"真实"利润	重述计算过程	不变购买力利润(第 4 期期末£)
1	15	£15×1.2×1.1×1.05	20.79
2	−16	−£16×1.1×1.05	−18.48
3	7.20	£7.20×1.05	7.56
4	54.44	£54.44×1	54.44
合计	60.64		64.31

应注意的是,这里对"真实"利润数字的重述,并没有调整基础估值方案(用于折旧和存货估值),而基础估值方案也会受到完全不变购买力调整的影响(完全调整请见第 5 章附录的示例)。然而,本例足以证明,如果以不变购买力为单位来计量,我们可以获得另一个不同的寿命周期利润数字。当然,不变购买力计量单位不同,得到的数字也不同。例如,如果我们以基年(t)英镑计量,寿命周期利润则为 42.18 英镑＝64.31÷(1.1×1.2×1.1×1.05)。

A.2.3 作为内含报酬率计量的"账面收益率"

上例的会计报酬率(ARR)或"账面收益率"计算如下:

会计报酬率计算

期间	资本平均运用额 计算过程	资本平均运用额 金额(£)	利润(£)	报酬率*
1	(150+180)÷2	165	30	18.18%
2	(150+164)÷2	157	14	8.92%
3	(58+71)÷2	64.50	13	20.16%
4	(61+119)÷2	90	58	64.44%
合计		476.50	115	24.13%

* 报酬率等于利润除以运用资本额。

我们可以选择两种报酬率指标:一种是第 1 期至第 4 期各期报酬率的算术平均值,即 27.93%;另一种是加权平均值,通过计算整个寿命周期的总和比率得出,即 24.13%。后者与凯(Kay,1976)提出的加权方案更为接近(但不完全相同)。

如果我们将 24%作为内含报酬率(r')的估计值,则可以根据式(3.8)通过计算以下折现来检验:

折现现金流量计算,$r'=0.24$

时间	现金流量(£)	折现系数 $\left[\dfrac{1}{(1+r')^t}\right]$ ①	现值(£)
t	−150	1.00	−150
$t+1$	30	0.806 452	24.19
$t+2$	106	0.650 364	68.94
$t+3$	10	0.524 487	5.24
$t+4$	119	0.422 974	50.33
合计	115		−1.30

现金流量是业主的实际现金投入和提现数额,用现金流量乘以折现系数可以得出 t 点的现值。最后一栏的合计数,是贴现率为 24%时企业对业主在 t 点的净现值(NPV)。净现值非常接近 0,表明 24%是 r' 的一个很好的近似值。净现值为负的事实表明,24%是 r' 的一个高估值,因为稍低的折现率将增加正

---

① 原文误为 r。——译者注

现金流量的现值,使净现值接近于 0。使用计算机程序用迭代法计算的内含报酬率精确值[24]为 23.58%。

尽管在本例中,会计报酬率作为内含报酬率的度量具有相对准确性,但该示例也说明了该特征的局限性。会计报酬率在不同期间波动很大,而评估不同期间的经营业绩是定期报表的主要关注点之一。如果这种评估是基于会计报酬率,那么用于计量企业单个期间所用资本和利润的估值方法和分配方法就变得至关重要,而寿命周期会计报酬率与事后内含报酬率的对应关系却变得无关紧要。

应该注意的是,此处计算的内含报酬率未经通货膨胀调整,即它是基于名义现金流出与名义未来现金流量的比较,未按通货膨胀调整现金流量。因此,它是一种货币回报率,而不是真实回报率,适合与市场上实际观察到的"名义"利率(货币单位固定并包含预期通货膨胀补偿因素)进行比较,而不适合与"实际"利率(如指数挂钩债券的利率,试图通过货币回报指数化消除通货膨胀因素)进行比较。

注释

1　例如,雷曼(Rayman,1980)。

2　关于这个问题的另一种讨论,参见爱德华兹和贝尔(Edwards 和 Bell,1961,第 1 章)的作品。

3　识别主体经营活动中产生的无形资产(特别是商誉)的成本存在严重困难。同样,负债的计量,如未来损害赔偿准备金(如矿产开采的环境清理成本)包括对未来成本的估计,而非以历史交易为基础。

4　我们假设,无论是有形资产还是无形资产,所有资产都能记录在账户中(存在一组可对资产进行估值的完美市场),并且纯商誉(即公司整体经济价值超过其个别资产价值总和的差额)也不可能存在,因为长期的完全竞争均衡排除了纯利润的存在。

5　任何一本好的微观经济学教科书都会讨论这些问题。

6　哈考特(Harcourt,1965)论证了经济学家的"黄金时代"均衡是怎样被基于历史成本的随机会计规则打破的。

7　同样,这一论点既适用于资产,也适用于负债,使用"资产"一词只是为方便起见,就像经济学家经常使用"商品"一词来描述任何交易项目一样。

8　在某些市场里,特别是那些利用经纪人作为中间人的市场,交易成本通过购买价格("出价")和出售价格("要价")之间的差额计入价格,两者之间的差额称为经纪人的"移交费"(turn)(实际上是交易佣金)。"入手价值"(entry value)和"脱手价值"(exit value)由爱德华兹和贝尔(Edwards 和 Bell,1961)提出。

9 比弗和德姆斯基(Beaver 和 Demski, 1979)对此论点进行了更为严格和深入的阐述。

10 中期向业主返还款项的情形,公式更加复杂,本章附录对此予以例示。

11 皮斯内尔(Peasnell, 1982)随后的一篇论文证明,凯(Kay)的许多结果是离散形式的,如本书所用,而不是凯(Kay)所用的连续形式(基于积分)。离散形式在会计应用中具有更大的直观吸引力,因为会计涉及记录离散的交易或事项。关于会计报酬率经济学意义的学术争论,惠廷顿(Whittington, 1997)进行了全面研究。

12 这一点由赖特(Wright, 1978)在评论凯(Kay)的论文时提出,惠廷顿(Whittington, 1979)也指出了这一点。

13 对现行成本利润也可以作类似的解释。例如,塞尔和斯卡彭斯(Sale 和 Scapens, 1978 年)分析了桑德兰兹可分配经营流量(distributable operating flow)的概念。

14 这种会计计量方法也得到了费雪·布莱克(Fischer Black, 1980, 1993)和莫里斯·斯科特(Maurice Scott, 1976)这两位著名经济学家的支持。

15 尼西姆和彭曼(Nissim 和 Penman, 2008)对此进行了详细阐述。

16 增加投资带来的未来利润增长不需要调整。使用现行收益作为估值基础暗含着企业所有收益均被作为股利分配的假设。所有留存利润和其他新增融资预计对额外投资都要求正常回报率。在使用标准流量法时,只有超常(或低于正常)的未来利润才会遇到估值问题。只有当捕捉未来超常利润前景(在资产负债表计量法中,超常利润包括在商誉中)的价值时,标准流量利润指标无法调整才是一个问题。彭曼的模型确实包含一个基于过去业绩估计的增长因子,过去业绩被视为衡量这种前景的一个替代指标。

17 这是斯科特(Scott, 1976)提出的理想理论。

18 例如,如果我们希望通过将标准流量收益除以市场折现率(包括对通货膨胀的市场预期)来对公司进行估值,这是必要的。

19 关于通货膨胀时期定价政策对盈利能力影响的分析,请见安东尼(R. N. Anthony, 1976)的研究。

20 马修斯(Mathews, 1965)在批评不变购买力会计的历史成本基础时,对此进行了强有力的论述。

21 在重置成本制度下,如果折旧是基于新资产的重置成本而非二手资产的市场价值进行分配时,托马斯对此进行了延伸批评。报告历史现金流量是规避权责发生制问题的一种方法(Thomas, 1979)。

22 国际会计准则理事会最近的概念框架项目(Whittington, 2008a; Zeff, 2007)中,经管责任是一个有争议的问题。

23 这方面的论述以及对井尻雄士论点的其他有力批评,可在麦克尼尔(MacNeill, 1971)的作品中找到。

24 感谢我的前同事伊恩·戴维森(Ian Davidson)所提供的计算。

第 4 章　现行价值会计(1):计价

4.1　计价问题

前面的讨论(第 1 章)表明,如果我们承认通货膨胀,就意味着货币的一般购买力下降,那么就有可能把计价问题与通货膨胀问题区分开来。[1] 即使没有普遍通货膨胀,个别价格也有可能发生变动;而在通货膨胀的情况下,个别价格也不大可能与用一般指数衡量的通货膨胀率成正比例变动。因此,在第一种情况下(无普遍通货膨胀),历史成本不能准确代表现行价值;在第二种情况下(存在普遍通货膨胀),历史成本和通过一般指数(不变购买力,CPP)调整的历史成本都不能准确代表现行价值。因此,如果某种现行价值指标被认为代表个别资产和负债(负债为负资产)的一个重要特征,那么就必须重新估值。一个明显的例子是石油等大宗商品(第 1 章以英国石油公司为例进行了说明),其名义(货币)价格以及与一般价格水平相比的价格,波动都很大。

报告现行价值的理由很充分,但并非普遍要求。如果财务会计报告应提供与资产和负债的分配或者与对它们的要求权(如业主净值)决策相关的信息,或者满足经管责任(说明主体管理的有效性)的需要,那么现行价值就是相关的信息,因为它们代表了当前可用机会的价值,无论是重置(在重置成本的情况下,replacement cost,RC)、出售(在可变现净值的情况下,net realisable value,NRV)、还是当前使用价值(未来现金流量折现值,present value,PV),都是如此。这就引发了一个问题,即是否要选择某个单一的现行价值计价方法;如果是的话,应该选择哪个方法。一个办法是为不同的资产选择不同的计价方法(如本章稍后讨论的"对业主价值"),另一个办法是对资产负债表上的每项资产分别报告各种不同的现行价值。我们将在后续章节中进一步讨论这个主题。尽管分配中的聚合问题(aggregation problem)和逆问题(converse problem)同样会出现，但是，在缺乏深度市场、流动性市场和完全市场的情况下，实务上反对现行价值计价的原因通常主要是估计现行价值涉及主观性。这是 20 世纪 70 年代和 20 世纪 80 年代世界性辩论中关于现行成本会计的一个重要问题，特别是估计现行用途价值(value in current use)。公允价值及其在 2007 年后的金融危机中可能起到推波助澜的作用，使人们再次对同样的问题展开了激烈辩论。

前面的观点与资产负债表报告现行价值有关，但从基于现行价值的收益表角度加以分析也有益处。然而，在第 2 章中我们已经看到，只有在非常严格的条件下，现行价值收益才等价于理想经济收益，而且雷夫森(Revsine，1970)也证明，在某些条件下，资产现行价值的持有利得可以衡量意外利得，现行营业利润可以衡量可持续收益。当然，雷夫森的目的只是说明条件具有限制性，而不是鼓励人们相信在现实条件下就可以计量经济收益。

基于现行价值进行收益计量的一个并不宏大但似乎更合理的理由是由爱德华兹和贝尔(Edwards 和 Bell，1961)提出的。他们认为，现行价值利用了最新的市场可验证信息，提供了一种反映公司迄今为止经济进展事后报表的手段。蒂皮特(Tippett，1979)详细阐述了这一观点。评估经济收益或公司整体经济价值，需要对公司的预期现金流量形成一种认识。在形成这样一种认识时，现行价值可能是一个相关的输入变量，特别是现行成本指标，它可以反映利润率，但不会提供整个公司的直接估值。整个公司的估值，需要通过折现预期现金流量来评估。该估值超过公司净资产现行价值的部分就是商誉，即预期未来收益大于净资产正常收益部分的现值。因此，资产的现行价值(减去负债)，能够使公司迄今取得的业绩(反映在净资产现行价值上)与未来预期价值(反映在商誉上)区分开来。[2]

基于现行价值进行收益计量的另一种情况可能是维持消费的收益概念或"标准流量"收益概念(希克斯收益定义 3)。在争论过程中，这类概念的支持者似乎常常支持现行成本会计(现行价值会计的一种可能形式)，特别是在"可分配利润"或"可分配经营流量"的讨论中，这两个概念可以被解释为接近希克斯的可维持消费思想(如 Sale 和 Scapens，1978)，尽管桑迪兰兹报告(第 100～103 段)的基础是"希克斯收益定义 1"资本保持观的核心概念(保持初始资本的价值而非保持未来消费水平)。然而，如果要以维持消费为理由来证明现行价值收益计量的合理性，对支持这一情形所必需的精确假设就需要作更彻底的探索,而不能只停留在现有著作中的通常假设上。似乎只有在对个人资产价格的未来走势、一般价格水平和利率作出相当严格假设的情况下,才能对"希克斯收益定义 3"的收益作出准确计量,因此,它将在很大程度上依赖于主观预期。斯科特(Scott,1976)最彻底地将标准流量模型应用于企业会计,他清楚地表明了预期在这种方法中的重要性。例如,对存货实际持有利得的恰当处理,取决于存货实际成本的增加能在多大程度上通过销售价格转嫁出去。经济学家布莱克(Black,1993)对维持消费法(尽管并非完全在希克斯框架内)进行了另一番有趣的探索。

如果认为现行价值会计有助于计量"希克斯收益定义 1"资本保持观下收益的近似值,那么一个重要的问题就是如何定义完整保持的资本。与现行价值体系有关的资本保持有三个宽泛的定义:货币资本(money capital)、真实所有权资本(real proprietary capital)和实体资本(entity capital)。货币资本是以货币单位表示的资本价值,与货币价值波动无关,如历史成本体系所反映的。真实所有权资本是指经反映所有者购买力变化的指数调整后的货币资本。这种情况下,我们通常提倡使用一般指数。如果资产按现行价格计价,就是第 1 章曾简要描述并将在第 6 章进行更充分讨论的"实值"会计形式。实体资本是指调整后的货币资本,即反映公司持有的特定资产价格变动后的货币资本,因此,它旨在保持会计主体具体形式的完好无损和不受侵蚀。一种极端的方法是基本保持主体不同时期相同的实物资产完好无损,但是通常选用的方法有所折中,即将资本保持的目标定义为维持"经营能力",以允许技术进步和因价格变化而进行的要素替代。实体资本保持观的另一个变体是通过"杠杆调整"(gearing adjustment)引入产权因素。第 6 章将更详细地讨论这些其他资本保持概念。在本章的剩余部分,我们将集中讨论现行价值会计的基本方法和计价基础选择。

4.2　现行价值会计的基本方法

现行价值会计要求定期更新资产(和负债)的价值。从记账分录来看,这意味着要借记资产账户以记录价值增加,同时贷记持有利得。如果持有利得被视为利润,则将其转入收益账户的贷方,从而保持收益表和资产负债表之间的"干净盈余"关系;但是,如果它被视为应完整保持的资本的增加(如前述的资本保持实体观),则将其作为资本公积的增加转入业主资本的贷方,这就打破了收益表与资产负债表之间的"干净盈余"关系。在后一种情况下,也可以通过如桑迪兰兹报告提议的利得表(statement of gains)再转入业主资本,以使业主认识到尽管这部分利得未确认为利润,但它事实上的确存在。利得表中的利得总额(不同于从收益表得出的狭义的收益指标)可以作为综合收益指标。综合收益与资产负债表之间具有"干净盈余"关系,从而使利得总额与该期资产负债表记录的净资产变动保持一致。

根据前面章节中使用的代数符号,现行价值法下的资产负债表公式:

$$P_t'' = N_t'' + M_t - L_t$$

以及

$$P_{t+1}'' = N_{t+1}'' + M_{t+1} - L_{t+1} \tag{4.1}$$

其中,N''为非货币性资产在相关时日的现行价值;M和L的货币价值固定;P''为按现行价值计价的业主净资产。当某些负债(如长期贷款)为非货币性负债时,如果存在货币价值波动则应重新估值并在计算N''时扣除,N''应严格定义为非货币性净资产。假定货币资本保持不变,无股利分配,也没有引入新资本,现行价值法下的"干净盈余"利润指标为:

$$Y_{CVA} = P_{t+1}'' - P_t'' \tag{4.2}$$

在无交易的情况下,每项资产在整个期间自始至终被持有,我们可以将期末资产负债关系重新定义为:

$$P_{t+1}'' = N_t''(1+s) + M_t - L_t \tag{4.3}$$

其中,s是衡量特定资产包N_t''价值变动的个别指数。在保持资本的名义货币价值,放弃会计传统上不愿确认的资产持有利得而直到它们实现时再确认的情况下,利润总额(干净盈余)就等于该期间的持有利得之和:

$$Y_{CVA} = N_t'' \cdot s \tag{4.4}$$

如果我们切换至实体资本保持概念,持有利得$N_t'' \cdot s$则被视为资本增值,利润等于0,从而打破了资产负债表上的业主资本价值变动与利润之间的"干净盈余"勾稽关系。此时的利润类似于桑迪兰兹委员会提出的现行成本会计的经营利润指标,因此,我们把它称为Y_{CCA}:

$$Y_{CCA} = P''_{t+1} - (P''_t + N''_t \cdot s) = 0 \qquad (4.5)$$

更一般地，如果我们放弃无交易假设，货币资本保持基础下的现行价值收益定义就是：

$$
\begin{aligned}
Y_{CVA} &= P''_{t+1} - P''_t \\
&= (N''_{t+1} - N''_t) + (M_{t+1} - M_t) - (L_{t+1} - L_t)
\end{aligned}
\qquad (4.6)
$$

这大体上就是桑迪兰兹委员会建议的利得表的基础。[3] 桑迪兰兹建议的现行成本利润，采用的是实体资本保持概念，并基于[4] 以下模型：

$$
\begin{aligned}
Y_{CCA} &= P''_{t+1} - (P''_t + N''_t \cdot s) \\
&= [N''_{t+1} - N''_t(1+s)] + (M_{t+1} - M_t) - (L_{t+1} - L_t)
\end{aligned}
\qquad (4.7)
$$

其中，$N''_t \cdot s$ 为持有利得净额总和。N 的组成随时间而变化，因此，应根据持有期间每项具体资产价值的变化来计算持有利得。因此，s 现在就不单单是用占初始资产比例来表示的整个期间持有资产价值变动的指数。恰当的计算步骤，应是先计算该期间持有的所有非货币性资产的持有利得净额总和，包括该期取得或处置的资产。这个总和被定义为 $N''_t \cdot s$，除以 N''_t 就得到 s。因此，s 是计算的最终结果，而不是计算因子。在实务中，持有利得净额总和 $N''_t \cdot s$ 才是关注的中心，而不是 s。因此，无须计算推导 s。这一计算步骤能使实体资本保持建立在维持流动的全部资本资产价值基础上，而不是机械地与年初持有的资产挂钩。

当然，还有其他的资本保持概念。实体法有多种变体，其中还有保持真实所有权资本这一竞争性概念。第 6 章将讨论资本保持的其他概念。迄今为止，本章对现行价值只进行了宽泛的定义，下面讨论现行价值的其他定义和解释。

4.3　现行价值会计的计价基础选择

现行价值会计的计价基础选择是一个非常复杂的问题。不仅有三种基本类型的价值可供使用（如前所述的入手价值、脱手价值和使用价值），而且每一类型的价值还可能有许多变体。在选择计价基础时，我们可能会面临这样的问题，就是一种基础适用于对资产负债表中的资产进行计价，而另一种基础却适用于从损益表角度评估资产和资本变动(Macdonald，1974b)。[5] 因此，如果我们坚持必须勾钩稽账户，[6] 并在单一一致的计价基础上编制报表，以便得出"干净盈余"收益指标,那么我们就可能无法对每一报表分别采用最优的计价基础。或者,我们可能希望以不同的计价基础编制不同的报表,这样做会消除第一个问题,但可能会产生更复杂的问题,因为报表使用者将面临选择以不同计价基础编制的不同资产负债表和损益表的问题(Chambers,1972)。

另一种方法是使用一种计价规则,如对业主价值,就是根据不同基础(如传统的"成本与市价孰低"稳健规则)产生相关价值所适用的环境,选择特定资产的计价基础。这样做确实允许在报表中使用一个以上的计价基础,同时又避免了对同一资产采用多种不同价值所带来的复杂性。但是,如果多个不同价值都与使用者需求相关,这种简化是以丧失重要信息为代价获得的。在这种情况下,因为资产的加总价值表示使用不同计价基础的价值集合,从而会产生汇总问题(aggregation problem)。

作为讨论计价基础选择的铺垫,我们将依次简要地介绍三个广泛的计价基础以及每一计价基础的案例;然后再讨论受到会计准则制定者青睐的两种特定计价方法——对业主价值和公允价值。

4.3.1　重置成本("入手"价值)

重置成本可能是现行价值会计中大多数作者青睐的基础,它也得到了实务界最大的支持。重置成本的早期倡导者是德国的施密特(Schmidt,1921,1930)和荷兰的林伯格(Limperg)。施密特和德国学派的其他成员影响了斯威尼(Sweeney,1936),斯威尼主张将重置成本计价作为实施稳值会计(stabilised accounting,不购买力的一种调整形式)的理想基础。随后,施密特的思想对于西德的现行成本会计产生了影响(Coenenberg 和 Macharzina,1976)。荷兰学派在荷兰一些公司采用的重置成本会计形式具有影响力,有名气的是埃因霍温的飞利浦公司,其会计系统由林伯格的学生古德基特(Goudeket)设计。当然,严格说来,荷兰的方法基于重置价值,正如本章后面所述,重置价值是企业价值的一种形式。重置成本也被爱德华兹和贝尔(Edwards 和 Bell,1961)以及随后美国的雷夫森(Revsine,1973)视为计价基础,并由美国证券交易委员会(1976)和财务会计准则委员会(FASB,1979b)通过文告提出。[7] 在澳大利亚,马修斯和格兰特(Mathews 和 Grant,1958)以及金瑟(Gynther,1966)是重置成本会计的著名倡导者,尽管后来澳大利亚(如澳大利亚特许会计师协会和澳大利亚会计师协会,1975;马修斯,1975)和新西兰(理查森委员会报告,1976)的专业和官方建议都倾向于遵循巴克斯特(Baxter,1967,1975)和其他人(澳大利亚的赖特,1970)倡导的"对业主价值"法。桑迪兰兹报告(Sandilands Committee,1975)和英国随后的职业界改革建议采用对业主价值,[8] 最后形成了标准会计实务公告第 16 号(SSAP 16,1980 年;1988 年撤销)。在实务中,大多数情况下采用对业主价值就是使用重置成本(Gee 和 Peasnell,1976),但这基于不同的推理,对此将单独讨论。[9]

支持重置成本会计的作者很多,而且他们的建议也很广泛,但他们的所有论点不可能都合理。然而,对于单个公司来说,尽管在某些情况下,重置成本可能等于一种价值(如在许多情况下的"对业主价值"),但重置成本很显然是"成本"而不是一种"价值",即重置成本代表取得一项资产的成本(爱德华兹和贝尔将其描述为"入手"价值),而不是附着于已持有资产上的价值。因此,它与损益表中的成本评价有明显相关性。如果我们采用"希克斯收益定义 1"的资本保持观来计量收益,那么从直觉上来看,用重置成本冲销利润是合理的,因为这样做才可以重置(资产)进而实现资本保持,尽管更深入的研究又涉及"重置"到底是什么含义的问题。另外,如果我们采用"希克斯收益定义 3"的消费维持观,就是我们重置在创造产出的过程中所消耗掉的东西,我们将能在未来保持消费水平,这在直觉上似乎也合理,但是这同样需要更严密地界定重置的概念。

事实上,重置的概念有多种。其中一个极端是实物重置概念(the concept of physical replacement。例如,1961 年爱德华兹和贝尔的著作支持这一概念,1971 年贝尔恰当地将其描述为"再生产成本"),就是要从利润中扣除这一期间所实际消耗的资产的重置成本。另一个极端是经济重置概念(the concept of economic replacement),即补偿资产服务能力损失所必需的货币金额。

如果存在技术进步,或是相关要素价格变动导致最佳生产方法发生变化(Petri 和 Gelfand 于 1979 年讨论的一个案例),则重置实物的成本与重置等量服务的成本之间就存在差异。这不仅是因为资本成本的降低,还因为相关生产要素的效率提高了,如劳动力和燃料。此外,在这种情况下,如果因消费者偏好某种替代产品而导致对某产品需求下降,该公司很可能不希望重置等量服务。当重置成本不合理时,"对业主价值"试图通过改换其他价值(使用现值与处置的可变现净值孰高)来解决这一问题。

如果我们完全遵循"经济重置"的观点,那重置成本就仅仅是经济价值的代名词。雷夫森(Revsine,1973,1976)、巴顿(Barton,1974)以及库克和霍尔茨曼(Cook 和 Holzmann,1976)对此进行了探讨。这就意味着,重置成本折旧或增值(持有利得)计量的是公司因拥有相关资产而产生的现值变动。这种等价性只有在严格限制的条件下才能成立,因此,它并不是现实会计体系的合理基础。

另一种方法是严格遵守两个宽泛概念中的一个,即重置物理对象("再生产")还是重置物理服务。这两种方法都可以避免确定服务经济价值涉及的根本困难,避免评估经济收益。如果我们采用再生产成本,实际是将现行技术条件下的现行生产成本(通过折旧费用和存货费用)计入损益表。在不断变化的条件下(价格或技术),这种做法的预测能力很差,但却符合爱德华兹和贝尔的目标,[10] 即根据每笔交易发生时的市场购买价格对公司活动进行事后反映,历史购买价格与使用时价格之间差额将作为"持有利得或损失"(holding gain or loss)。因此,年末资产负债表将列示未实现持有利得(或损失),表示将在未来使用的资产的重置成本高于(或低于)其历史成本的差额。当然,没有理由相信这些资产将被用于与其现行重置成本水平相匹配的用途,或者在资产使用之前重置成本将保持不变。资产使用时的未来重置成本存在不确定性,这是支持将未实现持有利得从已实现持有利得中分离出来的一个原因。[11]

以物理服务(而非特定资产)的再生产成本作为重置成本基础,似乎是计算营业利润的最适当方法,因为这样计算出的营业利润反映了现行成本。如果"资产再生产"和"服务再生产"的基础不相同,这就意味着公司当前使用的资产,并非在市场上以最低现行价格购买的资产。因此,公司使用的实物资产已不再是"最佳现行实务"的资产,公司已经遭受了持有损失,在发生时就应报告,资产相应减记为重置这些资产中所内含服务的较低成本,即使用这些资产的机会成本。以后使用资产时,计入损益的就应是新的、较低的"服务重置"估价。在评估服务的重置成本时,应适当考虑与资产使用有关的其他生产要素的成本变化。例如,如果替代资产节约了燃料和劳动力,则在计算现有资产所内含服务的重置成本时,应当从新资产的成本中扣除这些节约的现值。

在这一方面,可能会有人反对。他们认为,在这种情况下,实物资产的价值还有其他用途,它们实际上保持了其市场价值。因此,"持有损失"不过是公司资源管理不当的结果。其中的一个例子可能是不动产,它目前为公司现行活动提供服务(如作为仓库),但它也可以被用于获利更多的其他用途(如转换为住宅用途),也可用更便宜的商业地产(没有获利更多的其他用途)代替它。如果资产一直保持当前的使用状态,这种管理不当导致的"持有损失"看似合理,但资产负债表列示的资产价值却低于其目前在市场上应有的价值。在这种情况下，为了评估管理效果，知晓资产的市场价值高于资产负债表中资产的价值，对股东和报表的其他外部使用者显然具有价值。例如，在计算已运用资本的报酬率时，分母(已运用资本)似乎应包括资产的完全市场价值，因为这一价值表示通过保有资产而非通过市场处置所放弃的收入。

　　这一论点有两个方面值得注意：一方面，这不是讨论重置成本评价基础的合理性，而是讨论在某些情况下其他计价基础(可变现净值)是否更具相关性的问题。[12] 另一方面，它说明适合资产负债表的计价基础与适合收益表计算营业利润的计价基础之间可能存在差异。这是因为我们赋予两张报表不同的用途，而且这些用途似乎确实合理。我们可以通过增加披露来减少这种差异。例如，当可变现净值远远高于重置成本时，对根据重置成本编制的资产负债表可以增加反映可变现净值的附注。同样，补充的利得表(如桑迪兰兹报告的建议)可以清晰解释重置成本利润。基于重置成本的收益表计算利润时扣除的是重置所需服务的现行成本，持有利得(或损失)反映公司所购买的资产在消耗前的利得(或损失)。在综合收益表中，这些持有利得或损失加上营业利润就是综合收益，从而与重置成本资产负债表就具有"干净盈余"关系。[13] 在对实体进行估值时，该收益表的内容可以作为预测未来现金流量的输入变量。

　　无论使用哪一种重置成本指标，实践中都可能遇到分配(allocation)和汇总(aggregation)的双重问题(Thomas，1974)，尽管这些问题并非重置成本所独有。分配问题产生于对单项资产的估值，既包括跨资产分配问题，也包括跨期间分配问题。当需要将共同发生的成本归属于单项资产时，就会产生跨资产分配问题。例如，对在产品进行估值，就必须在已完工品和未完工品之间进行成本分配。在跨期情况下，就存在将耐用资产的资本成本在各个期间分配的问题。在这两种情况下，如果需要估计重置成本的所有项目都存在市场，就可以避免这一问题。但在实践中，很可能难以确定半成品或已使用资本资产的市场购买价格。当资产相互联系和相互依存时，就会产生汇总问题。单项资产的重置成本，可能高于也可能低于用生产过程中相互联系的所有其他资产一起替换该资产时的成本。一个明显的例子是，[14]一部新车的成本通常远远低于购买和组装其零部件的总成本。因此，如果我们要估计整个企业的重置成本(如为了参加保险)，我们可能会使用不同的资产价格，也就是用于估计一个会计年度中因资产正常损耗而需更换的重置成本。后一种汇总水平更有可能符合重置成本损益表使用者的需要,因为它反映了为维持当前生产活动水平可能发生的重置成本水平。

实施某种形式的重置成本会计(特别是爱德华兹和贝尔形式)的另一个问题是区分"持有利得"(holding gains)和"营业利得"(operating gains)。更准确地说,问题是确定重置成本的确切含义,特别是在时间方面。生产需要时间,因此,我们很难定义能够确定重置成本的准确"使用"时刻,特别是对于存货和在产品。当然,重置成本的准确定义决定了已实现利得(realised gains)在营业利润(operating profits,扣除了所使用资产的重置成本)与持有利得(holding gains,历史成本与使用时重置成本之间的差额予以贷记)之间的划分。此外,在许多情况下,生产(中使用)资产和持有资产本质上是共同决策,用非此即彼的二分法划分营业收益和持有利得,其价值也受到质疑。[15]这些批评能否使二分法的有用性站不住脚,部分取决于重要性(重置成本中随机时间因素的重要性),部分取决于事实,即生产(中使用)资产和持有资产决策事实上是分开进行还是共同进行。还有一个问题也是事实之一,就是二分法是否改善了报表使用者预测事件未来进程的能力。

总之,重置成本会计有两种基本方法:一种方法是前述的财务会计计量视角下的方法,将重置成本视为经济价值(在资产负债表中)和收益(在损益表或收益表中)的代名词。这种关系只有在非常严格的情况下才能成立,这一点已被证明。另一种方法是信息视角下的,该方法将重置成本会计视为向报表使用者提供相关的数据,以评估公司经济进展、估计(但不是精确计算)经济价值和收益的会计制度。爱德华兹和贝尔的作品对这一方法作了大概是最好的总结描述。重置成本损益表提供"相关的数据"是通过基于现行重置成本的营业利润表(a statement of the operating profit)以及已实现和未实现持有利得表。持有利得的产生,是因为资产价格在购买资产时与使用资产时(或者,在未实现利得的情况下,是期末资产负债表日)发生了变化。营业利润用于事后评估经营活动的盈利能力,只有在价格、成本和活动水平预计保持不变的情况下,才能直接用于预测未来。精确定义重置成本涉及许多概念问题,划分持有利得和营业收益之间的二分法就是如此。重置成本资产负债表反映公司持有以备将来使用资产的现行重置成本。这里也存在一些概念上的问题,但重置成本资产负债表一个更为重要的问题是,其估值是基于公司将以目前的形式持续,并没有反映假定处置资产而可能实现的市场价值。即使我们接受持续经营假设,重置成本也不表示公司将从资产使用中实现的价值。资产使用实现的价值取决于公司未来期间的经营情况。[16] 与历史成本资产负债表相比,重置成本资产负债表的优势在于它是基于现行价值而非历史价值,但它和历史成本资产负债表一样,也有共同的局限,即它本身是基于成本而非基于价值,也没有直接反映假定公司出售资产可以实现的金额。

4.3.2 可变现净值("脱手"价值)

能够解决上述问题但自身也会产生新问题的一种制度就是可变现净值会计(net realisable value accounting)。可变现净值在许多方面都是一个直观上有吸引力的会计计价基础。如果报表旨在报告价值,那么对价值的自然解释就是资产在市场上可交换的金额(可变现净值等于售价减销售成本),而资产负债表则列出了资产及其属性值。毫不奇怪的是,不成熟的使用者倾向于假设资产计价是基于售价。泰迪(Tweedie,1977)将可变现净值称为"直观概念",并且报告了支持这一观点的经验研究成果。

这并不是说所有倡导在会计中运用可变现净值的人都简单天真,层次不高。与之相反,在学术领域的作者中,那些主张可变现净值的人,其观点的复杂程度往往大大高于平均水平,理论水平也高于平均水平。

坎宁(Canning,1929)是最早提出会计应接受可变现净值的人士之一,他是从经济理论角度对会计实践进行系统批判的第一人。坎宁建议,在"直接估值"可能的情况下(如存货),资产应按可变现净值计价。在其他情况下(如为未来使用而持有的固定厂房和机械),坎宁提出了基于"机会差异"(本质上类似于后来的学者所提出的"对业主价值"规则,本章稍后予以讨论)的"间接估值"法。因此,坎宁并不是唯一的可变现净值的热心倡导者,他主要关心的是将会计的方向从后视的历史成本,转向更契合理性经济决策的具有现时性和前瞻性的计量。他认为不同的信息可能有不同的用途,但它们也可能存在不同程度的不确定性,同时他也同意使用各种不同的计价基础,包括对同一资产可以使用不同的计价基础。另外,在建议将市场销售价值融入会计这方面,坎宁无疑也是先驱。这与坎宁同意他同代人关于资产负债表是"会计主要的最终产品"(Canning,1929,第179页)的看法有关。当然他也认识到,即使在现行价值基础下,公司净资产之和也不等于公司整体的经济价值(未来净收益的折现值),两者的差额是商誉,但他仍然忠于费雪的经济理论。[17]

最著名的现行市场价值的早期倡导者也许是肯尼思·麦克尼尔(Kenneth MacNeal),其著作《会计中的真实性》(MacNeal,1939)在支持现行价值会计的论争中地位显著。尽管他是作为实务界的会计师而非理论家来研究这个问题,但是他的建议有许多特点,这些特点得到了后来的理论家,特别是钱伯斯(Chambers,1966)的支持。值得注意的是,麦克尼尔曾是一家投资信托公司的财务总监,后来又成为一家房地产公司的财务总监。这两项工作都与为进行再出售而持有的耐用资产的投资有关,而非假定这些资产将在企业生产活动中被使用和消耗。实际上,麦克尼尔作品的灵感,来源于他(成功地)说服投资信托公司的审计师接受了基于现行市场投资价值的报表。泽夫(Zeff,1982)深入探讨了麦克尼尔的工作背景。他指出麦克尼尔不再提倡可变现净值,当买卖价格不同时,麦克尼尔优先使用中间市场价格(介于买价和卖价之间)。

在后来的会计理论家中,倡导可变现净值最重要的两位是钱伯斯(Chambers,1966)和斯特林(Sterling,1970),当然,罗斯(Ross,1969)对现行价值(包括某些情况下的可变现净值)也提出了实务工作者的观点。钱伯斯是一位在这一主题上特别多产的作家,他的许多作品都列入其自传(Chambers,1977)并附有评论。他把他建议的体系称为持续现行会计,被戏称为可可(CoCoA),以区别于以重置成本为导向的现行成本会计(CCA)。爱德华兹和贝尔(Edwards 和 Bell,1961 年,第 3 章)也将可变现净值视为可能的计价基础,他们在此基础上提出了"可实现利润"模型(a model of "realisable profit"),并创造了"脱手价值"一词来描述它。他们的最终选择是,出于对持续经营的一般目标,倾向于优先将"入手价值"、重置成本(爱德华兹 1975 年支持的一个决定)而非将可变现净值(他们称之为"机会成本"有点不准确),纳入他们的"企业利润"模型(model of "business profit"),但他们强调这两种计量都有其潜在有用性。

随后一项值得注意的可变现净值主张是由苏格兰特许会计师公会(Institute of Chartered Accountants of Scotland)赞助并出版(McMonnies,1988)的报告——《使公司报告具有价值》(Making Corporate Reports Valuable,MCRV)提出的。该报告得到案例研究和文献检索的研究支撑,它是根据《公司报告》(Accounting Standards Steering Committee,1975)的精神对财务报告的背景和过程进行的一次全面审视,随后对职业界人士和准则制定者的思想都产生了影响。这个报告的第 6 章专门讨论了计量并得出结论认为,某种形式的现行价值计量(重置成本或可变现净值)比历史成本(被认为不太相关)或未来回报的净现值(被认为与投资决策相关,但在财务报告中运用又太主观)更加可取。现行价值计量的首选是可变现净值,理由是价值计量比成本计量更为相关(第 103 页)。后一种偏好反映了该报告所明确认可的"资产负债表"观:资产负债表被视为核心财务报表,传达关于企业价值的重要信息,而基于权责发生制的收益表是解释企业资产负债表价值变动的一种主要手段。该报告所采用的理论基础,在很大程度上要归功于钱伯斯(Chambers,1966)和斯特林(Sterling,1970)之前的著作,该报告也明确承认了这一点(第 61 页)。

尽管会计准则特别是金融工具会计准则越来越多地采用公允价值,可能被视为符合脱手价值法,但《使公司报告具有价值》中的计量建议对该报告其他方面所达成的政策建议并没有产生明显的影响。然而,会计准则(FAS 157;Financial Accounting Standards Board,2006)最终明确界定的公允价值是以销售价格为基础,未扣除销售成本。《使公司报告具有价值》主张的可变现净值被国际会计准则理事会和美国财务会计准则委员会定义为"公允价值减销售成本"。

尽管不同的作者强调了使用可变现净值的不同原因,但大致的理由可以总结如下。首先,现行可变现净值之所以有用,是因为它反映了公司面临的一个重要机会,也就是处置资产的机会,这可能也是最重要的一点。钱伯斯将其称为资产的"现行现金等价物",并坚定地强调它是与多种决策和评价相关的价值。当然他在忽视其他计价方式的优点方面也有失误:理性经济决策通常基于资产不同处置方式的价值比较,而非基于一个孤立的价值(Whittington,1974)。爱德华兹和贝尔通过将可变现净值描述为"机会成本",认为可变现净值也有类似的优点,当然他们也过度强调了这种优点:机会成本代表所放弃的替代用途的最佳收入,而可变现净值表示几种替代用途的其中一个,而任一替代用途都可能代表最佳用途(请参见注释 28)。

其次,围绕可变现净值的计量属性存在一些争论。这些争论尤其与钱伯斯(Chambers,1966)和斯特林(Sterling,1970)有关,他们认为可变现净值具有可加性和客观性,相较其他计量方式更符合计量理论的要求。对可变现净值的强有力支持来自托马斯(Thomas,1969,1974),他对分配问题深入研究后得出结论,认为可变现净值是唯一可以规避分配问题的价值。[18] 但是,托马斯却不认为可变现净值能够规避汇总问题(aggregation problem):一组资产的市场价值之和,未必一定等于单项资产的市场价值之和。关于可变现净值计量属性的其他一些观点是认为它有些深奥难懂(Chambers,1966),有时似乎还存在会计计量的评价标准明显武断(Chambers,1978)的问题。

最后,可变现净值对报表使用者更具有直觉意义(Tweedie,1977),相比其他计价基础更有可能传输更有用的信息。这就产生了一个难题,即会计应在多大程度上满足经验相对不足的使用者需求。一方面,应当尊重经验不足使用者的直觉和常识,并将其作为信息相关性和有用性的初步证据。另一方面,投资分析师或财经记者等成熟的使用者才是真正的意见制造者,他们通过自己的咨询建议和评论来影响那些尚欠成熟的使用者,通过机构投资的控制来报出市场股价。因此,比如,有效市场假设[19]的拥趸倾向于将不成熟投资者的信息需求视为无关紧要:这些投资者应将股票市场的主导价格作为股票价值的最佳表征,他们只要根据期望获得的风险价差选择自己的投资组合即可。[20]

反对将可变现净值作为计价基础的理由,通常是它与持续经营缺乏相关性。持续性要么是一个公理,即公司应根据"持续经营"假设编制报表,要么是公司面对的最有利选择。在这种情况下,可变现净值并不代表公司将采取行动的后果。因此,它不仅将不相关的价值归属于特定的资产,而且还忽略了主体持续经营价值产生的"商誉"。只有在某些有限的情况下,才可以将商誉确认为可销售无形资产(如品牌)的一部分。因此,资产可变现价值总和减去负债并不等于整个企业的价值,资产负债表也不会提供直接估值。但是,可分离资产(separable assets)的可变现净值反映清算时可变现的金额(不包括商誉),可以为债权人和其他利益相关者提供关于他们所承担风险的有用信息,尽管清算价值可能会因"贱卖"效应(强制出售而非在正常经营过程中处置)而降低。

正是因为持续性假设,爱德华兹和贝尔(Edwards 和 Bell,1961)更倾向于选择重置成本而非可变现净值作为计价基础。如果固定资产是为公司使用而持有,由于销售所涉及的交易成本很高,它们的可变现净值可能很低。但是,由于在企业中使用该固定资产可以获得很高的预期回报,重置是值得的,它们也可能有很高的重置成本。在极端情况下,"不可出售"资产的可变现净值可能为0(或负),但其对公司的营利性运营却至关重要。例如,具有高度特殊性的基础设施资产,其搬迁和复原成本很高。巴克斯特(Baxter,1967)在评论钱伯斯(Chambers,1966)著作坚持上述观点,韦斯顿(Weston,1971)在评论钱伯斯(Chambers,1971a)一篇论文时也坚持上述观点。钱伯斯(Chambers,1966)最初通过重置成本估值来处理"不可出售"资产,但后来(Chambers,1970年)为强化其方法的一致性,他主张"不可出售"资产也应以可变现净值计价,即使是零值也应如此。

爱德华兹和贝尔还声称,对于持续经营企业,"可变现利润"(基于可变现净值)本质上是一种短期计量指标,因为它并不表示公司有能力通过收回重置成本来维持经营,如果公司要维持长期经营,就必须收回重置成本。这并不是一个令人完全满意的论点,因为进行重置性投资的动机取决于未来预期回报,而不是当前回报,而爱德华兹和贝尔关心的却是事后业绩。安东尼(Anthony,1976)提出,最能反映稳定状态下企业在通货膨胀环境中长期生存能力的利润指标取决于企业的定价政策。只有重置成本被用作确定销售价格的基础时,重置成本才是合适的会计基础。

另一个反对可变现净值的论点是,它违反了实现原则(Edwards,1975)。传统上,会计师不愿意在实际销售前确认销售价格,这种抵触情绪得到了稳健主义的支持。稳健主义认为,谨慎的做法是低估价值,而非尽可能准确地估计价值。这样,只有在产生损失(减值)时才会确认预期销售所得,而不是在产生售前利润时确认预期销售所得。这在相关性方面没有明显的理论依据,尽管在销售价格难以确定或销售存在不确定性的情况下,可靠性要求支持这一点。这也与经管责任(stewardship)目标尤其相关,因为不受管理层操纵的会计信息能够最有利于评价管理层的受托责任(accountability)。在实现之前确认价格变动,也是重置成本会计的一个特点,也就是在通过市场实际支付成本之前即确认成本增加,而且爱德华兹和贝尔的体系将其报告为持有利得。因此,实现观似乎对两种现行市场计价基础都不支持。

爱德华兹(Edwards,1975)建议,当公司在市场是买方而非卖方时,不应当使用来自市场的"脱手"价值(可变现净值)。这实际上是基本论点的延伸,即对于为使用而非转售购买的资产,变现所得表示的是一个不太可能发生的事件的结果。因此,当需要反映公司从事通常类型交易所投入资产的价值时,重置成本可能更为相关。对此,爱德华兹承认可变现净值可能适用于对产成品的计价。因此,他引导我们进入了多重计价基础的领域,这将在后面讨论。

钱伯斯体系将估计的可变现净值作为"现行现金等价物",会产生重大的概念性困难。钱伯斯强调,"在日常业务过程中变现"是评估当前现金等价物的规则。这避免了一些过低计价,如紧急出售存货可能造成的低估值。(这个问题导致钱伯斯在 1966 年使用成本基础计算存货价值,巴克斯特随后在 1967 年对此提出批评。)然而,特别是某些寿命较长的资产,如果不冒些风险涉入估计未来收入现值这一困难和高度主观的领域,在日常业务过程变现就很难实现。在这种情况下,钱伯斯体系必须使用通过有序处置(而非立即清算)获得的价值,而且区分现行现金等价物(钱伯斯主张)和折现值(钱伯斯拒绝)时还存在定义问题。钱伯斯对此的回应是,他关心的是现行市场价值,而不是估计的未来回报(Chambers,1970),但如果这一规则得到严格执行,则很难证明现行现金等价物是可实现价值还是机会成本。

总而言之,可变现净值与会计数据的一系列潜在使用具有相关性。它特别适合用在资产负债表中,因为资产总额表示公司资产有序处置时的"现行现金等价物",尽管在某些情况下存在汇总问题,且在短期内评估"不可出售"资产的价值也会出现问题。此外,公司商誉的价值不包括在资产总额中,因此,一个持续经营公司的价值通常不等于其资产负债表中记录的资产总价值。[21]然而,如果我们假定所有单独可出售的项目均在资产负债表中确认,可变现净值总额确实代表公司可利用的重要机会的价值。[22]这一机会的相关性和计量问题,部分地取决于(公司)所从事的业务类型:主要业务包含为获取资本利得而非用于经营而持有耐用资产的公司,可能会发现可变现净值与其目标具有相关性,如果(在这种情况下)存在相关的市场价格,则相对容易付诸实施。

可变现净值体系下的损益表却不太令人满意,特别是在持续性制造企业中。对于大宗商品交易商(如斯特林 1970 年著作中的小麦交易商),其大量固定资产是为经营使用而非为转售而持有。因此,爱德华兹和贝尔的"可实现利润"(realizable profit)指标,可能是衡量公司业绩的一个特别合适的指标。但是,当持有的固定资产被用于业务经营时,在可变现净值体系中,这些资产的折旧费将不反映该期间所消耗的资产服务的现行重置成本。如果我们接受托马斯的论点,即所有折旧分配都是武断和无可救药的,并且这就是放弃进行此类分配的充分理由,那我们就可能对重置成本折旧不感兴趣。[23]然而,如果一项新设备的重置成本在上升,为获利而使用它的前景良好,如果只是因为其出售成本很高而就在安装年份注销其总成本,我们可能仍然担忧可变现净值产生的其他后果。这样处理可能符合持续现行会计制度(CoCoA accounting system)的目标,但这些目标显然不包括反映持续经营业务进展情况。

最后,值得注意的是,钱伯斯作为可变现净值基础的主要倡导者,为捍卫财务会计中的可变现净值而否定了其他计量方式(Chambers,1972)。根据前面的讨论,可变现净值似乎是一种在许多情况下都具有相关性的计量,但并非唯一相关的计量;在许多情况下,我们希望与其他计量相比较。可能正是因为有人推荐把可变现净值作为财务会计唯一的计量基础,反而妨碍了人们接受这样一种观点——可变现净值虽然不是主要的或排他的计量基础,但它具有广泛的相关性,理应在会计中占有一席之地。

4.3.3　现值("使用价值")

第三种基本估值方法是经济价值或现值,即未来收益的折现值,也就是将一项资产运用于经营而预期产生的未来收益的折现值。现值可能被认为是一项资产或一家公司的"真实"价值,但从第 2 章的讨论中可以明显看出,只有在限制性条件下这一表述才能成立,而这些条件在会计师工作的现实世界中并不成立。现值需要两项基本信息,即未来现金流量金额和适当的折现率。在一个充满不确定性的世界里,我们需要掌握现金流量的概率分布[24],以及影响风险调整折现率的不确定性程度。如果经济由一组完全竞争均衡的完全市场组成,我们可以通过观察这些市场中的价格来获得现值,但会计师所面对的更现实的情形是一个市场不完善和不完全的非均衡经济。在这样的市场里,会计的一个作用就是提供信息。会计提供的这些信息,是个人主观估计现值的基础(Beaver 和 Demski, 1979; Bromwich, 1977a; Peasnell, 1977)。

在实践中,会计师的现值计量被认为过于主观,无法为会计工作提供可靠的依据。尽管现值已被采纳作为"对业主价值"规则的一个组成部分,该规则已在许多国家实际应用,并在市场价格不可用时被用来估计公允价值(IFRS 13[①];国际会计准则理事会, 2011),但现值一直是这些规则中最具争议的内容,在一些实际应用中已被放弃。然而,这并没有妨碍经济价值(economic value)作为一种理想计量而出现,现实计量方法都尽可能地与之保持一致。重置成本是经济价值"代名词"的论点(前面讨论过)就是一个例子。当然,事实上重置成本在现实条件下可以代替现值也未被证明。坎宁(Canning, 1929)的作品是另外一个关于理想经济价值的例子。坎宁所做的每一项估值,都尽可能地反映特定类型资产的经济价值。结果是,对于短期资产采用了可变现净值法,而对于固定资产采用的"机会差异"法,类似于本章下一节将要讨论的"对业主价值"

---

① 原文误为 FRS 13。——译者注

法。[25]斯托布斯(Staubus,1971)是这一方法的后期代表,他根据以下基本假设寻求识别特定情形下特定资产的恰当计价方法——"资产和负债金额最有用的价值,是该项目对主体未来现金流量折现净额的增量影响"(第50页)。

对斯托布斯方法的一个可能批评是,他所使用的不同估值不具有可加性。也就是说,我们不可能在不违反同质计量(homogeneous measurement)原则的前提下,将一项资产的重置成本与另一项资产的可变现净值加总,而钱伯斯主张使用可变现净值的部分理由也是基于同质计量原则。斯托布斯令人信服地驳斥了这一点,理由是他的计量本身不应被视为可变现价值或重置成本,而应被视为现值的替代指标,在这一意义上它们属于同质计量。然而,对于增量可变现净值而言,除了可加性问题,斯托布斯替代指标还会产生一个更为困难的问题,即常见的汇总问题。除非我们施加严格的限制,如规模收益不变,[26]否则我们无法保证增量现值之和等于公司整体现值。因此,即使我们认可斯托布斯替代指标是个别资产增量现值的可接受估计值,进而可能在做出资产处置决策时有一定用处,但资产负债表上的资产总额也无法为我们提供公司整体现值的有用计量,[27]相关的损益表也不会给出经济收益的估计值。此外,如果我们从估计公司的现值总额开始,通过将现值总额(或计算现值总额的总现金流量)分配到各个项目来计量各项资产和负债,还会出现双重分配问题。

最后,如果只采用单一的现值基础,无论是通过直接估计还是通过替代方法,完全排除其他计价方法,就会出现另一个常见困难。许多经济决策或事后评价,都需要一个比较基准。这个比较基准可能是往期业绩或者使用相同计价基础的预测数据,但也可能涉及同时或同期的不同估值基础的数据比较。在这种情况下,只有与其他类型的数据一并使用,现值数据才有用,从而现值与其他估值基础之间的关系就成为一种互补关系而非竞争关系。现值与其他价值结合使用的一个特别重要的实际运用,是作为可收回金额(现值与可变现净值孰高)的一个组成部分来进行减值测试,以确定基于成本估值(历史成本或重置成本)的上限。如果根据预期收益(按可收回金额计量)能够证明成本计量不合理,则成本计量应减至该可收回金额。这方面的一个例子是现行国际财务报告准则计量购买商誉时所使用的减值测试方法。对业主价值(稍后讨论)也可以解释为减值测试的一种运用。

还应注意的是,在某些情况下,如果我们希望比较资产(或资产组)的现行用途与另一用途,则估计的现值就可能不止一个。在这种情况下,如果资产(或资产组)

的现值超过可变现净值,且该资产已为公司所拥有,则该资产(或资产组)在公司内最佳替代用途的现值将成为相关的比较基准。如果尚未拥有资产,计算机会成本时,将使用重置成本、可变现净值和最佳替代用途现值中的最高者作为比较基准。[28]

一般而言,使用价值依赖于管理层恰当运用的假设及其预期现金流量结果,这在受托责任(也称为经管责任)方面会产生严重的“道德风险”问题。在某些情况下,管理层可能有动机夸大其财务业绩,高估预期回报;而在其他情况下,管理层则可能忽视潜在的更有利可图的用途,来掩盖资产的不充分利用。因此,使用价值的主观性制约了其作为一种问责工具(a vehicle for accountability)的效用。

总之,现值或“经济价值”对于许多决策和评价都是潜在的有用信息,但很难对其进行计量,且伴随高度主观性。建议的各种替代计量方法,除了非常严格定义的情况,理由都纯粹是实用导向的。此外,在解释增量现值之和或其替代指标时,可能存在严重的汇总问题;在将公司整体现值归属于单项资产时,还可能存在严重的分配问题。

前述三个“纯粹”计价基础都有一个共同特点,就是在特定情形下每一计价基础都具有潜在相关性,且在某些情况下我们希望与其他计价基础得到的价值相比较。这就提出了一个重要问题,即编制包含多种不同计价基础的多栏式报表是否可行,本章最后一节将对此加以讨论。然而,在此之前,我们必须考虑两个重要的计价基础,它们源自前面讨论的“纯粹”计价基础。第一个是“对业主价值”,它使用全部三个“纯粹”计价基础,并根据三者对相关特定资产的相对价值作出选择。第二个是公允价值,可以看作是“脱手”价值的一个变体。这两种计价基础都很重要,因为不仅文献重视它们,它们也已成为会计实务的一部分。

4.3.4 对业主价值(“剥离价值”)

“对业主价值”“对企业价值”“机会价值”或“剥离价值”(deprival value,DV)是基于所有者利润最大化经济行为的一种折中计价技术,它可以按可变现净值(NRV)、重置成本(RC)或者折现值(PV)对资产进行估值。其基本方法是在假定公司剥离一项资产的情况下将会遭受的最小损失是多少;这是计量资产所有权利益价值的一种方法。这些利益包括当资产目前未以最有利可图方式有效运用时公司将其出售或重建的可能收益(Van Zijl 和 Whittington,2006)。在可能且值得重置资产的情况下,重置成本就是剥离价值的上限(表 4.1 中的情形 1、2、4 和 5),故“剥离价值”观通常被用来证明重置成本作为通用资产估值基础的合理性(如 Parker 和 Harcourt,1969)。"剥离价值"原则也适用于负债(Baxter,1975;Horton 和 Macve,1995;Lennard,2002;Baxter,2003),这时的估值通常被称为救济价值(relief value),因为它衡量了一家公司从被免除的债务中所获得的利益。

"剥离价值"计量代表了报告主体面临的真正机会,这是支撑"剥离价值"法的一个重要特征。从这个意义上看,它们计量的是"特定主体"的价值,即不同主体按照其适用的特定机会而报告的不同价值。然而,这并不意味着可以根据管理层的政策选择而自由抉择。主体所选择的机会,应该是能够实现利润最大化的最佳选择。因此,重置成本应代表主体可利用的最为经济的选择,可变现净值和使用价值应代表实际可获得的最高价值。某一特定行为的全部后果应在计量中得到反映。例如,因采用改进的技术对资产进行重置而导致的运营成本相应变化。

在英语世界里,"对业主价值"的理念尽管无法确定源自何处,但其似乎是起源于 20 世纪 20 年代的美国。人们习惯将这一思想归功于邦布赖特(Bonbright,1937),但邦布赖特在其经典著作出版之前已经在资产评估领域工作了好几年。斯威尼(Sweene,1933)(在其关于资本的论文中)引用邦布赖特的观点(未提及任何具体出版物)作为观点来源,即(服务而非特定资产的)重置成本通常是"在明智的自由竞争条件下"(under conditions of intelligent free competition)资本项目的适当估值。然而,坎宁(Canning,1929)也根据"机会差异"所进行的推理,为固定资产估值设计了"对业主价值"规则。他的作品影响了邦布赖特的作品(Wright,1964,1965,1968,1970),而邦布赖特则发展了"机会价值"规则在折旧(1964,1968)、存货计价(1965)和一般财务会计(1970)中的应用。欧洲大陆的文献中也出现了类似概念,尤其是林伯格(Limperg)在 20 世纪 20 年代开发出来的"重置价值"概念,但这个概念最初只是荷兰口头流传的一部分(据林伯格在阿姆斯特丹大学的演讲),自 1960 年起才出现在英语出版物中(Goudeket,1960;Mey,1966;Burgert,1972;Camfferman,1998)。从 20 世纪初开始,德国的实务和文献中也包含类似的概念(Schneider,1998),其理论基础可以追溯到奥地利经济学派的作品。承认且完全赞成邦布赖特的作家,有伦敦政治经济学院三人组——巴克斯特(Baxter,1967,1971,1975,2003)、艾迪(Edey,1974)和所罗门(Solomons,1966,1986),还有帕克和哈考特(Parker 和 Harcourt,1969)以及斯塔姆(Stamp,

1971)。其中,所罗门最早以大家熟知的不平衡形式明确对业主价值规则,后来帕克和哈考特(Parker 和 Harcourt,1969)将其推广,它也被许多其他作者采用。表 4.1 采用马(Ma,1976)所使用的格式再现了这一规则。

表 4.1　现值、可变现净值和重置成本之间的 6 种关系

情形	相互关系	对业主价值
使用的资产		
1	现值>重置成本>可变现净值	重置成本
2	现值>可变现净值>重置成本	重置成本
3	重置成本>现值>可变现净值	现值
交易的资产		
4	可变现净值>现值>重置成本	重置成本
5	可变现净值>重置成本>现值	重置成本
剥离的资产		
6	重置成本>可变现净值>现值	可变现净值

该表的第一列是根据资产持有活动的三大类别来区分的各种情形。对于"使用的资产"描述的三种情形,理性的、利润最大化的决策将意味着资产被持有以供公司使用,因为公司的使用现值最有利可图。应注意的是,情形 3 的现值小于重置成本,那么资产在使用后将不会被重置,但鉴于该资产已为公司所拥有,这两个机会分别是持有使用(现值)或者出售(可变现净值),现值是目前最赚钱的机会。"交易的资产"是指在利润最大化的公司中将会再出售的资产,因为再出售的价值(可变现净值)超过使用价值(现值),但由于出售价格(可变现净值)超过购买价格(重置成本),这些资产也会被重置,也就是说,公司继续进行资产交易将有利可图。最后一个类别是"剥离的资产",出售是公司所持资产最有利可图的运用(可变现净值>现值),但不值得重置(重置成本>可变现净值),即一次性全部出售而非持续交易是合适的。应该注意到,表 4.1 列举的 6 种情形穷尽了三种价值的所有可能关系,这些规则可以处理所有可能的情形。

对业主价值的另一种表示方法是利用重置成本进行可收回性减值测试。对业主价值(或剥离价值,DV)是重置成本与可收回金额(RA)中的较低者,其中可收回金额是使用价值(现值)和可变现净值(NRV)中的较高者。可收回金额代表对于持有资产所有者的价值上限,任何具有较高重置成本(RC)的资产都不值得重置,并且应以较低的可收回金额来计量。用公式表示如下:

$$DV = \min\{RC, RA\} \tag{4.8}$$

式(4.8)中,$RA = \max\{PV, NRV\}$。

情形 3 和情形 6 属于可收回金额上限约束:情形 3 的可收回金额是现值,情形 6 的可收回金额是可变现净值。

在 20 世纪 60 年代、20 世纪 70 年代以及 20 世纪 80 年代初期的通货膨胀会计论争中,对业主价值是学术界和政策制定者热议的话题。巴克斯特(Baxter,1967)在对钱伯斯(Chambers,1966)著作有影响的评论中所主张的对业主价值引起了很大争议,尤其是在《算盘》杂志上发表的观点。钱伯斯(Chambers,1970)抨击了对业主价值,认为它具体指的是公司剥离资产的情况,他觉得这种情况适合保险估价(这是邦布赖特考虑的目的之一),但不适合财务报告的普遍问题。他还反对计算现值所涉及的主观性。赖特(Wright,1971)指责钱伯斯,认为钱伯斯似乎将现值等同于对业主价值,而现值只在相对罕见的情况下才与"对业主价值"相关(表 4.1 中的情形 3)。斯塔姆(Stamp,1971)提出,即使在这种情况下,也应该拒绝使用现值,而可以通过计量"净回值"(netback,现值或可变现净值中的较高者)[29] 作为可实现净值。随后,斯塔姆的规则受到吉田(Yoshida,1973)的批评,理由是即使现值未作为最终价值出现,现值在确定最终价值时也是相关的,因此,主观的现值确实有助于确定斯塔姆体系下的计量选择,尽管从不报告现值。万利斯(Wanless,1974)也批评了这一点,认为现值等于对业主价值的情况可能相当普遍。[30]

钱伯斯(Chambers,1971b)回应赖特,承认对业主价值并非总是等于现值,但他仍然坚持认为现值的主观性不可接受,同时也反对对业主价值的杂合性,称其违反了同质计量原则。[31] 钱伯斯证明,邦布赖特的定义也显示出某些模糊性,但正如前面解释过的那样,邦布赖特并非对业主价值这一原则的唯一来源。[32] 马(Ma,1976)也加入了这场辩论,强调当资产是共同生产过程的一部分时,现值的意义含混不清,从而会产生分配问题。这种批评似乎是不恰当的。正如艾迪(Edey,1974)所指出的,如果相关资产对共同运营至关重要,那么整体经营的现值将与资产持有的决策相关,而整体重置成本将成为相关的"剥离价值"("剥离价值"就是巴克斯特和艾迪青睐的对业主价值)。有人可能会说,剥离价值就是专门为防止在这种情况下对总价值的过度归因而设计的。

1975 年,桑迪兰兹委员会采用了对业主价值,称之为"对企业价值"(value to the business)。自那时起,对业主价值就成为英国所有现行成本会计倡议的资产计价基础,包括会计准则委员会的标准会计实务公告第 16 号准则(SSAP 16,1980 年 3 月发布)。[33]新西兰理查森委员会报告(1976 年)和 1975 年澳大利亚初步征求意见稿提出的建议[34],均采纳了斯塔姆关于避免将现值作为对业主价值的建议。这些发展进一步推动了对业主价值基本原理的理论探索。

伦敦政治经济学院关于在财务报告中使用对业主价值的两份公告,分别由巴克斯特和艾迪撰写,在桑迪兰兹报告的前 1 年出版。本质上,巴克斯特的报告属于实用主义["这种准则基于常识"(Baxter,1975,第 125 页)],强调"剥离价值"避免了所有情况下采用单一估值方法(重置成本、可变现净值或现值)可能导致的某些明显的异常估值(因此,明显与马的批评无关)。艾迪(Edey,1974)特别讨论了汇总问题,并承认对于相互依赖的资产集合,应用剥离价值唯一令人满意的方法是汇总,即计算资产组的现值、可实现净值或重置成本,这可能意味着要对整个公司进行估值,这在实践中是一项艰巨的任务。

在桑迪兰兹报告发表之后,吉和皮斯内尔(Gee 和 Peasnell,1976)在桑迪兰兹体系的背景下提供了"重置成本的实用主义辩解"。他们探讨了现值、可变值净值和重置成本之间的 6 种可能关系(见表 4.1),并对它们出现的可能频率、可能运用的情形以及这些情形下产生的估值问题分别进行了评价。他们得出结论认为(对表 4.1 中的情形 6,即重置成本＞可变现净值＞现值,持保留意见),在大多数情况下重置成本可能是一个令人满意的估值基础,且单一估值基础的简单性很可能会弥补因准确性不足而产生的所有损失。这是对业主价值简化的斯塔姆"净回值"方法的扩展,因此,可以称之为兰开斯特法(Lancaster method)。[35]但是,吉和皮斯内尔没有提供经验证据来支持他们对各种情形可能发生频率的假设,因此,这一领域仍需要进行经验研究。

吉和皮斯内尔论文的第二个主题是汇总问题,这个问题艾迪(Edey,1974)在早些时候也提出过。他们承认,考虑到单项资产重置成本总计可能远远超过整个公司的净现值[36],因此,很难解释单项资产重置成本总和的意义。但他们指出,单项资产价值的"过度估算问题"(problem of over-imputation)在传统的对业主价值规则下(如艾迪于 1974 年所讨论的那样)同样会出现,因此,这并不表示这种情况下的简化方法无效。皮斯内尔(Peasnell,1978)进一步探讨了汇总问题,使用托马斯(Thomas,1969,1974)关于分配规则的"无可救药"论点,证明当资产之间存在相互影响时,传统的对业主价值规则(如现行成本会计使用的)下的公司资产总价值较为武断,这使得现值分配依赖于剥离的精确定义和分解水平。该论文还考虑了风险引起的相互作用。作者得出的结论是,在现行成本会计中,无形资产估值以及如何将无形资产估值与其他资产估值进行分离,是一个迫切需要考虑的问题。然而,他并没有讨论"'对业主价值'体系中的资产总价值应该意味着什么"这一根本问题。他似乎是建议资产总价值应该等于公司整体现值。但是,作者本人的其他著作(Peasnell,1977)却认为会计师"计算现值没有比较优势,不应尝试"。一个与之相关的问题是,如果单项资产对业主价值的总和是一个可疑的随意合计数[如 Baxter(1975)、Edey(1974)、Peasnell(1978)等研究都建议如此],那么从同一估值中得到的综合收益总额的意义又是什么呢?

布拉米奇(Bromwich,1977b)的一篇论文声称其基于经济学家的机会成本概念,探讨了对业主价值的另一个层面。布拉米奇证明,只有当最佳替代方案属于剥离情形所界定的情形,或者当对业主价值在数量上等于(因此是替代)最佳替代方案价值这样严格界定的情况下,这一主张才有效。因此,对业主价值和机会成本之间的联系,有时并不像一些学者所建议的那样紧密。即使它们之间的联系很紧密,也需要更明确地解释为什么单项资产的机会成本与财务报告具有相关性。

一系列学术论文反映了 20 世纪 70 年代"现行成本革命"(Tweedie 和 Whittington,1984)发生时人们对剥离价值的普遍兴趣。这一时期的准则制定者和政府部门表示支持使用剥离价值或符合剥离价值计量基础(Tweedie 和 Whittington,1984)的现行成本会计(CCA)。其中一个特别值得注意的例子是英国的桑迪兰兹报告(Sandilands Committee,1975)列示了与前述表 4.1 类似的剥离价值流程表。

20 世纪 80 年代,财务会计进行的现行成本会计实验归于失败(Tweedie 和 Whittington,1997),此后,学术界对剥离价值的讨论就不多了。然而,出于监管目的,公共部门和日益私有化的公用事业部门对现行成本会计和剥离价值的兴趣却持续存在(Whittington,1998a)。英国财政部发布的拜厄特报告(Byatt,1986)提出了一个用于监测国有企业并决定其定价政策的详细现行成本会计体系,同时深入讨论了在剥离价值框架内如何计算固定资产重置成本。这个体系最终并没有被采纳,可能是因为大多数相关的国有企业(如公用事业单位)很快就私有化了。然而,英国和澳大利亚私有化公用事业单位的监管机构却继续应用剥离价值作为价格上限监管中使用的监管资产基础(Clarke,

1998；Whittington，1998b)，当然这一应用也存在概念上的困难。一个特别的难点在于,设定价格上限就会直接影响企业的未来现金流量,因此,作为剥离价值重要组成部分和决策输入变量的现值,无法直接独立计量。[37]

在这一时期,爱德华兹、凯和梅耶(Edwards，Kay 和 Mayer，1987)对于与公共政策有关的剥离价值理论文献有显著贡献。这三位经济学家特别关注超额利润(垄断租金)的事后计量,目的是识别垄断权力的行使情况,以及可与资本成本相比较的会计回报率的事先计量,以确定主体追加投资是否有利可图。这些内容基本上是行业经济学家而非股东担忧的事情,股东可能更关心股票估值或经管责任,这或许解释了会计文献对此不太重视的原因。然而,爱德华兹、凯和梅耶确实成功地严格证明了基于剥离价值的会计回报率对于他们所定义的特定目的具有有用性。该分析基于主体寿命的某一时段,主体该时段的期初和期末净值均用剥离价值计量,因此,该方法也适用于持续经营企业。因此,该方法规避了凯(Kay，1976)和皮斯内尔(Peasnell，1982)早期对会计利润的分析仅适用于企业或项目整个生命周期回报所存在的致命缺陷。

令人失望的是,没有人试图探索是否有可能扩展爱德华兹、凯和梅耶的分析来分享估值模型。例如,根据奥尔森(Ohlson，1995)推导出的估值模型,在经验和理论文献中得到极大关注。该模型假定存在暂时利润(transitory profit),其会随时间的推移而消失,直至企业实现正常回报率。这大概是竞争的结果,所以暂时利润是被竞争消除的租金。因此,爱德华兹、凯和梅耶的分析表明,长期利润(非暂时性)应代表该主体净资产剥离价值的正常报酬率(Walker，1997)。相较于奥尔森原始模型以及基于该模型的许多后续经验研究使用的未界定的账面价值(通常指公司当前采用的价值),剥离价值可能是区分正常利润和暂时利润更好的基础。

在过去的 20 年里,学术界对剥离价值仍有一些持续兴趣。斯塔克(Stark，1997)证明了如何将实物期权纳入剥离价值计算。这些期权都是未来投资的选择权,在当前投资不可逆转的情况下(大型基础设施投资往往就是如此),这些选择权可能会因当前投资而丧失。斯塔克定义了等待期权,并且在计算剥离价值时应从现值中扣除它。因为信息需求的增加使剥离价值的计算复杂化了。斯塔克证明了他的分析与爱德华兹、凯和梅耶的分析一致,但他认为,纳入实物期权所需的额外信息比会计报酬率能更直接地检验垄断利润(实质上就是用他提出的修正现值与重置成本进行比较)。

斯塔克的分析表明,即使估计剥离价值中明显简单的成分依然很复杂。范齐尔和惠廷顿(Van Zijl 和 Whittington,2006)也证明了这一点,他们讨论了"再开发机会"(redevelopment opportunity)。当一项资产在当前运用中未得到最佳安排,因而可按高于其服务重置成本的价格出售时,就存在再开发机会。在这种情况下,重置成本还应包括再开发机会的成本,再将这种情形描述为可变现净值>重置成本就不合适了。

巴克斯特本人持续致力于剥离价值研究,他非常明确地阐述了对这一主题的观点(Baxter,2003)。他对折旧应用尤其感兴趣(Baxter,1971,1982,2003),而贝尔和皮斯内尔(Bell 和 Peasnell,1997)对这项研究进行了扩展。巴克斯特是伦敦政治经济学院的领导人(Weetman,2007),该学院一贯主张剥离价值的成员是麦克菲(Macve,2010)。他特别关注剥离价值在保险负债和其他履约义务上的运用(Horton 等,2011)。将剥离价值思想应用于纯金融负债(即支付预定金额现金的合同义务),给出"救济价值"(relief value)指标,往往违反直觉。这可能是因为,如果资本市场有效,除了交易成本,入手价值、脱手价值与持有价值之间的差异应该无关紧要(Whittington,1975;Kulkarni,1980;Baxter,2003)。然而,当负债反映履行服务的义务时(如保险或履行担保),可以合理地假定剥离价值的各部分具有更大的差异,且剥离价值法的相关性可能变得明显。对于这类负债的部分实际案例,莱纳德(Lennard,2002)进行了有趣的讨论,诺布斯(Nobes,2011)进行了评论并提供了一些反例,同时也阐述了将重置概念应用于负债的复杂性。

剥离价值还一直保留在会计准则制定机构的议事日程上,因为它们致力于建立合乎逻辑、前后一贯的计量原则。在该术语由美国财务会计准则委员会(2006 年发布的 SFAS 157)以及国际会计准则理事会(2009 年的征求意见稿以及随后于 2011 年发布的国际财务报告准则第 13 号)定义为"脱手价格"之前,澳大利亚会计研究基金会(1998 年)对它进行了全面分析,英国会计准则委员会将其作为公允价值或现行价值的首选计量(会计准则委员会 1994 年发布的 FRS 7 以及 1999 年发布的原则公告)。尽管国际会计准则理事会似乎倾向于以公允价值作为计量基础(如其 2005 年发表的由加拿大理事会工作人员执笔撰写的关于初始确认计量的讨论稿),但其随后的审议(2015 年)倾向于采用混合计量体系(剥离价值就是其中之一),并提供了在不同的"纯"计量之间进行选择的清晰逻辑框架。因此,剥离价值很可能被认为是未来解决混合计量选择问题的一种可能方法。国际公共部门会计准则委员会在制定其概念框架时(IPSASB，2010)，也在考虑采用剥离价值。

　　综上所述，"对业主价值"这一概念已经被不少学者所倡导和探索。它还具有作为会计实务改革基础的特点，而且不可否认，它作为相互竞争的估值方法之间的务实妥协具有的直觉吸引力。然而，它的理论合理性仅限于特定情形和用途(如爱德华兹、凯和梅耶关于垄断利润的确认)，而且即使在这种情况下，它的信息要求还难以达到令人满意的可靠性水平。因此，它与强调需要给使用者提供各种相关信息而非提供完全理想指标的信息观相兼容(如 Edwards 等1987 年作品第 9 页承认的那样)，在这方面需要并值得进一步分析和发展。剥离价值的汇总问题是一个潜在的严重问题(但并非剥离价值所独有的)，它与机会成本的关系脆弱，相关性也存疑。需要我们进一步探索的一个特殊领域是将剥离价值作为救济价值而应用于债务计量。我们已经看到，这对于金融负债尤其是合同负债存在不少困难。事实证明在这两种情况下，适用于一项负债的重置成本概念(巴克斯特称之为"重置贷款")，在某些情况下很难应用(Nobes，2011)。

　　然而，作为一种实用的技术，对业主价值被认为是可以接受的。在英国，根据 1980 年 3 月 31 日发布的标准会计实务公告第 16 号(SSAP 16)的要求，对业主价值是作为补充报表的现行成本报表的估值基础。[38]随后英国对该准则不再支持，这更多地与宏观经济和政治事件有关，而非实际执行存在困难。从实用的角度看，它就是"重置成本与可收回金额孰低"。(其中的"可收回金额"，是再销售市场价值或现行使用价值的较高者，即斯塔姆的"净回值"。)这样做可以避免统一采用重置成本(甚至在不值得重置的情况下也使用重置成本)可能导致的一些潜在误导性估值。通过提供一种可接受的方法，在系统的基础上将现行价值引入会计，对业主价值可能会产生有用的数据，相对于历史成本数据，这些数据反映了企业现行状况(如资产负债表所描述的)更为真实的图景。[39]现行成本基础上的折旧和销售成本调整，也在收益表中提供了有价值的补充信息。当然，标准会计实务公告第 16 号(SSAP 16)的资本保持概念(与对业主价值没有必然的联系)并不令人满意，本书对此将在第 6 章杠杆调整那一节作进一步讨论。

4.3.5　公允价值

　　在财务会计领域，公允价值(fair value，FV)[40]是一个有着悠久历史的概念,它在国际会计准则理事会(IASB)成立早期就取得了特别突出的地位。这一术语最早在 19 世纪末的监管和法律案件中使用。例如,布尔(Boer)追溯了其在美国铁路收费监管中的使用(Boer,1966),当时它被认为是重置成本(特别是 1898 年 Smyth 对 Ames 案的判决结果)。然而,更一般地说,这一术语被用来描述自愿和消息灵通的各方之间确定的现行市场价值。因此,公允价值到底是取得价值(如重置成本),还是处置价值[如可变现净值,但没有解决"哪个市场?"的问题(销售市场还是购买市场)],是模棱两可的。此外,已有研究也没有讨论交易费用问题。在理想的完善市场条件下,由于不存在交易成本,所有各方都有一个完善的市场,适用"一价定律",购买成本和处置价值之间没有任何差异,两者都等于价格,从而上述这些问题就无关紧要了。

但在现实中,交易成本真实存在,不同的市场价格也不相同,其中的一些市场,资产或负债的当前持有者还可能无法进入。因此,公允价值的运用涉及各种各样的市场价格以及基于市场数据的各种估计值[如折现现金流量("盯模",marking to model)]。随着 20 世纪 90 年代的会计准则对公允价值的运用更为普遍(虽然还远未普及),为进行准则制定显然需要一个更精准的公允价值定义。特别是在计量金融工具时,财务会计准则委员会(FASB,美国)和国际会计准则委员会(国际准则)都广泛使用了公允价值,但也遇到一些困难,比如买入和销售的(交易)成本如何处理。为了满足这一需求,美国准则制定者——财务会计准则委员会——于 2006 年发布了《财务会计准则第 157 号——公允价值计量》(SFAS 157),其将公允价值定义为销售价格,弃用了重置成本。关于现行成本的争论自 20 世纪七八十年代开始以来,重置成本一直不受准则制定者的青睐,他们更倾向于基于销售市场的计量(退出价值)而非购买价格("入手"价值)。销售价格是明确的估值目标,如果在市场上无法观察到这种价格,就使用估计值,在没有更好替代指标的情况下甚至还可以使用重置成本。同样重要的是,《财务会计准则第 157 号——公允价值计量》选择使用价格而非可变现价值(realisable value)——销售的交易成本被忽略了。

《财务会计准则第 157 号——公允价值计量》一经发布,国际会计准则理事会就启动了一个项目,作为其与财务会计准则委员会趋同方案的一部分,以便在国际准则中运用其规定。事实证明这比预期要困难得多,部分原因是全球金融危机(始于 2007 年年末)导致的对公允价值的反对,但最终的《国际财务报告准则第 13 号》(2011 年)实质上实现了这一目标。国际会计准则理事会在发布

《国际财务报告准则第 13 号》时声称,它并没有扩大公允价值的使用范围,只是对公允价值作了更明确的界定,新定义尤其不适用于部分已发布的准则,如股份支付和减值。这些准则中含有现行价值,但它们可能被解释为公允价值。然而,重新定义公允价值正在改变使用公允价值的其他准则,其中最重要的是与金融工具有关的准则。(国际会计准则第 39 号,它目前已被国际财务报告准则第 9 号和第 7 号所取代。)

在制定《国际会计准则第 39 号》(1998 年 12 月批准,2001 年 1 月 1 日生效)时,金融工具会计似乎是采用公允价值最自然的领域。值得注意的是,国际会计准则委员会 1997 年 3 月发表的一份讨论稿建议,所有金融资产和金融负债均应以公允价值计量,尽管国际会计准则第 39 号没有这样做。金融工具通常可以花费较低成本在市场上出售,且其价格相对容易确定。当金融工具的价格无法直接获得时,我们通常可以根据类似工具在市场上可直接观察的数据(如利率),利用"盯模"(marking to model)来估计价格。因此,对于金融工具而言,所谓公允价值计量不可靠而反对公允价值计量的异议,可能无关紧要。此外,国际会计准则第 39 号并不统一要求采用公允价值计量——持有至到期工具就应按摊余成本计量。

根据《国际会计准则第 39 号》,金融工具是国际财务报告准则中使用公允价值计量的主要领域[41],而从目前的新金融工具准则——《国际财务报告准则第 9 号》来看,这一点似乎依然如此。新准则是对全球金融危机(2007 年年末以后)的回应,这场危机对公允价值的作用提出严重质疑。看似纵深且流动性强的市场在危机中蒸发殆尽,随之而来的流动性不足意味着公允价值不再合理,结果是金融资产从先前(可能是乐观的)的高估值大幅减记至随后(可能是悲观的)的低估值。森(Shin)和许多合著者(如 Plantin 等,2008)已经证明,在这种情况下,公允价值与监管要求相互作用,可能会降低银行体系的稳定性。劳克斯和鲁兹(Laux 和 Leuz,2010)、阿梅勒-扎德和米克斯(Amel-Zadeh 和 Meeks,2013)等其他人通过经验研究证明,以公允价值记录金融工具的量化影响不大可能是导致危机的关键因素。[42]无论公允价值对金融稳定有何不利影响,危机之后人们对公允价值的不信任感增加了。国际会计准则理事会成立了一个金融危机咨询小组,并采纳了该小组的一些建议作为《国际财务报告准则第 9 号》的部分内容。当然,这些新进展并非全新原则,主要涉及更有效应用的问题,包括公允价值(如《国际财务报告准则第 13 号》所定义)在金融工具会计中持续扮演的重要角色。

公允价值在国际财务报告准则的其他领域也仍然很重要,特别是在历史成本框架内作为确定所购买的特定资产和所承担的特定负债初始计价的手段,其中一个著名例子是运用购买法核算企业合并所取得的资产所产生的问题(国际财务报告准则第 3 号)。公允价值用于资产定期重估值的情形,包括投资性房地产(国际会计准则第 40 号)和部分农业资产(国际会计准则第 41 号)。在其他领域,公允价值最近并未以金融危机前所预期的方式增强对国际财务报告准则的影响(Whittington,2015)。在债务计量方面尤其如此,保险合同项目和收入确认项目的最新进展表明,[①]鉴于清偿债务的市场成本估计存在不确定性从而存在产生"首日"利润(因清偿成本的公允价值低于应收对价而产生的合同初始日收益)的可能性,国际会计准则理事会对以前(2006 年左右)以公允价值计量债务的立场有所让步。

总之,公允价值是国际财务报告准则中运用的估值基础之一。最近,关于概念框架项目的文件(国际会计准则理事会,2015 年)表明,[②]国际会计准则理事会未来可能倾向于采用混合计价基础,就是基于已知的需求和特定交易所涉及的情况(如可计量性),在具体准则中选择计量基础。因此,公允价值(包括扣除了销售成本的公允价值变体)将继续作为多种计量基础中的其中一种而存在。为此目的,公允价值的定义就是《国际财务报告准则第 13 号》中的定义(竞争市场中的销售价格)。更为传统的观点是将公允价值视为一种定义松散的现行价值,可以包括本章所讨论的所有替代价值,但因其太不精确,无助于人们在这些替代价值之间作出选择。

对公允价值理论合理性的探究,远不如对其他现行价值指标的研究那么深入。正如我们所见,公允价值已经发展成为合适情况下的一种实用计量方法,这一过程直到对这一概念的精确定义出现而告终(SFAS 157 和 IFRS 13)。与其他现行价值不同的是,公允价值在被应用之前并没有一系列学术文献试图完善和证明这一概念。相反,它得到了一种相当宽泛信念的支持,即竞争市场上的自由议价具有特殊的重要性。

---

① 《国际财务报告准则第 17 号——保险合同》已于 2017 年 5 月正式发布;《国际财务报告准则第 15 号——客户合同收入》已于 2014 年 5 月正式发布。——译者注
② 国际会计准则理事会 2015 年发布的是《财务报告概念框架》征求意见稿,正式稿于 2018 年 3 月发布。——译者注

最近,有人坚持认为,公允价值代表完全知情的市场参与者所评估的资产预期未来经济利益的现值,使前述的重要性变得更加明确(Barth 和 Landsman,1995)。在充分竞争和具备完全市场的理想世界中,如果对企业主体的所有资产和负债均运用公允价值计量,由此编制的资产负债表代表企业的市场价值,估值就不再需要其他信息。这种极端观点被称为"公允价值观"(Whittington,2008a),这似乎是国际会计准则理事会早期部分会计政策制定者的思想基础:它代表了我们之前所描述的会计计量观,即报表可以提供净财富或利润等最佳总计指标的思想。然而,有些市场显然既不完善也不完全(例如,2010 年惠廷顿引用格罗斯曼和斯蒂格利茨 1980 年的观点,分析了信息市场的固有缺陷),且正如比弗和德姆斯基(Beaver 和 Demski,1979)所说,存在会计信息需求这一事实本身就与完善和完全市场的世界相矛盾。因此,理想"公允价值观"假设,与会计所处的市场环境不一致,这种观点似乎得到了全球金融危机期间市场流动性不足的证实。

然而,拒绝"公允价值观"、拒绝全面采用公允价值计量,并不排除有限运用公允价值的其他正当理由。使用公允价值的另一个理由,可能来自前述的信息观,即将会计数据视为使用者模型的输入变量,而不是报告主体财务业绩和财务状况的最佳指标。根据这种方法,在使用公允价值计量某一特定项目对使用者显然最为有用时,就选择公允价值来计量。评价"有用性"的可能标准,包括与商业模式的相关性(公允价值作为一种退出价值,显然与持有待售资产最为相关,而与经营中消耗的资产不太相关)和计量的可靠性(是否有合适的市场价格作为评估公允价值的基础)。在实务层面,这与国际会计准则理事会关于未来概念框架的公告(国际会计准则理事会,2015 年)中采用的混合计量方法相一致。在理论层面,这与尼西姆与彭曼(Nissim 和 Penman,2008)的方法相一致,他们认为成本计量更适合于计量投入经营的要素,而公允价值计量更适合于计量那些公允价值与股东价值有直接关系("一对一")的资产和负债。这也与布莱克(Black,1993)和斯科特(Scott,1976)等经济学家提出的比较非正式的建议相一致,他们试图确定对于估计主体价值(其中,价值是指经济学家眼中的未来现金流量折现值)最为相关的特定项目的计量方法。

这种方法并不是希望获得关于价值或盈利能力的直接综合指标,也未必与支持《国际财务报告准则第 13 号》提出的狭义公允价值定义有关。例如,当出售(的交易)成本重大且出售(而不是持有至到期)是最有利可图的变现方式时,公允价值减出售（的交易）成本可能是恰当的计量，这也是国际会计准则理事会现行准则使用的计量方法。这是与前面讨论的可变现净值（NRV）相同的概念。可变现净值是确定对业主价值所使用的一种计量指标。因此，在某些情况下，可以用对业主价值来证明公允价值计量的合理性。[43]

4.4　计价问题的一些初步结论

4.2节讨论了三种基本估值方法（重置成本、可变现净值和现值）。每一种方法都被视为一个单一的估值基础，可独立于其他价值而使用（其他价值可作为首选基本替代指标的除外情况），这在很大程度上取决于其倡导者如何展示他们的案例。在4.3节中，我们认为，当根据三个价值指标的特定配置从中选择一个时，对业主价值是最常用的折中估值基础。我们还讨论了公允价值，它是一种与可变现净值密切相关的估值方法，在国际财务报告准则讨论中引人注目。

在讨论一个计价基础时，我们发现每一个计价基础都有其优点和缺点。这一点也不奇怪，因为会计数据的用途多种多样，适用的情况也纷繁复杂。例如，不足为奇的是，编制资产负债表的估值基础能对公司现时财务资源和负债作出有用反映，但以此编制的损益表却未必同样有效，未必能对公司一个期间的生产和商业运营作出有用反映。同理，一种估值类型适用于评估一家公司"资产剥离"式收购出价（an asset-stripping take-over bid），却未必同样适用于为确定协同式收购出价（a synergistic take-over bid）而对公司现行生产经营盈利能力的评估。

克服这一困难的一种可能方法是利用某种规则（如"对业主价值"规则），来选择与情况和环境最相关的估值方法。这种具体规则似乎不像纯计量方法那样具有强大的理论基础，因为纯计量方法旨在提供主体财务状况和业绩的综合指标。然而，这可能是一种有用的方法，特别是当因实际条件限制而硬性规定每项资产或负债只能报告一个价值时。我们将这种方法描述为财务报告的信息观。考虑到某一具体价值指标可能被赋予多种用途，任何规则似乎都不太可能完全令人满意，而对业主价值提供一个透明、逻辑的框架，不仅符合从报告主体角度来看的估值经济逻辑，还符合审慎的经管责任要求。（重置成本是价值上限，而历史成本在传统会计模式中发挥着类似的作用。）对业主价值可以根据不同类型价值的相对金额来区分，而不能根据其他标准来划分。所有其他规则也都会面临类似的问题：选定的一种价值可能只满足一个选择标准（如"对业主价值"的情形），而事实上我们可能希望获得能够满足多个不同标准的信息，这又会导致其他价值的出现。例如，许多经济决策都涉及对不同价值的比较，如购买价格、使用价值或销售价格，或这些价值在其他用途或其他市场的变体。

在这种情况下，能够提供相关信息的唯一方法是为同一资产或交易提供多个价值，有时称为"多栏式报告"（multiple column reporting）。这一直是各界激烈辩论的主题，特别是钱伯斯（Chambers，1972）和斯塔姆（Stamp，1972，1979）之间的争论。钱伯斯称，多栏式报表传递的信息过量，会令使用者思维混乱，而斯塔姆则强调其他价值的相关性。在某种程度上，这已经变为一个对以下问题的经验性论争：谁是财务报告使用者、财务报告的用途是什么、使用者吸收不同价值信息的能力如何以及提供各种不同价值的现实可行性。这是经验研究的一个重要领域。

这个问题也涉及会计准则制定机构。尽管会计准则通常致力于避免在报表主表记录同一项目的多种估值，但通过报表附注提供额外信息（包括其他估值）的惯例早已得到认可。有时（如养老金负债准则和金融工具准则）还会延伸到提供更为深入的信息，因为报表使用者可能希望评估计量的可靠性以及估计其他价值。然而，这又将导致会计报表更加复杂，而国际会计准则理事会等准则制定机构却受到要求减少附注披露数量的压力。[44] 因此，对于额外信息的收益与成本，需要务实地权衡与抉择。

虽然在现行价值会计方面还需要更多经验研究，但学者们已经取得了很多成果，本章附录 A 对此进行了简要概述。然后，附录 B 提供了一种现行价值会计形式的简单数值示例，以补充前面给出的代数表达式。在接下来的两章里，我们将讨论为进行收益计量该如何定义资本这样一个有争议的问题，这个问题与估值基础结合起来，是设计所有财务会计体系的基础，而通货膨胀的存在使得作出选择显得尤为重要。

附录 A　关于现行价值会计的部分经验研究

关于现行价值会计的经验研究文献越来越多。

最早和最常见的现行价值研究是各种各样的案例研究，大多都是讨论估计折旧和存货增值的重置成本，目的是估计现行价值。美国注册会计师协会

(AICPA，1963)的附录 E，汇总归纳了这方面的早期研究成果，如迪恩(Dean，1951，1954)对美国的开创性研究和巴克斯特(Baxter，1959)对英国钢铁公司的研究。澳大利亚重置成本会计的一个案例研究是格雷斯(Gress，1972)的研究。为了测试钱伯斯的基于可变现净值的持续现行会计制度，麦基翁(McKeown，1971)和格雷(Gray，1975，1976)也进行了类似的研究。怀卡托大学项目(Hume，1976；Craswell，1976)形成了一个手册，解释了如何编制其他形式的现行价值报表。霍普(Hope，1974)在一项关于英国的研究，比较了两家公司的6 种不同(估值)体系。这些研究有助于证明现行价值会计体系的技术可行性，并显示它们能够获得与传统以历史成本为基础的报表有重大不同的结果。

还有一些综合性研究试图评估现行价值会计的量化影响，一般涉及以重置成本折旧和存货增值来调整传统的利润。这方面的研究往往是经济学家的作品，他们关注的是利润能否足以为再投资提供资金以及公司税收是否允许充分考虑重置成本。这类作品的早期例子是英国的哈考特(Harcourt，1958)以及澳大利亚的马修斯和格兰特(Mathews 和 Grant，1958)的研究。在 20 世纪70 年代中期的"利润危机"期间(发布桑迪兰兹报告和准予税前扣除存货增值前不久)，这类作品在英国迅速增加，米克斯(Meeks，1974)、金(King，1975)、弗莱明等人(Flemming 等，1976)[45]、梅雷特和赛克斯(Merrett 和 Sykes，1974，1980)和摩尔(Moore，1980)的作品属于其中的上乘之作。菲利浦和德鲁(Philips 和 Drew)在马丁·吉布斯(Martin Gibbs)的指导下发表了一系列论文，阐述了各种现行成本会计建议对英国主要上市公司报告利润的影响(Gibbs 和Seward，1979)。这些研究成果证明了快速通货膨胀时期重置成本与历史成本之间差异的重要性，为税收改革提供了支持，如引入存货增值税前扣除措施。

涉及现行价值会计可行性和重要性的另一类研究，是皮斯内尔和斯凯拉特(Peasnell 和 Skerratt，1976a，1977a，1977b)以及伯恩等(Bourn 等，1976，1977)关于指数研究的作品。这两个研究团队都研究固定资产价格特定指数与一般指数之间差异的重要性。由于他们使用的方法不同，对研究结果的正确解释存在争议。然而，两个研究团队得出的结论都是，单一的(一般)指数可以捕获到特定指数的绝大多数变动，但不能反映它们的全部变动。也就是说，使用一般指数代替特定指数存在一定的有效性，但这一过程会导致一定程度的不精确。两项研究似乎还一致认为，工厂指数所捕获的信息不同于行业指数所捕获的信息。也就是说，如果现行成本报表使用特定指数(或年度中间进行补充)代替直接估值,使用工厂类指数得出的结果不同于使用行业指数得出的结果。

前述案例研究的一个更为复杂的扩展,是通过统计检验来评估会计方法之间差异的重要性,而非依赖对个别案例绝对差异的描述,因为这些差异的普遍重要性很难评估。与案例研究法相比,统计方法需要更多的数据,因此,现行价值数据的稀缺性制约了其发展。这类研究的一个开创性例子是克拉奇曼等(Kratchman 等,1974,1975,1976)的研究,他们比较了美国房地产投资信托的4 种不同收益计量指标(包括现行价值收益和按实值调整后的现行价值),发现在某些情况下它们具有高度相关性(因此,这些计量指标彼此可以很好地相互替代)。

统计研究也可以评价会计信息的效用,早期的作品有弗兰克(Frank,1969)以及巴克马斯特等(Buckmaster 等,1977)的预测能力研究,即先假设预测能力能够产生效用,然后评价不同会计收益模型的自我预测能力。会计信息效用经验研究成果丰富的一个领域是会计信息对股价的影响,到目前为止,这一领域明显受到现行价值数据匮乏的限制。但近年来,随着准则制定者扩大现行价值报告,数据越来越多,这类研究变得更加流行。这类早期研究由阿卜杜勒·哈立克和麦基翁(Abdel Khalik 和 McKeown,1978)完成,他们试图估计重置成本持有利得的估算对股价和风险度量的影响。另一个例子是关于1976 年美国证监会年度报表(10-K)要求披露重置成本在美国影响的专题论文集(Watts 和 Zimmerman,1980)。论文集里的三项研究都有方法上的局限性,但都是独立设计并实施的,令人印象深刻的是它们都得出了共同结论,即重置成本披露对股价没有增量影响。这个结论表明,要么是股票市场已经获得了重置成本信息,要么是该信息缺乏相关性。

另一种经验研究方法是基于实验的行为研究。泰迪(Tweedie,1977)的研究以会计专业一年级学生为实验对象。结果表明,经验不足的报表使用者根据直觉倾向于选择可变现净值作为资产负债表计量方式,选择现金流量(无应计调整)作为流量性指标的[①]计量方式。这项研究特别有趣,因为其作者后来成为英国会计准则委员会主席(1990—2001 年),然后又成为国际会计准则理事会主席(2001—2011 年)。本斯顿和克拉斯尼(Benston 和 Krasney,1978)的另一项研究使用了一组"成熟投资者"(人寿保险公司投资官)作为研究对象,结论是对现行价值数据的需求不大,尽管这一研究的讨论者(Adkerson,1978;

---

① 这里是指收入和支出,就是收益表项目。——译者注

Buzby 和 Falk，1978)并不同意这一解释。

所有这类研究都得到进一步发展。部分原因是有人建议在财务报表中更多地使用现行价值，以使研究结果与政策制定更具相关性，还有部分原因是现行价值披露的增加为此类研究提供了数据。

对计量问题进行经验研究的第一波大爆发，源自 20 世纪 70 年代末的现行成本会计实验，特别是美国财务会计准则委员会（FASB）的财务会计准则第 33 号（SFAS 33）和英国会计准则委员会（ASC）的标准会计实务公告第 16 号（SSAP 16）要求补充披露现行成本之后，两国准则制定机构开展了一些研究项目，以评估新准则的有效性。

在美国，财务会计准则委员会组织研究了 SFAS 33 的影响，最著名和最有影响力的成果是比弗和兰德斯曼（Beaver 和 Landsman，1983）的研究报告。他们的统计研究分析了不同计量方法下的收益变化对股价的增量影响，结论是现行成本收益相比历史成本收益，并没有提供任何额外信息[46]，而历史成本收益却包含了现行成本收益所未包含的额外信息。因此，现行成本披露似乎并没有在传统历史成本信息基础上增加有用的信息。他们通过使用各种替代模型或方法证实了上述结果，特别是估值模型（着眼于决定总股价的因素，而不是决定股价增量变化的因素）以及资产负债表上的股东权益价值与股价之间的关系（使用的指标有时被称作"市净率"）。作者认为，计量误差是导致财务会计准则第 33 号（SFAS 33）披露的业绩明显偏软的原因。此外，他们还慎重地指出（第100 页），他们的分析仅仅基于 3 年的财务会计准则第 33 号（SFAS 33）披露数据，而学习过程可能导致未来年度有更多数据可以运用。这一观点与财务会计准则委员会组织的其他研究（Berliner，1983；Norby，1983）的结论相一致，认为当时只有一小部分财务分析师使用新数据。然而，承担新披露成本的财务报表编制者却强烈反对财务会计准则第 33 号（SFAS 33），而缺乏直接的眼前利益（加之通货膨胀率下降，价格变动问题似乎不再那么紧迫）又促使财务会计准则委员会用财务会计准则第 89 号（SFAS 89，1986）取代了财务会计准则第 33 号（SFAS 33），从而取消了强制披露要求。[47] 随后的经验研究，如默多克（Murdoch，1986）以及比尔德西和罗南（Bildersee 和 Ronen，1987）的研究，采用其他模型证明了现行成本收益可能存在价值相关性，并认为比弗和兰德斯曼的最初结论没有问题，但到了这个时候政策争议已有定论，现行成本实验事实上已经终结了。

　　在英国,作为会计准则委员会发起机构之一的英格兰和威尔士特许会计师公会(ICAEW)组织了一个研究标准会计实务公告第 16 号(SSAP 16)影响的项目,出版了四卷本研究成果(由卡斯伯格和佩奇编辑,1984 年)。布莱恩·卡斯伯格撰写的第一卷概述了该项目,并试图得出一些结论。第二卷研究了不同群体如何使用现行成本数据。第三卷主要关注现行成本数据对股市回报的影响,其中一项研究(Appleyard 和 Strong)使用了比弗和兰德斯曼研究美国情况时使用的统计模型,并得出了非常相似的结论。第四卷是阿切尔和斯蒂尔(Archer 和 Steele)的一篇论文,报告了对那些根据标准会计实务公告第 16 号(SSAP 16)提供现行成本数据的报表编制者的深入调查结果。这项研究显示,报表编制者对现行成本很有敌意,而第二卷和第三卷的结论却差别较大且含混不清。例如,阿普勒雅得和斯特朗(Appleyard 和 Strong)基于市场的研究并没有发现现行成本会计数据影响股价的证据,而斯凯拉特和汤普森(Skerratt 和 Thompson)的研究使用不同模型,确实提供了一些有利于现行成本会计的证据。同样,第二卷的研究揭示了现行成本会计数据的一些应用,但应用并不广泛,而且提供现行成本数据确实需要花费成本,当然这种成本并非高得离谱,需要根据难以量化的收益加以评估。

　　要想从上述这一系列不同的研究中得出明确的结论,确实存在困难,特别是考虑到根据标准会计实务公告第 16 号(SSAP 16)生成的数据的可用时间很短,对从业人员来说现行成本会计还是一个新生事物。布莱恩·卡斯伯格(Bryan Carsberg)的结论是：有证据表明,现行成本会计数据的应用有限,但随着时间推移它的使用会越来越多,而且花费的成本也并非高不可攀。因此,标准会计实务公告第 16 号(SSAP 16)的实验应该继续,当然也应该做一些修正,来回应阿切尔和斯蒂尔(Archer 和 Steele)研究所反映的那些批评。对标准会计实务公告第 16 号(SSAP 16)后果的乐观解释并没有得到决策者的青睐,在挽救现行成本实验的尝试失败后(会计准则委员会 1985 年第 35 号征求意见稿),标准会计实务公告第 16 号(SSAP 16)随即被撤回,英国的"现行成本革命"终结了。[48]然而,卡斯伯格和佩奇汇编的研究项目也不应被视为失败之举,因为这是第一次就一个重大议题而设计这样一个全面的学术研究方案,以便为准则制定提供信息。它也确实产生了影响,也就是由于缺乏有力的证据支持现行成本会计实验,从而使反对者认为成本大于效益。猜想一下如果支撑证据更加有力,现行成本会计能否继续存在是有意思的,但毫无用处。当然,尽管强有力的证据会使反对者更加困难,但某些基本力量(如价格变动速率下降、因税收抵减而使政府不愿实施现行成本会计调整)依然支持反对者。

美国、英国和其他国家和地区对现行成本会计披露的减少[49]导致研究人员对现行成本会计兴趣降低,可用数据越来越少。然而,对现行价值会计的经验研究在20世纪90年代和21世纪初仍在继续,主要关注公允价值披露。这是一个自然而然的发展,因为正如本章前面概述的那样,自20世纪90年代起,美国财务会计准则和国际财务报告准则中对报告某些项目公允价值的要求在增加。因此,公允价值是政策关注的一个话题,并有越来越多的数据作为研究基础。这一时期的公允价值定义,比后来美国财务会计准则第157号(SFAS 157,2006)和国际财务报告准则第13号(IFRS 13,2011)明确规定的脱手(出售)计量目标更为宽松。然而,基于这一不太严格的计量的研究,却为运用某种形式的现行价值会计提供了有益见解。

由于这一时期的研究太多,在这里无法进行全面的分析讨论。兰兹曼(Landsman,2007)对资本市场研究所获得的证据进行了审视,这些证据是其作品中最重要的部分,但随着准则制定者要求维持并扩大现行价值披露,其他研究工作仍在继续。[50]资本市场研究主要来自美国、英国和澳大利亚,这些国家是采用现行价值计量的引领者。有许多研究涉及可按公允价值计量的金融工具,特别是持有大量金融资产和金融负债的银行(Barth等,1996)。但是,关于现行价值的经验研究并不仅仅局限于银行和金融工具,也包括对英国公认会计原则所允许的不动产、厂场和设备重估价的研究(Aboody等,1999)、对澳大利亚金融工具、有形和无形资产重估价的研究(Barth和Clinch,1998)以及对员工股票期权估值的研究(Aboody等,2004;Landsman等,2006)。由于研究对象在总量、时间跨度和所用模型方面差异极大,已有研究难免得不出全面的结论。然而,那些明确地表示关注市场价值的研究往往发现,现行价值数据确实会影响股价。现行价值变动(重估价)与股价变动(回报)之间的关系并不太明确:两者之间通常存在正相关关系,但不如价值与股价之间的关系明确。学者们通常将这两种变动之间的弱关系归因于计量误差,这种误差对两种变动都有很大程度的影响。有证据表明,现行价值收益的波动性更大,且增量波动对股价的影响明显不足(Barth等,1995)。

其他经验研究发现,现行价值对未来现金流量和盈余具有预测价值。此外,还有一些研究使用其他方法估计的现行价值结果,还研究由外部评估师而非"内部"评估师进行估值可能增加的可信度(Muller 和 Riedl，2002)。经验研究还深入研究了定期重估价在减少管理层基于机会主义出售资产从而隐蔽坏消息的可能性(Black 等，1998)。对重估价重要性的量化估计，是对早期经验研究文献的延续(Laux 和 Leuz，2010)。如前所述，在公允价值方面，自 2007 年开始的全球金融危机导致大量此类研究产生，目的是检验以公允价值计量金融工具对导致危机具有重大影响的说法是否成立。

综上所述，经验研究为我们理解现行价值的性质、理解投资者在股票市场使用公允价值的情况做出了实质的、日益重要的贡献。实行现行成本会计缺乏明显的具体收益，因此，20 世纪 80 年代早期美国和英国的现行成本会计实验被终结(当然还有许多其他因素的影响)。后来，美国财务会计准则委员会(FASB)和国际会计准则理事会(IASB)通过"混合计量"模式，部分地采用了现行价值(宽泛地称为"公允价值")，使很多经验研究得以进行，并在总体上提供了投资者使用这些计量的证据。作为其应循程序的一部分，准则制定机构正在强化对准则的事后评估，因此，预计未来对经验研究的需求将变得越来越重要，就像提供现行价值应用的数据越来越重要一样。

经验研究与理论研究[①]相辅相成、互为补充：缺乏理论的经验研究只能停留在描述层面，而没有经验上可检验的假设(或内含)的理论研究，充其量只能产生无法检验的规范性主张，最坏的结果则是与作为一项实践活动的会计毫不相干。在会计研究的早期(一直到通货膨胀会计争论最为激烈的 20 世纪 70 年代末期)，人们更多地关注理论而非经验检验，但这种不平衡状态随后得以校正，甚至在某种程度上理论被相对忽视了(如运用公允价值的研究在增加，但理论分析却相对少了)。

附录 B　现行价值会计的数字示例

B.1　简介

本附录以前面几章使用的"老弗雷德"商号为基础，对式(4.1)至式(4.7)进行数字例示。正如第 1 章所示，现行估值基础、相关的资本保持概念(将在第 6

---

① 　此处及后续各章涉及的"理论""理论研究"等，均指与经验研究相对应的规范研究。——译者注

章讨论和例示)以及列报的格式多种多样。在下面的示例中,估值基础是重置成本,并采用了两种不同的资本保持观:一种是用来计算营业利润余额的"实体"观;另一种是用来计算持有利得的货币资本观(一种"业主"观)。这符合本章式(4.7)所表示的现行成本会计模型。

应当强调的是,这是现行价值会计一个具体形式的简化示例,甚至都不符合根据标准会计实务公告第 16 号(SSAP 16,1980)在英国实施的现行成本会计模式。特别重要的三个不同点是:

(1) 根据标准会计实务公告第 16 号(SSAP 16)的要求,现行成本会计有不同的资本保持概念,涉及杠杆调整和货币营运资本调整,这些将在第 6 章加以讨论。本例在精神上更接近于桑迪兰兹委员会(1975)的资本保持模型(但不符合具体的细节)。本例在最后总结了所报告的两个主要利润指标(基于实体资本保持观的现行成本营业利润和基于业主观的总收益),并与历史成本利润进行比较。

(2) 本例仅使用重置成本进行估值(RC),而标准会计实务公告第 16 号(SSAP 16)以及早期的桑迪兰兹报告要求使用对业主价值。然而,如果我们假定在所有情况下,可变现净值或者现值(或两者)都大于资产重置成本,我们也可以将这个示例视作对业主价值的应用。

(3) 在实务中,用现行成本会计对传统(历史成本)报表进行补充调整时,将现行成本会计应用于具有多笔交易的复杂业务时,在应用初期涉及一定程度的估计。例如,标准会计实务公告第 16 号(SSAP 16)建议,计算销售商品的现行成本时使用平均法。本例基于非常简单的事实,并且假设可以使用精确的信息,因此,就不必使用估计的方法。

马林森(Mallinson,1980)对标准会计实务公告第 16 号(SSAP 16)中的现行成本会计应用进行了全面阐释。钱伯斯的持续现行会计方法(CoCoA),在钱伯斯(Chambers,1977)和休谟(Hume,1976)的附录(建议准则的征求意见稿形式)中有明确的定义,还包含详细的工作表和数字演示。李(Lee,1985)对现行价值会计的各种形式给出了清晰的数字例示。

B.2　示例的事实和情况

本例假定的事实和情况与第 3 章附录相同。另外,假定后续重新备货时发生的商品重置成本就是销售时的商品重置成本。例如,第 1 期销售的重置成本就是第 2 期期初的采购成本。第 3 期和第 4 期没有补货,我们假定单位存货重置成本为 1.90 英镑。另一项假设是关于购物车的重置成本,假设在第 3 期初期,类似购物车的成本上升了 50%,除此之外,其所选择的折旧率反映了购物车重置成本随时间下降的现实情况。

B.2.1　现行成本会计

第 1 期

资产负债表(t)

	£		£
业主资本	150	固定资产	
借款	50	购物车(成本)	100
		流动资产	
		现金	100
	200		200

与历史成本情形(第 3 章)相比,上表并没有变化,因为固定资产刚刚购买,其历史成本就是重置成本,而其他资产和要求权都具有固定的货币价值。

收益表(第 1 期,t~t+1)

	£
销售收入	120
减　销售商品的现行成本	104
	16
减　折旧	10
现行成本营业利润	6
加　存货持有利得	30
总收益(Total Gains)	£36

销售商品的现行成本是 80 个乘以每个 1.30 英镑,而每个菠萝的历史成本为 1 英镑,两者之间的差额为 24 英镑(=104-80),即该期间所出售存货的已实现持有利得。按相同基础计算,期末存货利得为 6 英镑(=26-20),表示未实现持有利得。本例中的两种持有利得已加计在一起(30 英镑=24+6)。但是,如果认为是否已经实现很重要,也可以分别报告(如爱德华兹和贝尔于 1961 年所建议的那样)。本例中的折旧,与历史成本下的情形相同,因为本例假定重置成本等于历史成本。

这里所采用的格式,与桑迪兰兹委员会倡导的现行成本会计基本一致。当然,桑迪兰兹格式将收益表分为两张报表:现行成本损益表(最后一行是现行成本营业利润)和收益表(最后一行是总收益)。桑迪兰兹委员会的建议也不考虑存货的未实现持有利得。根据前文使用的代数表达式,此处所示的现行成本营业利润,与式(4.7)中的 Y_{CCA} 一致,即在保持主体特定资产的前提下计算利润。此处所示的总收益,对应式(4.6)中的 Y_{CVA},所保全的是货币形式的实体资本。

资产负债表($t+1$)

	£		£	£
业主资本		固定资产		
期初余额(t)	150	购物车(成本)	100	
加　本期总收益	36	减　累计折旧	10	
	186			90
减　提款	30	流动资产		
期末余额($t+1$)	156	存货(现行成本)	26	
借款	50	现金	90	
				116
	£206			£206

与第 3 章附录的历史成本资产负债表相比,该资产负债表的唯一差别是存货的现行成本价值高出 6 英镑,业主资本同时增加了 6 英镑(作为总收益的一部分)。如果假定购物车的重置成本与其减记后的历史成本不同,还会进一步产生差异。总收益已增加业主资本,当然更复杂的报告体系会区分可分配利润和资本保持准备金。资本保持准备金因资产增值(持有利得)而增加,业主不可能在不侵蚀商号物理实体的情况下提用这些资本保持准备金。在上例中,36 英镑总收益中,6 英镑为可分配利润,30 英镑(持有利得)属于资本保持准备金。

第 2 期

收益表(第 2 期,$t+1\sim t+2$)

	£
销售收入	135
减　销售商品的现行成本	162
交易损失	(27)
减　折旧	10
现行成本营业损失	(37)
加　存货持有利得	50
总收益	£13

销售商品成本按 90 个已售存货的重置成本(每个 1.80 英镑)来计算(162 英镑)。这表示,已实现持有利得 51 英镑中的 6 英镑,已在上期确认为存货未实现利得,本期期末存货未实现持有利得为 5 英镑(＝18－13),使得此处报告的存货持有利得总额为 50 英镑。具体计算如下:

已实现持有利得:		
销售商品的现行成本(计入损益)		£162
减　销售商品的历史成本(如第 3 章附录)		£111
本期已实现		£51
未实现持有利得:		
期末存货的现行成本(10 个,每个 1.80 英镑)	£18	
减　历史成本(10 个,每个 1.30 英镑)	£13	
期末存货未实现利得(10 个,每个 0.50 英镑)	5	
减　期初存货未实现利得本期已实现部分	6	
未实现利得净变动		(1)
本期应计持有利得总额		£50

资产负债表($t+2$)

	£		£	£
业主资本		固定资产		
期初余额($t+1$)	156	购物车(成本)	100	
加　本期总收益	13	减　累计折旧	20	
	169			80
减　提款	106	流动资产		
期末余额($t+2$)	63	存货(现行成本)	18	
		应收债务人款项	15	
借款	50	现金	52	
流动负债				
应付债权人款项	52			85
	£165			£165

第 3 期

收益表(第 3 期,$t+2 \sim t+3$)

	£
销售收入	180
减　销售商品的现行成本	171
交易利润	9

减　现行成本折旧		15
现行成本营业损失		(6)
加　持有利得:存货	11	
固定资产	40	
		51
总收益		£45

销货商品成本按每件 1.90 英镑的重置成本、90 个菠萝来计算。存货持有利得计算如下:

存货持有利得	£	£
已实现利得:		
计入损益的现行成本	171	
减　历史成本	157	
已实现利得		14
未实现利得:		
期末存货的现行成本(20 个,每个 1.90 英镑)	38	
减　历史成本(20 个,每个 1.80 英镑)	36	
期末存货未实现利得(20 个,每个 0.10 英镑)	2	
减　期初存货未实现利得本期已实现部分	5	
		(3)
本期应计持有利得总额		£11

期初固定资产(购物车)产生了应计持有利得。假定购物车的重置成本上升了 50%,原折旧模式仍然适用。因此,修正后价值如下:

	期初价值	修正后价值	增加额
成本	100	150	50
减　累计折旧	20	30	10
减计后的价值	80	120	40

此处采用的处理方法是:修正后价值(资产账户的借记净额为 40 英镑)在资产负债表列示,在损益表最后部分列示相应金额的净持有利得(贷记金额为 40 英镑)。或许有人认为,净利得应分解为两部分,利得总额(按原始成本计算)为 50 英镑,另外增加累计折旧费用 10 英镑。后一项费用被称为"欠提折旧"(backlog depreciation),有人认为其应在利润计算的早期计入费用,而不仅仅是冲抵固定资产成本上的持有利得总额。这种态度(第 6 章还将进一步

讨论)既源于对公司的"实体"观,也源于这样的认识:折旧费在某种程度上代表着为进行重置而对流动资金的分配,而不仅仅是作为一个期间使用资产的成本而进行计算的指标。此处没有采用这种观点,计入利润的折旧费代表该期间所使用资产的现行成本,并假定现行成本是该资产现行重置成本的十分之一。

资产负债表(t＋3)

	£		£	£
业主资本		固定资产		
期初余额(<i>t</i>＋2)	63	购物车(重置成本)	150	
加　本期收益总额	45	减　累计折旧	45	
	108			105
减　提款	10	流动资产		
期末余额(<i>t</i>＋3)	98	存货(现行成本)	38	
		应收债务人金额	20	
借款	50	现金	165	
流动负债				
应付债权人金额	180			223
	£328			£328

与第 3 章附录所示的历史成本资产负债表相比,该现行成本资产负债表以较高的现行成本价值列报固定资产和存货,同时反映在资产负债表另一侧的业主资本里。

第 4 期

收益表(第 4 期,t＋3~t＋4)

	£
销售收入	44
减　销售商品的现行成本	38
交易利润	6
加　已实现持有利得	15
总收益	£21

销售商品的现行成本仅仅是期初存货的现行成本,假定在实现之前未发生进一步价格变动。已实现持有利得是购物车的销售价格(120 英镑)超过其期初减记后价值(105 英镑)的差额:假定在实现之前未发生任何折旧。

资产负债表(t＋4)

	£		£
业主资本		现金	169
期初余额(t＋3)	98		
加　本期收益总额	21		
期末余额	119		
借款	50		
	£169		£169

除了将业主资本分为应计余额和当期利得,资产负债表(t＋4)与历史成本期末资产负债表相同。这是因为如第 3 章所示,无论采用何种估值方法,寿命周期的"现金到现金"利润都一样,估值方法只会导致寿命周期内不同期间之间的利润转移。当然,只有当采用了同样的资本保持概念,即现行价值体系所使用的货币资本概念与历史成本体系中使用的货币资本概念相同时,这一结果才能成立。在本例中,意味着我们使用总收益而非营业利润作为利润指标,B.3证明了这一点。本书第 6 章将对资本保持概念的选择作更为深入的探讨。

B.3　寿命周期利润

期间	现行成本			历史成本
	营业利润	持有利得	总收益	利润(第3章)
1	6	30	36	30
2	(37)	50	13	14
3	(6)	51	45	13
4	6	15	21	58
合计	£(31)	£146	£115	£115

注:括号内数字表示损失。

注释

1　这并不意味着在实践中拆分通货膨胀影响和估值变动那么简单易行。例如,英国政府任命的桑迪兰兹委员会得出的结论认为,计量通货膨胀不切实际,因此,建议建立一种完全基于个别价格(即个别项目的价值,而不是货币购买力)的企业会计体系。

2　惠廷顿(Whittington, 2008)、皮斯内尔和惠廷顿(Peasnell 和 Whittington, 2010)进一步

讨论了爱德华兹和贝尔的体系。

3　式(4.6)确认了存货和在产品的未实现持有利得，并作为 N'' 的组成部分，而桑迪兰兹不建议这么做。桑迪兰兹委员会提出的是一种特殊形式的现行价值估值，即对业主价值，对此将在本章稍后讨论。

4　建议的具体实施方案在某些方面偏离了模式。例如，桑迪兰兹委员会不建议对"非货币性"长期贷款进行重新估价，尽管人们认为这在原则上是可取的。此外，桑迪兰兹委员会还提出了一些近似计算方法，如使用期间平均指数和个别价格指数。

5　麦克唐纳的具体建议是，"脱手"价值(如 NRV)最适合用于计量财务状况的资产负债表，但入手价值(如重置成本)更适合用于计量保持企业生产性资源成本的损益表。

6　收益表账户和资产负债表账户属于同一复式分录体系的账户，因而前者记录的收益总额与后者记录的所有者权益变动相一致。

7　关于这一问题的最终准则——财务会计准则第 33 号(FAS 33)，对"通货膨胀会计"的态度含混不清。该准则将重置成本会计作为要求披露的一项内容，同时也要求披露部分现行购买力信息，而且这两项内容的"实值"组合也是允许的。

8　英国注册会计师与公司会计师协会(1952 年)以及成本与工程会计师协会(1952 年)早先提出的建议是倡导重置成本制度。

9　林伯格(Limperg)也是"对业主价值"建议的先驱，斯威尼(Sweeney)主张的重置成本也是基于类似的推理。参见梅伊(Mey, 1966)的研究。

10　尽管贝尔(Bell, 1971)后来支持服务法(service approach)而不支持再生产法(reproduction)。

11　斯威尼(Sweeney, 1936)较早就主张将已实现利得与未实现利得(此处原文误为已实现持有利得——译者注)分开报告：他还主张以实值(real terms)计量利得，即以资产现行重置成本超过其指数化历史成本的金额计量利得。

12　范齐尔和惠廷顿(Van Zijl 和 Whittington, 2006)在对业主价值(剥离价值)的背景下探讨了这个问题。

13　收益表列报是国际会计准则理事会正在进行的一个项目。单独识别有意义的综合收益小计项目(如营业利润)，是一个重要但却困难的问题(Barker, 2004)。

14　随着汇总水平的提高，导致单位成本下降的因素包括批量折扣(材料)、规模经济和技术进步(重置整个工厂可能导致技术变革，而只重置一个项目时就不太可能，因为该项目必须与其他项目相匹配)。如果汇总水平提高后单位成本增加了，可能是由于无弹性供应、规模不经济和重大重建产生的干扰而导致的生产损失。

15　德雷克和多普赫(Drake 和 Dopuch, 1965)、普拉卡什和桑德尔(Prakash 和 Sunder, 1979)和凯(Kay, 1977)。

16　未实现持有利得是指期末资产负债表中资产的历史成本与重置成本之间的差额。收益表中区分未实现持有利得和已实现持有利得，一个重要原因是它的实现存在不确定性。

17 关于坎宁作品的详细介绍,参见钱伯斯(Chambers,1979)和惠廷顿(Whittington, 1980)的研究。费雪(Fisher,1930)有一篇值得称赞的当代评论。

18 市场重置成本也可以规避这个问题,但在实务中,重置成本体系通常会涉及固定资产折旧分配(Thomas,1974,第7章)。

19 它假设股票市场是有效的,就是市场会即刻将所有新信息反映到股票价格上。

20 法玛(Fama,1970)和比弗(Beaver,1973,1989)持有这种观点。当然,这一论点是基于这样一种认识,即投资者是会计数据的主要使用者,而正如第1章和第2章所指出的那样,使用者的范围现在被认为要广泛得多。戴克曼和莫尔斯(Dyckman 和 Morse, 1986)对与市场效率有关的证据进行了批判性评论。

21 商誉是持续经营价值超过净资产汇总价值的部分。因此,商誉的存在,可以视为存在一定程度汇总问题的证据,因为净资产汇总按个别基础进行。

22 在实践中,许多可能具有市场价值的无形资产被排除在资产负债表之外,除非它们是作为企业合并的一部分而取得。

23 尽管如前所述,在存在充分旧货市场的情况下,重置成本折旧可根据旧货价值而非新资产成本的定期分配进行评估。

24 如果我们考虑投资组合,还要包括它们与其他投资回报的协方差。

25 特别地,这是赖特(Wright,1964,1970)作品的起点。

26 皮斯内尔(Peasnell,1978)在将现值作为剥离价值基础一部分的情况下分析了这个问题,本章稍后也将加以讨论。

27 这一点是葛莱因(Gellein,1971)回应斯托布斯(Staubus,1971)论文时提出的。

28 因此,爱德华兹和贝尔将可变现净值描述为“机会成本”是一个过度的说法。可变现净值是企业已持有资产外部机会成本中的一个要素,在其他情况下或许是机会成本的一个要素。无论在什么情况下,机会成本都不是全部可变现净值,而是可变现净值与公司考虑的其他用途的价值之间的差额。

29 “对业主价值”规则可以定义为“选择‘净回值’或重置成本的低者”。“净回值”的另一个术语是“可收回金额”(recoverable amount)。

30 斯塔姆(Stamp)后来将其规则修改为“资产对公司的价值等于其重置成本,除非所有者立即处置资产而非重置资产。在后一种情况下,(资产)对公司价值等于可变现净值”(Stamp,1979)。

31 应该记得,这一论点在本章前面讨论斯托布斯现值替代指标时出现过。

32 令人吃惊的是,虽然钱伯斯和邦布赖特(在这两篇论文中)都没有直接提及坎宁的贡献,但两篇文章都明显受到了坎宁思想的影响。

33 会计准则委员会(1980年)。

34　澳大利亚特许会计师公会和澳大利亚会计师协会(1975 年)。

35　值得注意的是,巴顿(Barton,1975)的论文基于在兰开斯特大学召开的一个研讨会,也同样采用了"净回值"法来评估对业主价值,尽管没有采用吉和皮斯内尔的扩展方法。

36　在艾迪的铁路案例中,每一条隧道的重置成本均以整条铁路的现金流为依据。如果任何一条隧道被关闭,整条铁路的现金流都会完全丧失。

37　任何现行价值会计方法制造的另一个概念难题是:如果监管报表不以"干净盈余"为基础编制,重估产生的资本利得不包括在事后计算的利润中,但随后增加的折旧费用允许冲减未来利润,并在计算预期回报率时计入资本基数。因此,股东过去的收益将被低估,价格上限将被设定得过高(Whittington,1994)。

38　本章附录讨论的卡斯伯格报告(the Carsberg Report)评估了英国现行成本会计的影响。

39　当然,根据标准会计实务公告第 16 号(SSAP 16),现行成本数据仅是补充,主要报表的计量基础仍是历史成本。

40　在瓦耳顿(Walton,2007)的研究中可以找到公允价值各个方面的有用论文。

41　严格地说,这里是指重新计量,即定期更新计量。在取得一项资产时,其历史成本可能等于或近似等于其公允价值,但根据历史成本惯例,该计量不会随市场价格变动而更新,因此,不会在后续反映其公允价值。

42　劳克斯(Laux,2012)对公允价值在金融危机中的作用进行了有益的探索。

43　范齐儿和惠廷顿(Van Zijl 和 Whittington,2006)讨论了对业主价值与公允价值之间的关系。

44　例如,英国财务报告委员会(UK Financial Reporting Council)就发起过"减少混乱"计划(FRC 2011)。

45　弗莱明等(Flemming 等,1976)的作品发表后,《英格兰银行季刊》接着发表了一系列文章。

46　也对财务会计准则第 33 号(SFAS 33)的另一项披露——不变美元收益进行了检验,发现与现行成本收益一样无效。不变美元会计是指数化的历史成本,对此将在第 5 章讨论。

47　泰迪和惠廷顿(Tweedie 和 Whittington,1997)对财务会计准则委员会在这一时期的活动作了更详尽的介绍。

48　泰迪和惠廷顿(Tweedie 和 Whittington,1984)使用了"现行成本革命"一词,他们阐述了截至那时的历史。泰迪和惠廷顿(Tweedie 和 Whittington,1997)的讨论围绕撤销英国现行成本会计的事件,惠廷顿(Whittington,1985)分析评论了卡斯伯格报告(Carsberg Report)。

49　进行现行成本会计实验的其他几个国家(尽管没有英国和美国那么全面)包括荷兰,荷兰多年来一直允许采用重置价值会计(视为现行成本会计的一种特定形式)。20 世纪

80 年代,这种做法在荷兰也在减少,飞利浦公司(Philips)作为重置价值运动的旗手也于 1992 年停止将重置价值作为其主要报表的基础(Brink 和 Langendijk,1995)。

50　其中的一些计量不符合《国际财务报告准则第 13 号》的公允价值定义。《国际财务报告准则第 13 号》明确规定,股份支付、租赁交易和养老金资产不适用公允价值计量(准则)。

第 5 章　通货膨胀与一般价格水平

5.1　通货膨胀

本章我们将考虑因会计计量单位——货币——价值变动所产生的问题,主要根据货币对其他资产和服务的总体影响来分析。从历史上看,价值变动通常是一个通货膨胀过程,即货币购买力下降。然而,在通货紧缩时期,货币的相对价值也会有所上升,一个著名例子是过去 20 多年的日本。在这两种情况下,某种形式的物价水平调整会计可能是适当的。这种会计形式,一般称为通货膨胀会计,通常是在通货膨胀条件下实施。因此,我们将把重点放在更为常见的通货膨胀情形,当然我们所讨论的体系与校正因通货紧缩造成的扭曲同样相关。

5.2　通货膨胀过程

通货膨胀可以被宽泛地定义为一般价格水平提高而导致的货币购买力下降。通货膨胀贯穿了整个历史,如由货币贬值而引起的通货膨胀,或者如在 16 世纪末,欧洲从美洲进口金银至欧洲导致货币供应增加。在 20 世纪,通货膨胀是一个特别严重的问题,当时对法定货币的依赖加上政府开支的需求越来越大,使通货膨胀成为许多经济体的常态,因为政府开支却往往是通过借款而不是税收来融资。在部分国家,如第一次世界大战后的德国和最近几年的一些拉美国家,通货膨胀已经达到了极高的水平,货币价值近乎崩溃,随之而来的是严重的政治问题。例如,在德国高通货膨胀最严重的时候,1923 年 12 月马克纸币的价值(以黄金等价物表示)降至同年 8 月价值的百万分之一(Sweeney,1927,第 182 页)。更常见的情况是通货膨胀率较为温和(如年化率为 10% 或更低),但其仍有重大经济后果。在 20 世纪 70 年代,特别是 1973 年石油危机之后,全球范围内的通货膨胀率上升,包括英国在内的许多国家,经历了以前和平时期所未见的持续通货膨胀水平(年化率通常超过 10%),[1] 这一时期的市场经济体(相对应的是中央计划经济)通货膨胀率数据见表 5.1。1969—1981 年,英国的价格水平大约翻了两番。

表 5.1　　　世界市场经济体:消费者价格变动率(1971—1979 年)

国别组(平均)	年平均 1971—1978 年	年率		
		1977 年	1978 年	1979 年
发达市场经济体	8.1	8.4	7.5	9.9
主要工业国	7.7	7.7	6.8	9.4
其他工业国	7.9	7.3	5.5	5.3
初级生产国	13.5	18.1	17.3	20.3
发展中市场经济体	15.0	21.5	20.7	32.6
石油输出国	12.1	15.8	11.0	14.3
非石油输出国	15.9	23.3	23.4	36.5

资料来源:联合国《世界经济调查(1979—1980)》表Ⅲ-1。表中的数字是年度增长百分点。

20 世纪 70 年代相对较高的通货膨胀率导致对通货膨胀会计的讨论极为活跃,美国和英国最终就这一主题分别发布了第一项会计准则(FAS 33,Financial Accounting Standards Board,1979a;SSAP 16,Accounting Standards Committee,1980)。

评论通货膨胀过程的历史演变或经济学家阐释通货膨胀的努力,超出了本书的范围。对通货膨胀的阐释可以追溯到 20 世纪 70 年代高通货膨胀时期弗莱明(Flemming,1976)和特雷维希克(Trevithick,1977)的著作、德恩(Deane,1979)以及麦克法兰和莫蒂默-李(MacFarlane 和 Mortimer-Lee,1994)研究的英国通货膨胀史。

20 世纪 70 年代的通货膨胀危机导致了更为紧缩的货币政策,如英国的撒切尔政府(1979 年以后)和美国的里根政府(1981 年以后)的货币政策。在尝试了各种货币目标以后,由央行设定通货膨胀目标成为包括美国和英国在内的多个主要经济体的普遍做法。央行可以自由使用其希望使用的货币政策工具,以实现目标通货膨胀率(由政府设定)。第一个采用通货膨胀目标制的国家是新西兰(1989 年)。英国的通货膨胀目标制始于 1992 年,最初由财政部负责,但英国在 1997 年将实施角色移交给独立的英格兰银行货币政策委员会,该委员会最明显的职能是设定央行贷款利率。1997 年,英国政府设定的通货膨胀目标较零售价格指数(不包括抵押贷款利息成本)高出 2.5%(Allen, 1999)。随后,2003 年的这一数字变为高于 CPI(消费者价格指数)2%,然后一直保持在这一水平(McCafferty,2013)。表 5.2 显示,即使在 2007 年以后的全球金融危机期间,这一目标也都基本实现了。

表 5.2　　　　　　　　　　1988—2015 年英国的价格指数

年度	零售价格指数(RPI):年率		消费者价格指数(CPI)ᵃ:年率		零售价格指数/消费者价格指数(RPI/CPI)
	指数	变动	指数	变动	
2015	134.6	1.0%	128.0	0.0%	105.2
2014	133.3	2.4%	128.0	1.5%	104.2
2013	130.3	3.0%	126.1	2.6%	103.3
2012	126.4	3.2%	123.0	2.8%	102.8
2011	122.5	5.2%	119.6	4.5%	102.4
2010	116.5	4.6%	114.5	3.3%	101.7
2009	111.3	−0.5%	110.8	2.2%	100.5
2008	111.9	4.0%	108.5	3.6%	103.1
2007	107.6	4.3%	104.7	2.3%	102.8
2006	103.2	3.2%	102.3	2.3%	100.9
2005	100.0	2.8%	100.0	2.1%	100.0
2004	97.2	3.0%	98.0	1.3%	99.2
2003	94.4	2.9%	96.7	1.4%	97.6
2002	91.8	1.7%	95.4	1.3%	96.2
2001	90.3	1.8%	94.2	1.2%	95.8
2000	88.6	3.0%	93.1	0.8%	95.2
1999	86.1	1.5%	92.3	1.3%	93.3
1998	84.8	3.4%	91.1	1.6%	93.1

（续表）

年度	零售价格指数(RPI):年率		消费者价格指数(CPI)[a]:年率		零售价格指数/消费者价格指数(RPI/CPI)
	指数	变动	指数	变动	
1997	82.0	3.1%	89.7	1.8%	91.5
1996	79.5	2.4%	88.1	2.5%	90.3
1995	77.7	3.5%	86.0	2.6%	90.3
1994	75.1	2.4%	83.8	2.0%	89.6
1993	73.3	1.6%	82.1	2.5%	89.3
1992	72.1	3.7%	80.1	4.3%	90.1
1991	69.5	5.9%	76.8	7.5%	90.5
1990	65.7	9.5%	71.5	7.0%	91.9
1989	60.0	7.8%	66.8	5.2%	89.8
1988	55.7	4.9%	63.5	—	87.7

资料来源:英国国家统计局。

注:a 消费者价格指数(CPI)始于 1996 年,但由国家统计局追溯估计至 1988 年。1988 年以前没有估计数,因此,无法计算 1987 年与 1988 年之间的变化情况。零售价格指数已调整至 2005 年,以便与消费者价格指数进行比较。

这段时间的通货膨胀率相对稳定,从而终结了关于通货膨胀会计(或者更准确地说,物价变动会计)公共政策的争论[2](Tweedie 和 Whittington,1997)。然而,即使在经济严重衰退的情况下,各国政府也总是设定积极的通货膨胀目标,因为许多经济学家认为,温和的通货膨胀有利于经济增长。因此,尽管人们希望用目标明确的货币政策来避免 20 世纪 70 年代所经历的过高通货膨胀率,但通货膨胀似乎不太可能在可预见的将来消失。即使 2% 的年通货膨胀率,也会造成会计计量的重大扭曲(特别是在较长时期内),因为年利率的复合效应就意味着价格水平的指数级增长。此外,高通货膨胀率通常发生在个别国家。[3]因此,尽管目前公众对这一主题缺乏兴趣,但会计师需要意识到通货膨胀带来的问题。其中,最根本的问题是,货币是会计师的通用计量单位,通货膨胀就意味着这个计量单位的价值会随时间波动。本章的其余部分主要分析这些问题以及利用指数调整解决这些问题的可能方法,也会讨论衡量通货膨胀的指数的性质。

5.3　通货膨胀对报表和合约的影响

我们习惯的隐含假设是：通货膨胀大致是由反映价格总水平且基础广泛的消费者价格指数变化来衡量的。然而，严格地讲，这一指数仅仅代表那些按指数权重来购买商品的个人的生活成本（其反面就是货币购买力）。对其他人来说，作为一个近似值，其精确度将会降低，因为他们的支出模式与指数的假定不同，而不同支出的价格变动与指数变动也不成比例。例如，对于一个不沾烟酒的素食者，如果消费价格指数包括烟草、酒精和肉类，且这类商品的价格相对于指数中其他商品价格的变动不同，该指数就可能不符合他或她的需要。表 5.2 所报告的两个消费者价格指数（CPI 和 RPI）的比较，就说明了指数选择的重要性。这就表明，在大多数年份里，这两个指数（通货膨胀衡量指标）的变动百分比存在重大差异。此外，由两个指数之比（最后一栏）反映的这些差异的累积效应表明，长期而言，零售价格指数的上涨速度比消费价格指数的上涨速度更快，即这两个指数的差距从长期来看往往越来越大，而不仅仅是随机偏离。这种效应，对养老金领取者和一些签订合同时约定根据其中一个指数进行"通货膨胀"调整的人具有重大影响，因为指数的选择将对他们的回报产生重大影响。

在通货膨胀率上升的情况下，这类异议就不那么重要了。因为此时大多数物价都会上涨，除了最不正常的消费者外，相较参照基础广泛的现行价格指数计算的"实际"货币单位，"名义"货币单位（如美元或英镑）在衡量购买力方面往往更不能使消费者满意。因此，在通货膨胀率持续居高不下的国家（如巴西等），最广泛地使用一般指数来缓解因通货膨胀而产生的扭曲性计量效应并非巧合。而在通货膨胀率较低的国家，人们对于使用一般指数计量通货膨胀的有用性则存在更多争议。例如，在英国，政府调研通货膨胀会计的官方委员会发布的《桑迪兰兹委员会报告》（1975 年）得出结论，"通货膨胀不是一种能够客观计量的现象，它影响所有个人和主体"，并以此为论据，在其建议的制度中完全拒绝使用一般指数，而仅仅考虑特定价格变化。

指数问题将在第 5.4[①] 节中进一步讨论。如果我们在这里暂时忽略价格总水平的计量困难，我们就可以从概念上对价格总水平、特定价格和相对价格作

[①]　原文误为 5.3。——译者注

出重要区分。价格总水平是衡量货币购买力的一个指标，用某些总指数来表示。特定价格是指特定商品和服务的可观察价格。不同特定商品的服务之间的价格会发生相对变动，它们与一般价格水平相比也会发生相对变动。如果某特定价格在一个期间内发生变动，我们可以将这种变动分为两部分：一部分是由于货币购买力的一般变化（只要我们能够计量它）而引起的变动；另一部分是由于特定商品相对于其他商品的价格变动，即特定商品价格的"实际"上涨。因此，如果某一特定商品的价格在一个期间从 10 英镑上涨到 15 英镑，而此期间的价格总水平上涨 20％（通货膨胀率），我们可以将上涨的 2 英镑归因于通货膨胀，将上涨的 3 英镑归因于相对价格变动。[4] 这种区分是某些通货膨胀会计体系的重要内容。

会计涉及经济活动计量，而通货膨胀影响传统货币计量单位的价值，因此，通货膨胀显然会对报表产生重要影响，而在按传统历史成本原则编制的报表中尤其如此，因为资产和负债按取得时的名义价值而非现行价值记录。在通货膨胀时期，现行货币价值很可能大幅度超过其历史价值。同样，在计量收益时，企业在确认利润之前必须保持资本的货币价值（即企业或其所有者在期末要像期初一样"富裕"的情况下需要保持的资本额），也要反映通货膨胀，而不能按传统历史成本惯例来确定。

过去激烈争论的根本问题包括：公司持有存货的名义（即货币而非实际）价值的增加（"存货增值"）是否应视为利润，以及靠借款融资的公司是否因通货膨胀而获取"借款利得"，因为它们能够以购买力已经贬值的货币单位来偿还贷款。这些问题将在后面进行更详细的讨论。[5] 第 5.4①节介绍指数问题，后面的节次将通过简单的数字示例解释通货膨胀会计技术，并提供一些量化证据来说明选择不同方法的现实重要性。数字示例和量化证据都表明，会计方法的选择会使我们对某一个别企业盈利能力和商业整体盈利能力的评价结果发生根本变化。

当然，通货膨胀问题并不仅仅影响企业报表。比如，国民收入计量也受到通货膨胀的影响。长期以来，在计算国民生产总值或"国民收入"时，经济学家都习惯使用特定指数来估计存货增值和重置成本折旧（"资本消耗"）（Stone 和 Stone，1977）。因此，国民收入统计员计量国民收入的方法与现行成本会计计

---

① 原文误为 5.3。——译者注

量企业收益的方法相类似。然而,国民收入统计数据还更进一步,它使用基础广泛的价格指数,以"真实"方式重述年度国民收入数字,以便进行跨年度比较。这些"真实"国民收入数字,与我们之前所说的"实值会计"有很多共同点。

通货膨胀产生的问题还不单单是事后计量问题。不可预料的通货膨胀导致签约时约定了货币条款的各方之间任意重新分配资源。例如,通货膨胀越快,那些以固定条款借款的人获得的收益就越多,而这正好是贷款人的损失。同样,如果工资谈判的结果是以确定的货币形式支付年薪,那么随后通货膨胀越快,雇主就越会以牺牲雇员利益为代价而获利。与固定货币合约有关的这类问题的后果,不仅会因为未曾预料的通货膨胀的随机影响而导致不公平,而且还由于将实际合同报酬与不确定的通货膨胀率挂钩而产生不必要的不确定性,最后导致效率低下。因此,贷款人和借款人在确定适当的利率之前,必须事先估计可能的通货膨胀率,工资谈判也需要考虑协议期间可能的通货膨胀率。

为了解决后面一个问题,不少经济学家建议进行指数化调整,即通过价格指数来调整合同条款,以考虑通货膨胀影响。只要有可能建立一个适当的价格指数,就会使合同条款固定在"真实"形式而不是货币形式。欧文·费雪(Irving Fisher,1920)是指数化的早期倡导者,也是指数构建方面的先驱。后来,指数化问题与弗里德曼(Friedman,1974)联系在一起,他主张利用指数化这一手段来促进控制货币供应的稳定效应。当然,这一论点在很大程度上取决于稳定效应的发生,否则的话,指数化反而可能会加速去稳定化。20 世纪70 年代通货膨胀达到顶峰时,英国的指数化倡导者是杰克曼和克拉波尔茨(Jackman 和 Klappholz,1975)以及费恩(Fane,1975)。利斯纳和金(Liesner和 King,1975)以及嘉士伯等(Carsberg 等,1974)对指数化情况进行了全面探讨。当然,哪本书也没有彻底探讨相反的情形。关于这项工作的回顾和评论,可以在惠廷顿(Whittington,1976)的研究中找到。

除了学术讨论,在一些国家特别是拉丁美洲国家,尤其是巴西还有后来的智利,指数化方法已在实务中得到运用,尽管指数化的合约范围从未像理论文献所设想的那样全面。在这些国家,以现行购买力为基础对报表进行指数化调整,也被作为指数化政策的一部分。在英国,一项关于工资率部分指数化的试点,即所谓的 1973—1974 年[6] 临界协议(threshold agreement)被放弃了,大概是因为人们相信,该举措强化而非削弱了通货膨胀螺旋(the inflationary spiral)。这一失败经历促使英国政府在 1974 年成立了桑迪兰兹委员会,并很快否决了会计界提出的关于现行购买力会计的建议,因为现行购买力会计被视为会计指数化的一种形式。根据桑迪兰兹委员会的职权范围,它必须调查通货膨胀会计更为广泛的经济影响,其报告[7]的部分内容表明,有人担心会计指数化可能导致税收、工资和其他交易的指数化,而这又可能反过来导致进一步的通货膨胀。目前(2016年),英国尚存的少数指数化形式应用领域包括公共部门养老金、数量越来越少的私营部门"设定受益"养老金计划、指数挂钩的国民储蓄证书、有限数量的政府股票发行以及预期现金流状况特别合适(如以"零售价格指数减 x"指数基础确定价格的受监管公司)的私营公司发行的少量指数挂钩债券(如公用事业)。一些保险公司提供与指数挂钩的年金,但与指数挂钩的投资工具数量有限,因此,它们被保险公司视为存在风险,由此产生的风险溢价使其成本高昂。养老金指数化[8]目前正受到成本方面的挑战,与指数化年金的高成本类似,指数化私人养老金计划数量的下降,在一定程度上要归因于可用于养老基金投资的指数化股票的短缺。因此,目前人们普遍不愿意承担与指数挂钩的义务。

5.4　指数和通货膨胀的计量

前面关于通货膨胀和指数化的讨论隐含着这样一个假设,即我们有可能建立一个价格指数,并把它作为衡量相对于商品而言的货币价值变动的有用指标。为了实现此目的而被最广泛倡导的指数类型是基础广泛的零售价格指数(如表 5.2 中的英国零售价格指数或消费者价格指数)或用于获得"真实"国民收入数字的指数(如英国的国民生产总值平减指数,该指数衡量的是国民生产总值或"国民收入"所有组成成分的价格水平)。必须承认,由于种种原因,没有一个指数是理想的衡量指标。但是,在考虑指数缺陷时,我们要做好准备,就是必须在指数化的缺陷与完全没有调整货币购买力变动的数据的缺陷之间进行平衡与取舍。

研究指数的文献量非常大,此处我们无意进行研究与评述。我们将集中精力简要阐述指数的基本原则(这些原则对于理解指数在会计中的应用必不可少),并概括说明它们的理论局限性,当然这些局限在很多文献中有更全面的阐述。[9]

价格指数是用来衡量不同时间或不同地点货币对商品的购买力差异的。在通货膨胀背景下,我们关注不同时期的比较。如果世界上只有一种商品且只在一个市场上进行交易,那么价格指数的构建就非常简单:任何时间的指数都仅仅是该商品的现行单位价格与其选定的作为指数基础的不变参照时点的价格之比。因此,如果时间 0 为基期,我们希望测量时间 1 的指数,p_0 和 p_1 分别代表这些时间的支配性单价,那么时间 1 的指数就是 p_1/p_0。但是,在这种简单的情况下,我们并不真正需要价格指数,因为在单一商品的世界里,我们可以用商品的实物单位来衡量财富、收益或其他被评估的经济属性。只有当拥有不止一种商品时,货币计量才变得至关重要。货币计量是一种将各种物理计量转换为统一的计量单位——货币单位的手段。

更复杂但更现实的情况是,我们面临一组价格 p_i(其中,i 表示第 i 种商品)。如果这些价格发生变化,我们可能希望运用价格指数将不同时期的收益或支出类货币总量,浓缩为一个共同的“真实”计量基础,以消除通货膨胀时因货币购买力下降而导致的虚假价格上升趋势(或因通货紧缩而导致的相应下降趋势)。将多个价格 p_i 的变动浓缩为一个单一指数,就是指数构建的本质所在。除了所有价格均以相同比例增长这种最简单的情况,其他情形下的指数构建都存在不少困难。在所有价格均以相同比例增长这种最简单的情况下,我们可以任意选择任何一种商品 i,并计算现行价格(时间 1)与基期价格(时间 0)的比率 p_{i1}/p_{i0},求得适当的指数,这个比率被称为相对价格(price relative)。或者,我们可以取不同商品相对价格的平均值(加权或未加权),根据定义也可以得到相同的比率。但是,在不同商品的价格变动率存在差异的现实情况下,为计算指数而选择的商品以及为进行平均化而赋予商品的相对权重都有可能影响指数值。这就是经济学家和会计师们关于指数争论的核心问题。然而,我们应当记住的是,在实务中,不同指数以及不同指数的同期变动,往往存在很大相关性[皮斯内尔和斯凯拉特的著作(1976a)在会计层面上证实了这一点]。在讨论相对价格变动问题时(这对于规范指数问题非常重要),我们不能忽视这样的事实:在许多情况下,即使是一个不完美的指数,甚至是不精确的指数,也可以指明正确的方向,从而具有实际应用价值。值得注意的是,巴西等经历过非常高的一般通货膨胀率的国家,在实务中广泛采用了基础宽泛的一般指数来调整报表,通常忽视对特定价格变化的准确估计(Baxter,1976)。在这种情况下,任何基础广泛的指数都有可能反映出绝大多数价格的很大一部分变化。

解决指数问题有两种基本的方法。弗里斯(Frisch,1936)在一份关于指数理论的经典综述中,将这两种方法分别称为“要素法”和“功能法”。“要素法”本质上是一种统计方法,它假定存在一个基于个别价格的一般价格水平,而个别价格可能以随机方式分布，因此，指数的目的是平均各种商品的价格，从而使随机因素最小化，一般价格水平就可以有最佳估计。这种方法与指数理论的先驱埃奇沃斯(Edgeworth)和欧文·费雪(Irving Fisher)有关，后者通过明确指数应具备的数学性测试次数强化了这一方法。

费雪对这一方法的坚守尤其重要，因为英国通货膨胀会计的第一位作者费尔斯(Fells, 1919)和美国通货膨胀会计的第一位作者米德尔迪奇(Middleditch, 1918)参考了其著作《货币购买力》(1911)，英语世界现行购买力会计的开创性作家斯威尼(Sweeney, 1936)更是广泛引用了它。斯威尼的著作是美国注册会计师协会(1963)会计研究文集第 6 辑(ARS 6)"报告价格水平变动的财务影响"的原型，也是随后美国会计原则委员会(1969)、财务会计准则委员会(1974，1978，1979a)和英国会计准则筹划委员会(ED 8，1973 和 PSSAP 7，1974)提出的现行购买力会计的原型。值得注意的是，会计研究文集第 6 辑附录 A 以指数问题为主题，对指数问题显然采取了统计观(或者用弗里斯使用的术语就是"元素法")。因此，它建议将国民生产总值综合价格平减指数(涵盖国民生产总值所有组成内容的价格指数)作为最合适的指数，理由是它的覆盖面最为广泛，可能是反映"一般价格水平"的最佳指标。[10]随后，现行购买力会计的倡导者也接受了这一论点，尽管有时基于实务的考虑也接受消费者价格指数(因为消费者价格指数的发布频率更高)，但他们始终将宽泛的国民生产总值平减指数作为理想指标。例如，美国财务会计准则委员会(FASB)就这一主题发表的一项文告(不变美元会计，1979 年 3 月)指出：

> 在美国，不变美元会计使用的指数应为所有城市消费者的消费价格指数(CPI-U)……。本委员会指定使用 CPI-U 而非国民生产总值综合价格平减指数，是因为 CPI-U 具有计算频率更高的现实优势(按月而非按季度计算)，且初次公布后即不会修订。此外，CPI-U 和国民生产总值综合价格平减指数的变化率往往相似，因此，使用 CPI-U 也会产生可比的结果(第 2 页)。

弗里斯这样描述"要素法"：它忽略了商品价格(p_i)与消费量(q_i)之间的关系，将它们视为两组独立变量。另一种方法，被弗里斯称为"功能法"，是经济学家所采用的方法，它认为价格和数量之间存在相互依存的关系。这种方法基于福利概念，将商品视作为个人消费者创造效用的手段。因此，经济学家并没有试图将计量"一般价格水平"变动作为单独定义的客观概念,而是试图通过参照表示个人消费者主观偏好的效用函数来计量"生活成本"的变动。因此,经济学家使用的基本方法是为个人消费者定义一个特定的生活水准("参照性无差异曲线"),并计算不同价格组合下实现这一生活水准的成本。不同时点计量的这一成本与其基期水平的比率就是生活成本指数,它反映了所有价格变动对个人消费者生活成本的影响。

经济学家所采用的方法,其优势在于它为"生活成本"提供了精确的理论基础和定义,从而提供了一个能够准确地识别指数构造问题的框架,这是理解这些问题的必要前提。特别是,不同商品的权重问题得以澄清:恰当的权重是每种商品在特定时间按一组相对价格并参照生活水准被消费的数量。因此,当消费的商品为 n 种时,理想的经济指数为:

$$\frac{\sum_{i=1}^{n} p_{i1} \cdot q_{i1}}{\sum_{i=1}^{n} p_{i0} \cdot q_{i0}}$$

其中,q_i 是指以相关时间(1 或 0)的主流价格实现参照生活水准所必需的数量。数量取决于相对价格,因为一个理性的、福利最大化的消费者,会以给定的预算获得最大的利益(因此,将以最低成本实现参照生活水准)。这就意味着随着相对价格的变化,消费者会使用相对便宜的商品来替代那些变得相对昂贵的商品(零替代弹性商品这种极端情况除外,即对这些商品的需求与其相对价格无关)。

然而,与"一般价格水平"的统计概念相比,经济学家基于福利的"生活成本"概念精度更高,但其适用性也存在若干限制,最重要的有:

(1)计量"真实"经济生活成本指数,严格要求必须充分了解个人偏好,即所有可能商品组合的相对排序。实际上,这是不可行的,我们不得不从人们的现实行为来推断偏好。

(2)像通常的会计应用一样,当指数涉及群体时(如股东或所有者),我们就会遇到汇总问题(the problem of aggregation)。为了避免这种问题,我们必须假定群体内的个人偏好由集体偏好来代表。[11]这就需要限制性假设,即集团内的所有成员都具有相同的偏好。这样的话,对于任何一组相对价格,无论收入多少的居民都具有相同的支出分配("同质偏好"),而现实情况却不太可能如此。

(3)即使在个人层面构建指数,除非个人效用函数具有非常严格且极不可能的形式[12],否则就会出现经典的"指数问题",即在衡量生活成本的变化(维持给定生活水准所需支出的变化)时,为确定价格指数参考点的相对权重(相对消费量),是采用期末价格还是采用期初价格? 一方面,如果我们采用基数加权法,使用按期初价格计算的消费量来比较生活成本(拉氏指数,Laspeyres index),我们就忽略了消费者用当前相对便宜的商品替代现在相对昂贵商品的可能性,从而高估了维持初始生活水准所需的当前成本。另一方面,如果我们采用现行权重法,使用按现行价格计算确定的当前消费量(帕氏指数,the Paasche index),我们通过强化后期的消费模式而非初期价格所隐含的更有效模式,高估了初始生活成本。因此,一个指数(拉氏指数,Laspeyres)计量的是上限,而另一个指数(帕氏指数,Paasche)计量的是下限。此外,这两个指数基期不同,计量对象并不完全相同,因此,我们不能认为它们提供了"真实"指数的上限和下限。在相对价格发生变动的现实条件下,不可能定义一个用来衡量"生活成本"的唯一价格指数。[13]在实务中,官方指数通常采用拉氏指数(基期权重)法计算,因为它相对方便,在期初就可获得权重。

(4)经济学家采用的方法是以个体的稳定偏好作为出发点。而在现实中,个人偏好会随时间的推移而变化。这是一个潜在的严重问题,因为现实中使用指数,往往需要在相当长时间内进行比较(如财务会计中使用的期间就是年度而非月度)。这一困难可以通过做出适当的假设(如所有时间的偏好均保持稳定)来解决,或者通过"链式"(chaining,改变不同时期的权重,以便反映不断变化的偏好)等技术来解决。由此产生的指数的有效性,取决于假设的经验准确性及其所依据技术的精确性。

(5)居民所消费商品的性质和质量会随着时间的推移而变化。新产品的出现或旧产品的消失是加权问题的一种极端形式(一种产品不存在了,意味着"q"为0)。质量变化意味着对单个商品的重新定义以及对新旧产品所提供服务的相对价值的评估,而评估须通过经验上的特征技术(hedonic techniques)来实现(Deaton 和 Muellbauer,

1980,第 10 章）。在实务中,这些评估被纳入定期调整基期和链式指数的过程。

使用价格指数时,通常是通过将该指数应用于不同时间以货币单位计量的未调整数据,创设出"真实收益"或"真实资本"指标。必须注意的是,由此产生的"真实"指标,在反映个体从被计量的收益或资本中获得的满足感方面存在局限性。"真实"指标应该是效用的正比例函数,但不一定是效用的最重要指标：收入从每年 15 000 英镑增加到每年 20 000 英镑的人,尽管他或她在某种程度上会生活得更好一些（即"真实"收益是一个序数指标,可以对不同收入水平的个人偏好给出正确的效用排序）,但并不一定比原来的生活好 1/3。"真实"计量可以告诉我们一个人的境况变好了,但不能告诉我们好到什么程度。因此,将该计量指标转换至更准确但却主观的个人幸福感层面,取决于每一个个体。[14]因此,基于指数的"真实"会计计量指标,并不能直接衡量收入水平或资本总额对企业所有者的效用,但可以潜在地提供对商品和服务需求的有用计量,帮助所有者个体评估收入在个人效用方面的重要性。然而,对于财务会计来说,评估个人效用并非其主要关注点：许多信息使用者不是个体所有者而是机构,如投资公司或国家机关（如税务机关）,这些机构的主要利益是财务回报的最大化（除了名义货币形式,还包括调整通货膨胀后的真实财务回报）。

为克服估计价格指数的困难,经济学家和统计学家设计了许多巧妙的方法。正如我们已经看到的,这些技术通常存在一些假设,限制了指数在理论上的适用性。但是,这些重要的限制并不必然抑制指数的运用：出于实务目的,我们必须认识到并不存在完美的方法,必须选择不够完美但却可行的方法,因为对这些方法的限制似乎并不影响我们所要实现的特定目标。[15]表 5.2 列出的两个指标可以说明这一点。[16]

这两个指数中,零售价格指数（RPI）出现较早,最初是在第二次世界大战后作为"补偿指数"而建立的,旨在计算补偿额,以应对通货膨胀对各种收入和福利造成的不利影响。因此,它排除了收入超高和超低的家庭（这些家庭不太可能获得相关福利）,但它涵盖的支出确实非常广泛,还包括住房支出。消费者价格指数于 1996 年被引入,相对较晚,这是为了应对欧盟提出的要求,就是为了宏观经济目的,各成员国应提供具有可比性的通货膨胀指标。因此,消费者价格指数的最初目的与统计学家的"要素法"关系更为密切,而零售价格指数的目的是反映通货膨胀对目标人群福利的影响,这更接近于经济学家的"功能法"。因此,消费者价格指数覆盖英国所有的人口,无论收入高低,甚至还包括海外游客。消费者价格指数也覆盖不同的商品范围。值得注意的是,它不包括住房支出,但这是出于务实的考虑(一些比较国无法获得该数据),而非出于合理的概念逻辑。这两个指数之间的另一个差异在于为获得每个商品组的平均价格而在最低汇总程度上平均观测价格的方式,这在量化效应上很重要。零售价格指数使用算术平均数,而消费者价格指数使用几何平均数。[17]几何平均数通过考虑替代效应(即价格上涨越多,商品消耗量越少)来调节价格变化。这反映了经济学家的方法,而不是之前描述的统计学家方法(不考虑价格和数量之间的相互依赖),当然几何平均法所假定的替代效应,其精确程度并不一定能反映消费者的现实行为。因此,无论是零售价格指数还是消费者价格指数,我们都不应视其为适合某一特定目的或方法的唯一指数。正因为如此,国民统计学家又设计出这两个指数的若干变体,以便使指数更明确地聚焦特定政策目标。

因此,无论是从统计学角度还是从经济学角度来探讨指数构建,都会遇到一个共同的中间地带。一方面,统计学方法需要一些其他理论加以支撑,使一般价格水平这一概念具有准确的含义,并证明给予不同价格的相对权重具有合理性,从而这种方法的运用自然将我们引向经济理论。另一方面,经济学方法却基于"福利"这样一个如此主观的概念,具体实施计量时又不可避免地会遇到困难,从而必须依赖一些假设和近似值,这导致经济学方法计量的合理性又必须通过统计学方法来加以证明。结果是,这两种方法都不能主张自己的指数完美反映了价格变动对那些消费金额固定的个人的生活成本的影响,但两者却都希望给出一个根本不需要进行任何修正、更能反映价格变动的指数。在确定为实现某种具体目标哪一个指数更好的时候,在理论层面上我们必须依赖经济理论,但在实务层面上,我们依然需要知道使用其他指数是否会导致重大差异。

在会计学文献中,经济学方法和统计学方法在侧重点上的差异或许还不够清楚。至少在讨论现行购买力会计实施时,统计学方法似乎主张用一个更稳定的一般购买力单位来代替名义英镑。比如,不变购买力会计实务上的起源国——德国和法国就使用黄金货币来实现稳定(Sweeney, 1936)。这种方法并不主张以任何特定方式来反映个人消费模式(如只消费黄金的人,就是一个例外的个体):它意在构建一个计量单位,来表达经济体中所交易的商品和服务的不变(或比货币更稳定)需求。因此,它假定个人必然将这个不变购买力单位转换为个人福利,而且就不变购买力单位转换为福利的转换率而言,不仅不同的个体很可能有所不同,而且同一个个体在不同时间也会有所不同。

另外,经济学方法的出发点更具雄心,它认为理想的计量指标应反映个体福利。其最极端的形式,就像桑迪兰兹委员会(1975 年)所阐述的,完全拒绝所有一般价格水平概念。它以较为温和且现实的形式承认,在衡量个体福利这样的现实问题方面,所有指数都必定只能是一个近似值。此外,就一家公司的报表而言,向每一位股东分别提供经个别价格指数调整的一套单独报表并不现实,或者提供基于有关股东整体的某些社会福利概念构建的指数调整后的一套单独报表也不可行。[18]但是,为了适应实务的约束,经济学方法保留了一个核心假设,即指数应理想地反映价格变动对个体的影响。因此,虽然统计学方法和经济学方法在实务中都有共同的中间立场,但它们的期许却截然相反。

不变购买力会计倡导使用替代指数,这样或许就可以辨别出差异。如前所述,关于这一主题的职业文告传统上倾向于采用统计学方法,并主张尽可能使用基础广泛的指数(如国民生产总值综合平减指数),目的是可靠估计"一般价格水平"。然而,经济学家却倾向于选择消费者价格指数(如 Scott,1976),理由是对商品和服务的控制应限于那些至少可能被股东消费的项目。这意味着"一般价格水平"应该用股东的"生活成本"来定义,这也许更符合我们前面所描述的财务会计的业主观。[19]

本章后续部分,我们将回到不变购买力会计的指数选择问题,并以实用主义和现实的方式讨论可能使我们接受一般指数的某些考量因素,尽管对任何特定指数的解释都不可避免地存在歧义。

5.5 不变购买力会计

不变购买力会计(constant purchasing power accounting,CPP)是对报表进行指数化的一贯方法,即使用反映货币购买力变动的一般指数对报表指数化。也就是利用指数将报表中的所有货币单位计量转换为共同日期的计量单位,以解决通常理解的货币贬值问题,即通货膨胀问题。我们将主要研究不变购买力会计的其中一个变体,即以现行货币作为不变购买力单位的现行购买力会计。

对于不变购买力会计，通常有两种批评：一是一般价格指数不适合用来更新特定资产的历史成本；二是一般价格指数不能反映股东个人的消费模式，因此，它不适合用来更新必须完整保持的所有者资本额。我们稍后再讨论第二个问题，但第一个问题必须在这里解决，因为它是对不变购买力会计的误解。不变购买力会计关注的是计量单位，而非资产和负债的计价技术。无论计价基础是历史成本、重置成本、可变现净值，还是折中组合方法（如桑迪兰兹委员会使用的现行成本会计），都可以采用不变购买力会计。像第1章所例示的"实值"法，就是不变购买力与现行价值的组合。不变购买力会计的早期部分重要成果，如斯威尼（Sweeney，1936）和会计研究文集第6辑（美国注册会计师协会，1963）以及PSSAP 7（会计准则筹划委员会，1974），都煞费苦心地指明，不变购买力会计可以应用于现行价值基础。当然，作为切合实际的权宜之举，研究者通常建议（如美国的会计研究文集第6辑和英国的PSSAP 7）将不变购买力会计作为传统历史成本会计的一种修正手段。

下面简要说明不变购买力会计方法及其在其他计价基础上的适用性。假设一家公司仅拥有一项资产，即100英镑现金，持有期间的通货膨胀率为10％。如果唯一的资金来源是权益融资，不变购买力会计将显示10英镑的损失，因为资产的货币价值没有上升到与通货膨胀相匹配的程度；期末时，按一般购买力计算，保持权益利益需要110英镑，但按已经贬值的货币计算该资产只有100英镑。这就是通货膨胀期间"持币损失"的一个例子。现在，假设40英镑来自公司的无息贷款融资。在这种情况下，只需要贬值后的40英镑即可偿还贷款，从而将有4英镑（40英镑的10％）的"借款利得"来抵销持币损失，净损失为6英镑（即权益融资上的持币损失，60×10％）。这些计算对于所有不变购买力会计系统都适用，因为假设持有货币和贷款的名义货币价值不变化。也就是说，对于这些项目，尽管货币单位本身的价值已经发生波动，但是历史成本和现行价值的货币单位相同。基于第3章老弗雷德案例的一个简单不变购买力会计数值示例可参见本章附录B。

现在假定，公司持有的不是货币，而是在证券交易所上市的股票，这些股票的期末市值上升到150英镑。一方面，如果依据"全口径权益"（all equity）财务假设，将不变购买力会计应用于历史成本，既不会有利润也不会有损失。重述后的期末股票价值为110英镑，就是"期初英镑"的历史成本考虑通货膨胀后转换成的"期末英镑"，因为股票是不以固定货币单位计量的"实物"资产。同样，股东权益将按一般价格指数重述为 110 英镑,不产生净利得或净损失。

另一方面,如果将不变购买力会计应用于"实值"体系的现行价值基础,则资产(股票投资)的期末价值将是 150 英镑。[20] 根据定义,这就是现行(期末)英镑价值,因此,无须再述。但是,股东权益却必须像以前一样重述,因为期初的 100 英镑是"旧英镑",相当于期末的 110"新英镑"。因此,以"新英镑"表示的期末资产负债表上,资产为 150 英镑,股本为 110 英镑,归属于权益的盈余为 40 英镑。

如果我们现在重新引入贷款融资假设,即期初资本包括 60 英镑股本和 40 英镑贷款,4 英镑的"借款利得"将再次出现。在不考虑非货币(或"实物"资产)估值基础的情况下,这将使归属于权益的盈余增加 4 英镑,从而在历史成本计价情形下归属于权益的盈余总额为 4 英镑,而在现行价值基础下归属于权益的盈余总额为 44 英镑。

本章对不变购买力会计的讨论,仅把它作为历史成本会计的一种修正手段。但是,下一章再次讨论的不变购买力会计调整,则是修正现行价值报表从而产生"实值"会计的一种方法。

5.6 不变购买力会计简史

不变购买力会计技术源于第一次世界大战后的通货膨胀,特别是在法国和德国。在这两个国家,当时纸币的价值极不稳定,人们习惯用价值更稳定的等值黄币(金法郎和金马克)编制财务账目。因此,在早期,货币换算和不变购买力会计[21]确实经常并行出现。许多美国学者对欧洲的经验进行了研究,如瓦瑟曼(Wasserman,1931)和斯威尼(Sweeney,1927,1928)的研究,以及 1918—1935 年关于这一主题的一些重要美国文献,其中大部分被泽夫(Zeff,1976 年)收集在一起并加以评论。最杰出的美国学者是斯威尼(Sweeney),他的《稳值会计》(Sweeney,1936)是不变购买力会计案例和技术的经典论述。[22]

在 20 世纪 30 年代的大萧条时期,人们对不变购买力会计的兴趣自然下降,但在第二次世界大战后的通货膨胀时期,人们又重新燃起对它的兴趣。在此期间,美国会计学会(AAA)发表了两份由琼斯(Jones,1955,1956)撰写的有影响力的经验研究,这两份研究审视了不变购买力调整的量化影响。美国会计学会还发表了佩里·梅森(Perry Mason,1956)写作的基于历史成本计价基础的不变购买力调整技术的简明手册。这些作品再加上斯威尼早期的著作，显然对美国注册会计师协会 1963 年发表的会计研究文集第 6 辑产生了有力影响。而这又是会计原则委员会[23] 1969 年 6 月第 3 号公告的基础，该公告建议编制一份补充报表，说明不变购买力调整对传统（历史成本基础）报表的影响。后来美国财务会计准则委员会 1974 年和 1978 年提出的建议方案也属于这一类型。[24] 在英国，不变购买力会计的职业建议是第 8 号征求意见稿（1973 年）以及与美国会计原则委员会第 3 号公告类似的标准会计实务临时公告第 7 号（1974 年），它们明显受到早期出版物——《通货膨胀期间的经管责任会计》（1968 年）的影响，而《通货膨胀期间的经管责任会计》也受到早期美国作品的影响。[25]

因此，到了 20 世纪 70 年代初，对历史成本进行不变购买力调整已经成为英美会计职业机构青睐的通货膨胀会计技术。澳大利亚、加拿大、新西兰和南非的会计职业机构也紧跟这一趋势。当时通货膨胀率高的部分拉丁美洲国家也在实务中使用不变购买力会计（Baxter，1976）。然而，在拉丁美洲以外的所有国家中，它并没有成为唯一被认可采用的技术：在英国，它被现行成本会计所取代；在美国，财务会计准则委员会发布的主要文告（FAS 33，FASB，1979）在通货膨胀会计争议方面模棱两可，既要求现行成本会计信息，又要求不变购买力会计信息。

不变购买力会计失败的其中一个可能原因是，不变购买力的职业界倡议始终是基于传统历史成本计价基础。这可能是为了将不变购买力会计描绘为一种渐进式改革，由传统会计自然发展而来，以避免估计特定资产现行价值所涉及的主观性。但是，这也导致了不变购买力会计与其他改革（如现行成本会计）产生明显的竞争，尽管不变购买力会计也可能与其他改革举措相兼容。[26] 当通货膨胀水平不是很高，相对价格变动比一般价格水平变动更为重要时，对传统会计更为紧迫的改革就是应用现行价值，特别是从会计信息使用者的角度来看，因为会计信息使用者可能关心的是在他们拥有权益的实体中资产的特定现行价值，而不太关心对历史成本的不变购买力调整，因为历史成本与当前情况的关系并不清楚。

职业界关于不变购买力会计的建议被广泛否决的另一个原因是它可能导致的经济后果。不变购买力会计被视为朝着指数化迈进的一步，政府部门一直担心指数化后可能会使通货膨胀制度化，甚至可能导致工资、减税和国债的自动通货膨胀调整,从而加剧通货膨胀螺旋。当然,20 世纪 70 年代中期会计转向现行成本会计(CCA)是由一系列政府报告和干预措施引发的,如美国证券交易委员会(SEC)1975 年的重置成本会计披露要求、英国的桑迪兰兹报告(桑迪兰兹委员会,1975 年)、澳大利亚马修斯税收报告(Mathews,1975)和新西兰的理查森委员会报告(1976 年)。这种由政府干预引发的"现行成本革命"在《通货膨胀会计论争》(Tweedie 和 Whittington,1984)一书中有更充分的描述和讨论。

5.7 不变购买力技术

不变购买力的基本技术非常简单。当然,实务中也会出现一些复杂情况,在此不予探讨。但已经出版的许多优秀教科书、操作手册和案例研究都涉及了这些问题,本章末尾的附录 A 列出了其中一部分。本章附录 B 提供了一个数字示例。

如前所述,不变购买力会计的实质是使用反映不同时点货币购买力的一般价格水平指数,及时将所有以货币单位计量的单位转换为同一日期的单位。因此,价格指数的成比例变化表示不同时间货币单位之间的"换算比率"。之所以进行这种调整,是因为会计需要一个稳定的计量单位,而一个"不稳定"(即尚未指数化)的货币单位不能实现会计的要求。

使用前述章节的符号,并将一般价格指数应用于某一期间的报表,可以简要说明不变购买力调整。期初资产负债表被定义为:

$$N_t + M_t \equiv L_t + P_t \tag{5.1}$$

其中:N 表示非货币性资产;M 表示货币性资产;L 表示负债(假设货币金额固定);P 表示业主净财富。

期末重新排列资产负债表,以在左侧展示业主权益:

$$P_{t+1} = N_{t+1} + M_{t+1} - L_{t+1} \tag{5.2}$$

我们假设 N_t 是以时点 t 的英镑估值,由于该资产可能是在 t 日购买取得,也可能是之前指数化后已经更新的时点 t 的历史成本,我们可以通过以下调整将期初资产负债表从时点 t 的英镑转换为时点 $t+1$ 的英镑。如果一般价格指数在 $t \sim t+1$ 上升了 $p\%$,则重述的期初资产负债表为[27]:

$$P_t(1+p) = N_t(1+p) + M_t(1+p) - L_t(1+p) \tag{5.3}$$

为了评估所有者总收益(有时称为"综合收益"),我们就需要将上述金额与根据时点 $t+1$ 的英镑重述的期末资产负债表进行比较。为简化起见,假设公司的本期资产负债表结构保持不变,即没有任何交易。[28] 为了重述期末资产负债表,我们要提高非货币性资产的估值以补偿英镑价值的下降,因为 t 日的 1 历史英镑换算为 $t+1$ 日的现行英镑应乘以 $(1+p)$。[29] 但是,我们却不能改变 M 或 L 的估值,因为无论货币单位的购买力如何波动,它们都有固定的货币金额。因此,尽管英镑已经贬值,时点 t 的 1 英镑负债在时点 $t+1$ 仍然是 1 英镑负债。因此,时点 $t+1$ 的期末资产负债表就成为:

$$P_{t+1} = N_t(1+p) + M_t - L_t \qquad (5.4)$$

等价的期末资产负债表式(5.4)减去价格水平稳定的期初资产负债表式(5.3[①]),就能得到不变购买力总收益:

$$Y_{cpp} = \Delta P = L_t p - M_t p \qquad (5.5)$$

$L_t p$ 是"借款利得",也就是说,由于借款是货币形式的固定金额,货币购买力下降后给公司带来的利得。$M_t p$ 是"持币损失"(或持有的以货币单位计价资产的损失),表示因持有货币单位而发生的购买力损失,其与借款利得正好相反。因此,这种不变购买力会计是对历史成本的修正,只认可两种计价方法:一是考虑货币购买力波动重述非货币性资产和所有者净资产的历史成本,从而在确认收益之前保全资本;二是为保持固定价值而按照货币单位重述"货币性"资产和负债的历史成本。显然,就像在"实值"会计下那样,当需要稳定的账户其计价基础是某种形式的现行价值时,就没有必要用一般指数调整按现行价值列示的"非货币性"资产负债表项目了,因为根据定义,这些项目已经采用现行英镑列示。但是,现行价值损益表须以年度内交易发生时的现行价值列报。如果交易是以不变价值的货币单位进行记录,还需要进行不变购买力重述,调整为年末单位。

这个结论应该是合理的,因为这里假定不变购买力会计采用现行购买力形式,而非使用过去日期的其他不变购买力形式。同样重要的是,前例是特定年份的不变购买力会计,而不变购买力会计一个特别重要的用途是进行不同年度比较或一系列年度的比较:时间越长,货币购买力变动就可能越重要。在进行比较的情况下,必须保证要比较的所有年度都使用相同的不变购买力单位。不

---

① 原文误为式(4.3)。——译者注

过,如果某一年度的数字是基于一致的不变购买力单位,则不同单位之间的折算就是一个简单问题,只要将账户数字乘以适当的"换算率"即可。因此,如果报表是以每年年末的现行购买力单位来列示,为了使以前年度的数字与本年数字具有可比性,我们需要计算本年年末英镑与以前年度年末英镑之间的换算率,这个换算率只是现行价格指数与以前年度价格指数之比。然后,我们将每一项目乘以相应年度的换算率,即可重述以前年度的报表。这是一个纯粹的机械过程,就像用给定的汇率将英镑换算成美元一样。

为了简化和精确起见,式(5.1)至式(5.5)都只限于"零交易"情形。但是,这些表达式可以很容易地扩展为有交易发生的更为现实的情形。一般来说,期末资产负债表(期末英镑)减去按期末稳定英镑折算后的期初资产负债表的结果,就是现行购买力综合收益(总收益),公式如下[30]:

$$Y_{cpp} = P'_{t+1} - P'_t(1+p) = [N'_{t+1} - N'_t(1+p)]$$
$$+ [M_{t+1} - M_t] - [L_{t+1} - L_t] - M_t \times p + L_t \times p \quad (5.6)$$

在这里,N'_t 和 N'_{t+1} 的计价基础是按相关时日的一般价格指数重述后的历史成本,其上标表示这些变量不同于历史成本数据,因为它们已经指数化为最新的数据。如果使用现行价值基础,则主要变量表示截止日的现行价值,根据定义,这些变量都是用计价日的货币单位来表示的。

这一公式清楚地揭示了不变购买力会计的基本特征:使用一般指数 p 来调整报表中的所有项目,使其以固定日期的货币单位来表示,因此也被折算为不变价值。期初资本是以实值计量的,而不是以货币计量,其中实值是按一般购买力 $[P'_t(1+p)]$ 来定义。假定实物资产或者说"非货币性"资产(N)按货币单位的价值波动:在这种情况下,使用历史成本计价基础,假定它们保留其真实历史价值。因此,如果在整个期间持有相同的资产,则这些资产的真实价值不会发生变化,因为 N'_{t+1} 将等于 $N'_t(1+p)$。同时,假定货币性资产和货币性负债(M 和 L)的价值是以货币单位衡量的固定值,则在通货膨胀时期,会导致借款利得($L_t \times p$)和持币损失($M_t \times p$),它们在式(5.6)的右侧单独列示。然而,只有整个期间 M 和 L 保持不变时(如我们前面的无交易示例中),上述这两个表达式才是这两个因素的正确表达。在其他情况下,计算 L 的利得或 M 的损失唯一严格准确的方法是单独稳值化(stabilise)每一笔交易,这方面的例子可以在斯威尼(Sweeney, 1935, 1936)和井尻雄士(Ijiri, 1976)的作品中找到。

严格地说,这种方法要求知道每次发生交易时的指数。一种速度更快、成本更低但相对不够精确的简单方法,是对整个期间发生的交易进行平均,并假定它们随时间而线性发生,从而可以将年中指数作为调整已发生交易的平均指数,这种方法的示例可以在会计研究文集第 6 辑和标准会计实务临时公告第 7 号中找到。不变购买力调整的简单数字示例见本章附录 B,另一个示例可参见李(Lee,1985)的作品。

式(5.6)的资产负债表恒等式为利润提供了一种定义,但未确定净成果(the net result)是哪个利润流量以及收益表应该报告哪个流量。一个完全稳值的不变购买力会计系统应包括一张按不变购买力单位重述的收益表。下面这个简单的例子,列示了使收益表稳值的有关原则以及收益表与资产负债表之间的关系。

假设一个企业在会计年度开始时只有一项资产,即刚刚购买的 1 000 英镑存货,因此以"年初英镑"来表示。购买该存货的资金是所有者资本。年初,一般价格指数为 100,年末为 120。在该年度内,当指数为 105 时,将该存货以 1 200 英镑的价格出售,收到现金并持有现金至年末。

历史成本(HC)报表和不变购买力(CPP)报表如下:

年度收益表

	历史成本 (英镑)	不变购买力调整	不变购买力 (年末英镑)
销售收入	1 200	$\times 120 \div 105$	1 371
减 销售成本	1 000	$\times 120 \div 100$	1 200
营业利润	£200		171
减 持币损失		$1\,200 \times (120 \div 105 - 1)$	171
不变购买力净利润			£0

年末资产负债表

	历史成本 (英镑)	不变购买力 调整	不变购买力 (年末英镑)
资产			
现金(固定货币价值)	£1 200		£1 200
融资来源于			
期初资本	1 000	$\times 120 \div 100$	1 200
加 年度利润	200		0
年末资本	£1 200		£1 200

使用历史成本日和不变购买力日(年末)期间的一般指数变动,就可将所有历史成本项目转换为不变购买力单位。因此,销售收入和销售成本(以及所有其他的收入和费用项目)均以不变购买力单位重述。在这个具体例子中,持币损失完全冲抵了不变购买力营业利润,但这并不是一个普遍的结果:如果销售价格更高,或者销售收入被重新投资于非货币性资产,如重置存货(假定这样能保持其实际价值,从而可以避免持币损失),不变购买力净利润将会存在。这个案例使用了精确的"逐项交易"指数化方法,这是因为只有一项交易时使用这种方法才有可能。如果销售和一般购买力变化在年度内平均分布,平均法则建议使用年中指数(而非针对单独交易的 105)来调整销售收入和估计持币损失。

不变购买力方法也不可避免地存在多种变体。例如,斯威尼(Sweeney,1936)就没有把持币损益确认计入收益表(当然持币损失确实影响他所设计资产负债表中的准备金)。巴克斯特(Baxter,1975)对此进行了批判性讨论。实际运用的技术也有一些变体。除了前面讨论的逐项交易法与平均法之间的选择,以及第 5.4 节和下一节将要讨论的价格指数选择,还存在为实现稳值所使用的货币单位日期问题。如前所述,现行购买力假设最近的(期末资产负债表)日期是计量标准货币单位的日期,但这只是不变购买力的一个特例。对于不变购买力技术而言,只要一致地加以稳值化,任何货币单位都可以实现稳值。斯威尼(Sweeney,1936)建议,出于记账的需要,账户应稳定在某一过去时日的标准单位,因为它每年都保持不变。这样的话,就有可能在知道期末指数值之前就把交易事项稳值化,将稳定在过去不变购买力的数字转换为现行购买力也是一件简单的事情:乘以现行价格指数与基准日指数的比率,就可将不变购买力转换为现行购买力。

不变购买力会计的另一个技术问题是"货币性"资产和"货币性"负债的定义。从概念上讲,这似乎很简单,"货币性"项目意味着其价值固定于名义货币单位。因此,随着货币单位实际价值的下降,其实际价值也会下跌。在实务中,金融资产和要求权多种多样,这就意味着存在"灰色地带"。例如,持有的外币和各种形式的含息存款,根据所采用的具体定义,它们既可以划分为"货币性"项目,也可以划分为"非货币性"项目。出现这种困难的原因是,这些项目可能与固定金额的名义货币债务有关,但它们也可能具有名义货币金额的市场价值。希思(Heath,1972)在概念层面上对这一问题进行了深入探讨,他比较了不同作者和职业文告对这一主题所采用的定义。万利斯（wanless，1976）的一个有用的案例研究证明了这一问题的现实重要性。在一项案例研究中，她将英国临时会计准则（会计准则指导委员会，1974 年）的规定应用于苏格兰批发合作社账目后证实，通过尽可能自由地解释"非货币"资产的含义，可以获得报告利润的实质增长（或"持币损失"的减少）。当然，如果采用全面现行价值制度（a comprehensive current value system），由于其要求按现行价值重述所有资产和负债，这个问题就可以避免。当然，在这种情况下，我们又面临在前一章所讨论过的在不同现行价值之间进行选择的问题。

然而，阐述不变购买力会计技术并不是我们的核心目的，因为这些工作在其他地方已经完成。我们现在来讨论不变购买力的优缺点这一重要问题。

5.8 对不变购买力会计的批评

进行不变购买力调整的理由主要是货币价值具有可变性，因此，它不适合作为计量单位。不变购买力会计认为，通过调整会产生一种稳定（或至少是相对稳定）的货币单位来实现计量目的。针对这一情况，人们提出了两类批评：第一类，对历史成本进行一般指数调整，并非资产和负债计价的一种恰当方法；第二类，一般指数调整既没有准确反映股东个体的生活成本变化，也没有准确反映公司为保持其资产完整而必须购买的商品成本变化。

对于第一类批评，即使用不变购买力调整历史成本会产生较差的现行估值，我们已经看到，这仅仅与不变购买力技术应用的有限范围相关，因为不变购买力也可以应用于现行价值基础。第 3 章的讨论清楚地表明，历史成本会计对现行状况的反映相当糟糕。因此，很明显，通过一般指数将历史成本折算成"实值"不太可能产生有用的数字，尽管这可能是处理通货膨胀对历史成本会计影响的前后一致方法。特别是，这种调整不会获得资产和负债的现行市场价值。资产和负债的现行市场价值也使用现行英镑表示，可能与许多潜在使用者和许多会计用途有更大的相关性。第 4 章讨论了现行价值。当然，这一类批评是针对历史成本基础，而非针对不变购买力本身。必须重申的是，不变购买力的支持者通常认为不变购买力是对现行价值的补充，两者并非竞争关系。不变购买力历史成本团体的提议是对传统会计的渐进式改革，当然也必须承认，并不是所有支持者都认识到这一点。而且该提议对会计界的吸引力可能已经增强，因为它的实施将会推迟会计人员必须应对的如估计重置成本(或新近要求的公允价值)等主观事项的时日。[31] 第 6 章将讨论把某种形式的现行价值会计与"实值"会计系统的不变购买力调整加以结合的可能性。

对不变购买力会计的第二类批评认为用一般指数调整来计量货币购买力损失不恰当。如果我们接受上一段落的论点,即计价问题与计量通货膨胀影响是(或可以是)互相独立的,那么第二类批评就转变为质疑使用一般购买力调整来计量需完整保持的资本是否适当的问题。我们可以使用之前的符号来加以证明,如下所示。假设非货币性资产以某种可接受的现行价值来计价,用双撇号来表示(N'')。为简化起见,仍然假设所有负债(L)均为"货币性"负债。因此,与"货币性"资产(M)一样,其现行价值等于其账面价值。现在,按现行价值计算的业主权益将是:

$$P''_t = N''_t + M_t - L_t$$

且

$$P''_{t+1} = N''_{t+1} + M_{t+1} - L_{t+1} \tag{5.7}$$

如果我们现在希望调整一般价格水平变动,将所有项目转变为现行购买力单位,则无须对期末资产负债表进行进一步调整,因为所有项目已经以现行货币的等价物表示。然而,在计量利润时,我们需要将用时点 t 的英镑表示的期初资产负债表更新调整为时点 $t+1$ 的英镑,以得到"实值"利润指标:

$$Y_{RT} = P''_{t+1} - P''_t(1+p) \tag{5.8}$$

在没有交易的情况下,其可应用于单项资产和负债,以将"真实"利得和损失(以不变英镑计算)与"虚拟"利得和损失(因英镑价值变动而产生的损益)按以下方式区分开来:

$$P''_{t+1} - [P''_t(1+p)] = [N''_{t+1} - N''_t(1+p)] + [M_{t+1} - M_t(1+p)] \\ - [L_{t+1} - L_t(1+p)] \tag{5.9}$$

或者,将 N'' 的增加视为公司非货币性资产价值的特定指数上升了 $s\%$[即 $N''_{t+1}/N''_t = (1+s)$],且将持币损失和借款利得区分开来:

$$Y_{RT} = N''_t(s-p) - M_t \times p + L_t \times p \tag{5.10}$$

式(5.10)中,等号右侧第一项是持有非货币性资产的真实利得(如果 $s >$

p)或损失(如果 $s<p$),第二项是持币损失(如果 $p<0$,则为收益),第三项是借款利得(如果 $p<0$,则为损失)。

因此,在确认一个期间的实际收益之前,先用一般价格水平调整($1+p$)期初资本数字,来定义需保持不变的实际资本。这种调整也适用于单项资产和负债,以将"真实"利得和损失($s>p$ 时为利得,$s<p$ 时为损失)与仅仅反映货币单位价值变动时(速度为 p)维持"实际"价值的利得和损失区分开来。对这种方法可以从两个截然不同的角度加以回击。

第一,一般指数调整体现的是资本保持的"业主"观,即假定核心的问题是用股东对商品和服务的一般支配权来表示股东资金的真实价值。第 6 章将进一步讨论的"实体"资本保持观认为,资本保持的对象是保持公司特定的资产:这种差异显然会导致否定资本的一般指数调整而倾向于特定指数调整,因为特定指数代表公司持有的特定资产的价格变动。这种方法可以称为"实体"资本保持观,与业主观所体现的财务资本保持观相反。

第二,即使人们承认在将货币价值形式的利得确认为收益之前,所有者的一般购买力应保持不变,但根据本章前面讨论的指数问题,也可以认为,一般指数并不能充分反映任何特定股东个体的购买力变动。这一论点尤其与金瑟(Gynther,1966,1974)的观点和桑迪兰兹报告(桑迪兰兹委员会,1975)有关。布罗米奇(Bromwich,1975b)发表了一些反对金瑟的观点。钱伯斯(Chambers,1976,第 512 页)对桑迪兰兹委员会的立场提出了批评。桑迪兰兹委员会(1975 年)的态度综括如下:

> "通货膨胀"这一术语是指一段时间内商品和服务的平均价格水平向上变动的情形。但是,一个国家内不同的个体和实体因其购买商品和服务的选择不同,其面临的平均价格变动和通货膨胀率差别颇大。认为零售价格指数等宽泛的指数是同等地适用于所有个体和实体的通货膨胀率指标的观点是不正确的(第 28 页)。

这一论点显然采用了指数的"经济"观而非"统计"观,并声称一般指数不满足衡量股东个体生活成本这一标准。以下是对桑迪兰兹观点的反驳性证据:

(1)"通货膨胀"不可精确量化这一事实,并不是应该忽视它的必然理由。我们必须将经"通货膨胀调整"后信息的价值与未经调整信息的价值进行比较,而不是将其与在价格不变情况下可能的理想计量标准进行比较。这一论点通常得到凯恩斯著名警句的支撑:"近似的正确也比精确的错误好。"我们在前面讨论指数时已经知道,实务上不可能获得直接计量价格变动对个人福利影响的"真实"指数,因此,某种程度的近似不可避免,特别是为广大个人所服务的会计更是如此。

(2) 与一般指数相比,尽管个别价格肯定可能会以不同的方式变动甚至向不同的方向变动,但是可以合理地假设普通消费者购买了各种各样的商品。因此,购买各种不同商品的平均影响,可能意味着个体的一篮子商品成本变动与一般指数变化差别不大。这是一个过程的结果,类似于通过持有一个投资组合而非持有单项投资来平均非系统化投资风险。此外,大多数个人消费模式与一般指数构成可能存在相当大的重叠,因为某些基本需求,如食物、衣服和住房是所有人的共同需求(当然,这些广泛的商品类别内部也可能存在差异)。

皮斯内尔和斯凯拉特(Peasnell 和 Skerratt, 1978)的经验检验支持这些先验论点。他们根据英国的经验得出的结论是:"通货膨胀对各收入群体的影响显著稳定,这表明通货膨胀概念对不同个人都有意义"。应当指出,皮斯内尔和斯凯拉特的研究对象是收入群体而非个体。他们的研究结果对那些支持使用一般价格水平指数的人来说增强了信心。

(3) 在前面讨论指数时,有观点认为个人福利不可能直接计量,我们只能寄望于计量一个人对商品和服务的需求。使用一般指数(最好尽可能是基础广泛的指数,如零售价格指数或国民生产总值综合平减指数)存有争议,[32] 就能最好地反映这一点,因为这样可以获得一个潜在消费计量指标,使个人能够将其转换为自身的消费模式和福利。这本质上是一种"统计"方法。当然,由于我们限于计量一般意义上的潜在消费,我们就放弃了直接表示任何特定个人福利的权利。也就是说,"真实"收入(在商品和服务的总需求意义上)增加,从福利经济学家的角度来看,个人并不一定会更好(也就是说,无差异曲线并不必然更高,因为一般指数中的项目权重可能与个人偏好不匹配)。此外,如果我们承认一个人的效用函数可以随时间推移而改变,那么即使他或她在某一特定时间点选择购买的某种一篮子商品拥有更大的支配权,他或她也未必会生活得更好。[33]更一般地说,就像前面讨论指数时所看到的那样,对福利的精确计量本质上是一个主观的过程,经指数调整后的经济量级应被视为这一过程的有用输入变量,而非对福利的直接计量。在评估其他形式的信息时,应当强调某种形式的货币计量是所有其他形式的基础。如果我们放弃货币,就只有多样化的实物资产量度了,但只有当加权方案对个人评估潜在福利具有一定意义时,才使用克服异质性问题的货币形式来表达这些实物量度。

因此,我们是希望通过一般指数调整,产生一种有用的(但非精确)对一般商品和服务的主要的计量标准,这对个人评估其潜在福利是有用的,但我们不能指望个人通过行使这种权利来计量所获得的效用,除非我们准备踏上艰难、曲折和(对会计人员)实际上并不切实可行的探索个人效用函数之路。个人拥有过去偏好和当前偏好方面的知识,确定他们当前购买力的效用,是每一个个体的事情。早些时候有人提出了一个行为研究问题:个人在确定他们生活是更好或更差时,使用未经调整的货币数据还是使用"真实"不变购买力数据更为方便。一方面,未经调整的数据在这方面可能确实有优势,因为它们确实代表了在特定时间点实际的主流价格,而不变一般购买力单位是一个抽象的结构,个人很难将其与自身消费模式联系起来;另一方面,对过去价格的记忆可能短暂而杂乱,一般指数调整至少为个人提供了某些价格变动迹象,尽管从评价个人福利的角度看并非一个完美的迹象。

我们可以把目前所掌握的知识点总结一下。财务报告旨在向个人股东或业主报告公司的经济业绩。在快速通货膨胀时期,该报告似乎应该提醒业主注意货币单位购买力的变化。要实现公司之间的可比性与向许多个人股东所提供报告的一致性,除了其他备选方案,一般指数调整也至少能完成这项任务。最初提出的问题是确定需要保持的资本。一般指数调整意味着,只有当所有者权益(P)在广泛代表普通消费者购买的一篮子商品的支配权方面得到保持时,才能确认利润。一般指数调整通过比较特定资产的价格变动与一般指数所包含商品组合的价格变动,将持有利得划分为"真实"和"虚拟"两部分。我们将在第6章再回过来讨论这个主题。

我们对会计的相关性和可靠性不能单纯通过理论论争来确定,还必须通过经验证据加以补充。在过去的一个世纪里,学术界已经积累了大量关于这一主题的经验研究,附录 C 对此进行了概括与总结。

5.9   小结

本章简要介绍了不变购买力会计的历史和方法。人们的注意力一直关注对历史成本报表的一般指数调整,这是定义狭隘的不变购买力方法。但是,也有人指出,不变购买力方法同样适用于现行价值会计。在这种情况下,由于资产和负债已经按现行英镑记录,仅仅通过调整期初资本计量就可以获得某一年度的现行购买力资产负债表。但是,收益表中记录的期间流量必须以现行(期末)英镑进行重述。这种"实值"会计体系将在第 6 章中进一步讨论。应用于历史成本的不变购买力会计仅解决了币值变动问题,因而并不能提供一个通用解决方案来弥补前一章讨论的历史成本相对于现行价值所存在的缺陷。

对需要保持不变的资本进行不变购买力调整,尽管有争议,但存在强有力的论据支持这样做。对这种做法的主要批评有两类:第一类,它无法保持公司的特定资本;第二类,它无法维持任何特定的个人业主或股东的购买力。第一类批评来自"实体论"学者,他们拒绝不变购买力会计所依恃的"业主权论"资本保持概念(对此将在下一章作进一步讨论)。第二类批评将我们引入实务论争。如果会计是供全体股东和其他人士使用,就不可能为每一使用者提供经不同个别指数调整后的信息。但是,如果通货膨胀速率显著,则似乎有必要提醒会计信息使用者通货膨胀对会计计量影响的程度,一般指数调整可能是实现这一目标的最佳务实方法。此外,通货膨胀对不同个体生活费用影响的差异可能不会太大。另外,构建个体指数的观点也值得怀疑,因为如果不严格限制个体效用函数的假定形式,就不可能计量个体效用。如果我们所能做的一切只是计量对商品和服务的一般控制,那么,相较于特定指数,一般指数可能是好的或更好的选择。

本章附录 C 对不变购买力会计相关的经验研究文献进行了简要评述。案例研究法认为不变购买力调整可能带来重大变更,此类调整在实务上也可行,但在展示的技术方面还需要更严格定义。最近的研究趋势是确定不变购买力数据的有用性。例如,考虑其对股票市场价格的实际或潜在影响,或评估其在预测未来方面的价值。这类研究尚未产生决定性结果,近年来由于缺乏经验数据而受到限制,因为不变购买力会计并未在本来就不多的高通货膨胀经济体之外应用于实践。

本章另外两个附录,分别阐述和列示研究不变购买力技术的参考书目(附录 A),并基于前几章所用的示例在历史成本基础上应用不变购买力技术的数字示例(附录 B)。

附录 A 不变购买力技术参考书目

A.1 最早的资源

这方面的经典著作有:

《稳值会计》,H.W.斯威尼(H. W. Sweeney)著,哈珀兄弟出版社,纽约,1936 年。阿诺出版社重印,1978 年。

斯威尼的著作有详细的案例研究和样例,还包括适用于重置成本(RC)估值基础的不变购买力调整。

20 世纪 50 年代中期,美国会计学会出版了三本关于这一主题的专著,对后续发展产生了很大影响:

《物价变动对企业收入、资本和税收的影响》,R.C.琼斯(R. C. Jones)著,美国会计学会,1956 年。

该书从理论上分析了通货膨胀对会计的扭曲效应,提倡进行不变购买力调整。同时,就像斯威尼体系一样,该书认为重置成本(而非历史成本)是有用的计价基础。

《物价水平变化和财务报表——四家公司的案例研究》,R.C.琼斯(R. C. Jones),美国会计学会,1955 年。

这一姐妹篇提供了四家真实公司的案例研究,利用消费者价格指数调整了四家公司公布的(历史成本)报表,得出以 1951 年 12 月美元重述的不变购买力报表。这些案例是不变购买力技术的一个例证,证明了不变购买力调整的重要性。

《物价水平变动和财务报表:基本概念和方法》,佩里·梅森(Perry Mason)著,美国会计学会,1956 年。

这是一本关于不变购买力技术"如何操作"的简明手册,它用清晰的数字示例加以说明。

下面这本书汇编并评述了早期的许多著作:《物价水平变动财务影响的报告》,会计研究文集第 6 辑(ARS 6),美国注册会计师协会会计研究部工作人员编写,1963 年。

在美国和英国,该书已经成为其后补充披露(历史成本)报表不变购买力调整信息的职业界建议模式。

随后英国提出相关建议的典范是:

《通货膨胀期间的经管责任会计》,英格兰和威尔士特许会计师公会研究基金会著,1968 年。

这本小册子的匿名作者是 W.E.帕克(W. E. Parker),它为传统历史成本报表补充不变购买力调整信息提供了"如何操作"的简明蓝本,在许多方面与前述佩里·梅森的小册子相类似,它也是会计准则筹划委员会随后提出的不变购买力会计倡议的范本。

A.2　美国、英国和国际准则制定机构的出版物

在美国,补充披露不变购买力调整报表的第一项建议来自会计原则委员会(APB):

《第 3 号公告:按一般价格水平变动重述财务报表》(APB 3),会计原则委员会,1969 年 6 月。

根据会计研究文集第 6 辑(ARS 6)的建议,该公告建议将不变购买力调整后的报表作为主要报表的补充报表。这只是一项建议而非一项要求,因此,它被广泛忽略。这公告包含一份附有数字示例的有用技术说明。

1974 年,取代 APB 的财务会计准则委员会(FASB)发布了一份征求意见稿,在很大程度上重申了 APB 3 的内容:

《一般购买力单位财务报告》(征求意见稿),财务会计准则委员会,1974 年 12 月 31 日。

FASB 还发起了一项实地研究,提供了应用问题方面的证据:

《一般购买力单位财务报告的实地测试》,财务会计准则委员会研究报告组,1977 年。

FASB 于 1978 年 12 月公布的另一份征求意见稿,建议在补充不变购买力信息和披露现行成本之间进行选择,但其中集中阐述了现行成本技术。与该模

式相关的不变购买力技术是对 1974 年的征求意见稿中提议形式的一种稍加修改的形式(例如,修改了指数的选择和"货币性"项目的定义),并在另一份征求意见稿(严格来说是对 1974 年征求意见稿的补充)中进行了阐述:

《不变美元会计》,财务会计准则委员会,1979 年 3 月。

最后,FASB 于 1979 年 9 月发布了一项准则,建议补充特定不变购买力重述(损益账户项目和资产持有损益),其中部分内容适用于现行成本而非历史成本计价基础(尤其是在计量特定资产的实际持有利得时):

《财务会计准则公告第 33 号:财务报告和物价变动》,财务会计准则委员会,1979 年 9 月。

该准则标志着不变购买力会计在美国达到顶峰。随后出台的准则则标志着 FAS 33 逐步淡出且不存在替代性准则。

在英国,会计准则筹划委员会(ASSC)就这一问题发表的第一份声明是一份"讨论稿和情况说明":

《通货膨胀与会计》,由会计部以会计准则筹划委员会名义出版,1971 年。

这一份文件在很大程度上遵循了早期《通货膨胀期间的经管责任会计》一书的观点,提出对传统报表补充不变购买力调整信息。该文件提供了一个成功示例,并简要介绍了通货膨胀率、通货膨胀对会计影响的经验研究以及英国和国外会计实务。该文件的封面设计,导致它获得一个流行称谓——墓石(the Tomb stone)。它主要是由克里斯托弗·韦斯特威克(Christopher Westwick)执笔起草,他对英国通货膨胀会计准则的发展提供了有用的第一手资料(Westwick,1980)。

1973 年,ASSC 根据"墓石"建议起草了一份征求意见稿:

《货币购买力变动会计》(征求意见稿第 8 号)(ED 8),会计准则筹划委员会,1973 年 1 月。

一个两卷本的工作指南,是该征求意见稿的补充:

《通货膨胀会计:会计程序工作指南》(第 1 部分:正文;第 2 部分:表格),英格兰和威尔士特许会计师协会,普通教育信托基金会,1973 年。

该指南为货币购买力变动会计体系的具体应用提供了许多有用的指导,包括许多工作示例。

1974 年发布的临时会计准则(PSSAP 7)与 ED 8 没有实质性差异:

《标准会计实务第 7 号临时公告:货币购买力变动会计》(PSSAP 7),会计准则筹划委员会,1974 年 5 月。

该项公告是临时性的,因为发表该公告时政府已经任命了桑迪兰兹委员会。由于该委员会在 1975 年发表的报告中建议采用现行成本会计法,此后,会计准则筹划委员会或其继任者的任何征求意见稿或准则均未建议采用不变购买力会计法。

在国际会计准则方面,国际会计准则委员会(IASC)在早期致力于协调现行成本(尤其是荷兰人)的倡导者与不变购买力(主要是美国和英国)[34]的倡导者,它发布的第一项物价变动会计准则——国际会计准则第 6 号(1977 年)以及第 15 号(1981 年),没有具体规定首选的方法,也没有提供详细的实施指南。面对部分成员国特别是拉丁美洲国家的高通货膨胀问题,1989 年 IASC 发布了**《国际会计准则第 29 号——恶性通货膨胀经济体中的财务报告》**。该准则明确建议以现行购买力单位(即期末资产负债表购买力单位)重述会计报表(无论是以历史成本为基础,还是以现行成本为基础)。尽管它缺乏实施指南,但它明确采纳了一定形式的不变购买力会计。国际会计准则理事会(IASB)随后采用了这一准则并继续有效(当然它没有强制性,且对高通货膨胀的定义也有弹性)。

本项概述仅限于 3 个准则制定机构。其他一些国家也为不变购买力会计方法的发展做出了贡献,特别是巴西等在实践中使用了不变购买力会计的国家。

A.3　教科书

关于不变购买力的处理有许多教科书,可推荐的有:

《通货膨胀会计》,W.T.巴克斯特(W. T. Baxter)和菲利普·艾伦(Philip Allan)著,1984 年。

《通货膨胀会计:会计师和财务分析师指南》,S.戴维森(S. Davidson)、C.P. 斯蒂克尼(C. P. Stickney)和 R.L.威尔(R. L. Weil)著,麦格劳·希尔公司出版,1976 年。

《物价变动会计》,J.A.拉盖三世(J. A. Largay III)和 J.L.利文斯通(J. L. Livingstone)著,威利出版公司,1976 年。

《收益与价值计量:理论与实践》,T.A.李(T. A. Lee)和范·诺斯特兰德·莱因霍尔德(Van Nostrand Reinhold)著,1985 年(第三版)。

所有这些教科书,除了涉及不变购买力技术在历史成本计价基础上的应用,还都涉及不变购买力技术在现行价值基础("实值"会计)上的应用。戴维森、斯蒂克尼和威尔在 1974 年美国征求意见稿的框架内,对不变购买力的详细计算技术进行了最为全面的阐述,拉格和利文斯通也对此进行了透彻但更简洁的论述。

附录 B 不变购买力会计数字示例

本例以"老弗雷德"为例,仍使用第 3 章附录所述的情形。对历史成本数字的不变购买力重述,前面已经说明。第 6 章附录还将阐述用不变购买力来重述现行价值,以获得所谓的"实值"会计。这里将要使用的不变购买力会计,是将每一期间的报表折算为相关期间的期末英镑,即我们将运用不变购买力中的现行购买力,这也是通常推荐的实务应用。尽管已经发展出了多种不变购买力技术,同时本例也表明可以采用更为重要的其他方法,但本例并非要全面展示所有可采用的技术:需要这些展示的人士,可参考附录 A 所列作品。

B.1 指数

第 3 章附录假设的一般价格指数水平和相应的周期性上涨如下表所示:

时间	指数水平	期间	上涨百分比
T	100		
		1	10
$t+1$	110		
		2	20
$t+2$	132		
		3	10
$t+3$	145.2		
		4	5
$t+4$	152.46		

B.2 期间

B.2.1 第 1 期

根据期末英镑进行不变购买力重述的第一步,是以期末英镑重述期初资产负债表,以便与期末资产负债表保持可比性,这需要对期初资产负债表中的每一个数字以该期一般指数的上涨幅度成比例地增加,因为在本例中,期初余额始终以期初英镑来表示。每一项目的上涨幅度是一般指数的恰当升幅,即 10%(就是乘以 1.1)。

期初资产负债表(t 时点,按 $t+1$ 时点英镑重述)

	£		£
业主资本 [150×1.1]	165	固定资产	
借款(梅布尔姑妈) [50×1.1]	55	购物车(成本) [100×1.1]	110
		流动资产	
		现金 [100×1.1]	110
	—		
	220		220

方括号中的数字,列示了把第 3 章附录给出的 t 点历史数据重述为 $t+1$ 点英镑的计算过程[历史数据×按一般指数比例增加]。

收益表可重述如下:

第 1 期收益表($t \sim t+1$ 时点,按 $t+1$ 时点英镑重述)

		£
	销售收入[120×1]	120
减	销售成本[80×1.1]	88
	交易利润	32
减	折旧[10×1.1]	11
	净利润	21
加	借款利得[50×(1.1−1)]	5
	收益总额	26

收益表调整情况分析如下:

(1) 本例假设销售发生在期末,因此,销售收入已经是现行英镑。如果销售发生在期初,则销售收入会增长 10%,达到 132 英镑,但这 12 英镑(120×0.1)的增长额将被相应的"持币损失"所抵销,因为在此期间,销售所收取的现金购买力有所下降,利润总额将保持不变。交易繁多的大型公司可能会发现,根据每笔交易的精确日期进行调整不切实际,而通常建议的一种近似调整是假设整个期间的交易流量均匀发生,并参照平均指数进行调整。在本例中,如果我们假设指数随时间呈线性增长,那么适当的指数值应是 105,销售额将重述为 126 英镑(120×1.05),相应的"持币损失"为 6 英镑。

(2)本例假定已售商品是在期初购入的。因此,商品销售成本将按照指数上涨 10% 增加至 88 英镑。如果出售的货物是在期末购买的,则无须重述其成本(就像在期末发生的销售一样)。用于购买货物的 80 英镑在购买期间的购买力普遍下降,因此,相应的"持币损失"为 8 英镑。与销售类似,在实务中不可能精确地确定购买日期,可以使用指数平均值进行近似调整。

(3)折旧根据购买资产后的一般价格水平上升幅度(10%)进行调整,以使折旧费用代表以期末英镑表示的资产成本的适当比例。即折旧费用可以按 11 英镑(10×1.1)计算,也可以按重述后(固定资产)成本的比例计算(110×1÷10),两种方法结果相同。

(4)借款利得是不变购买力会计最具争议的一个特征,它表示贷款的购买力下降,正如本章正文所解释的那样,这意味着减轻了公司(弗雷德)的实际债务负担,而债权人(梅布尔姑妈)却为此付出了代价。关于借款利得(以及相应的持币损失)是否应视为利润的一部分或仅仅计入准备金,一直存在着极大的争议,特别是在借款期限较长的情况下,相应的利得一般被认为近期内无法实现。当支付贷款利息时,利息支出会抵销借款利得,因为利息支出应包括对贷款人发放贷款时预计的通货膨胀损失补偿。

关于收益表的一个普遍问题是,部分不变购买力会计主张以年度平均价格对其进行重述。这种做法的优点是销售数据无须调整,收益表报告的数字与实际实现的金额之间存在直接对应关系。如果使用重置成本计价基础,报告的商品销售成本与处置商品时的重置成本之间存在对应关系。但是,如果期末资产负债表以期末英镑列示,则按期间平均英镑价值重述的收益表意味着这两张报表之间未以严密可比的单位列报。爱德华兹和贝尔(Edwards 和 Bell,1961,第 253 页)讨论了这个问题。

重述的期末资产负债表如下:

期末资产负债表($t+1$ 时点，按 $t+1$ 时点英镑重述)

	£			£
业主资本		购物车(成本)		110
		[100×1.1]		
期初余额		减　折旧		11
[150×1.1]	165	[10×1.1]		
加　本期收益(来自重述后收益表)	26			99
	191	流动资产		
		存货		
减　提款	30	[20×1.1]	22	
期末余额(t+1)	161	现金	90	112
借款	50			
	211			211

　　重述期末资产负债表不同于重述期初资产负债表，因为重述期末资产负债表时要区分货币性项目和非货币性项目。货币性项目(现金和借款)都有固定的货币价值，以假定保持不变的真实价值(本例的借款，其真实价值为 55 英镑，但在本例中没有必要对现金进行调整，因为假定在期末收到借款)进行列示是不现实的。因此，期末资产负债表中的货币性项目以固定名义货币价值列示，非货币性项目以实际历史成本列示，即参照一般价格指数修正后的原始成本。重述后的期初资产负债表作用不同：其目的并不是列报年末价值，而只是为进行比较提供一个基准，来列示与期末等价的期初状况。因此，期末资产负债表中的重述后期初业主资本(165 英镑)，与重述后期初资产负债表中的金额相同。比较两张资产负债表，就为计算借款利得(55 英镑—50 英镑)提供了基础。

　　期末资产负债表中的非货币性资产按历史成本计价，并按购买后一般指数变动进行调整。本例中，假定这两项资产都是在时间 t 点购买，因此，它们都要进行 10% 的调整。应当指出的是，大多数不变购买力会计的实务建议，非货币性资产重述后的上限金额，是重述的历史成本与现行市场价值的孰低额，目的是确保审慎计价。

　　如前所述，(期末)业主资本等于重述为期末英镑的期初余额加上重述后收益表中的利润，这个利润数字已经用期末英镑表示。业主提款要被扣除，在这种情况下不需要重述，因为假定提款发生在期末。如果提款交易发生在期初，提款要重述为 33 英镑(30×1.1)，如果支付提款后还有资金余额的话，持币损失将相应减少。

B.2.2　第 2 期

第 2 期及后续各期均采用相同的基本方法。当然,后续期间所假定的某些细节不同于第 1 期,从而值得将本例一直持续到弗雷德职业生涯的结束($t+$4)。

以 $t+1$ 时点英镑表示的第 1 期期末资产负债表,现在变为第 2 期期初资产负债表。为便于比较,现在以 $t+2$ 时点的英镑重述:

期初资产负债表($t+1$ 时点,按 $t+2$ 时点英镑重述)

	£		£	
业主资本		固定资产		
期末余额($t+1$)		购物车(成本)		
(161×1.2)	193.20	(110×1.2)		132.00
借款		减　累计折旧[11×1.2]		13.20
[50×1.2]	60.00			118.80
		流动资产		
		存货[22×1.2]	26.40	
		现金[90×1.2]	108.00	134.40
	253.20			253.20

第 2 期的通货膨胀率为 20%,因此,各项目按比例增加 20%,除此以外所有程序均与第 1 期类似。

收益表重述也使用与第 1 期类似的基本方法:

第 2 期收益表($t+1\sim t+2$ 时点,以 $t+2$ 时点英镑重述)

	£
销售收入	135.00
减　商品销售成本[(22×1.2)+(91×1.2)]	135.60
交易损失	0.60
加　折旧[10×1.32]	13.20
净损失	13.80
减　货币性项目净利得[64×0.2]	12.80
损失总额	1.00

上述收益表的各个组成项目,都遵守与第 1 期相同的假设和限制。应该注意的其他方面有:

（1）商品销售成本包含两项内容：期初存货和本期购进（减去期末存货，采用先进先出法）。这些内容应分别单独调整，因为它们在实务中通常涉及不同的时滞，从而调整因素也不相同。本例中，这两个组成部分受相同调整系数（1.2）的影响，因为期初存货已经以期初英镑重述，并且假设本期购买货物恰在期初，因此，也以该日期的英镑计价了。

（2）折旧费按摊提的历史成本（10 英镑）并以历史成本发生日后一般价格指数上升比例调整后的金额列示（1.32），也可以说是按资产负债表中以期末英镑表示的资产历史成本（132 英镑）的一定比例（1/10）列示。

（3）货币性项目[①]净利得等于借款利得（计算基础与第 1 期相同）减去持有货币性资产的损失（它与借款利得正好相反）。产生利得的借款是 50 英镑的长期借款（来自梅布尔姑妈）和采购供应商提供的 52 英镑信用款。这两项借款在整个期间都一直存在，因此，分别产生 10 英镑（50×0.2）和 10.40 英镑（52×0.2）的利得。持币损失是在整个期间持有的 38 英镑（90 英镑的期初现金余额，减去期初购货所支付的 52 英镑）所产生的购买力损失 7.60 英镑（38×0.2）。所有货币性项目在整个期间持有，因此，影响这些项目的通货膨胀因素相同。我们也可以更简单地将通货膨胀因素应用于其净金额（64 英镑的净借款），即可计算出 12.80 英镑（10.00＋10.40－7.60）的净利得。

第 2 期调整后的期末资产负债表如下：

期末资产负债表（$t+2$ 时点，以 $t+2$ 时点英镑重述）

	£			£
业主资本		固定资产		
期初余额（$t+1$）	193.20	购物车（成本）[110×1.32]		132.00
减　本期损失总额	1.00	减　累计折旧[20×1.32]		26.40
	192.20			
减　提款	106.00			
期末余额（$t+2$）	86.20			105.60
		流动资产		
借款	50.00	存货[13×1.2]	15.60	
流动负债		应收债务人款项	15.00	
应付债权人款项	52.00	现金	52.00	82.60
	188.20			188.20

---

① 原文此处为资产（assets）。按上表所述，使用项目（items）一词更为合适。——译者注

上述资产负债表中的业主资本,以重述期初资产负债表中用 $t+2$ 时点的英镑表示的期初余额作为计算起点。扣除的损失来自重述后的收益表,并且假设提款发生在 $t+2$ 时点,因此,这两个项目不需要重述。"货币性"项目(借款、债务、债权和现金)均以固定货币金额列示,不需要重述。对"非货币性"项目(存货和购物车),参考自购买日后一般价格指数变化进行重述:购物车的重述金额等于重述期初资产负债表中的成本减折旧,再扣除该期间计入收益表的额外折旧额。

人们普遍关心的一点是,如果需要与前期进行比较,应以现行英镑重述前期数字。如果前期数字用给定日英镑一致地表示,这就仅仅是一个将所有数字乘以从给定日到现在一般指数增长比例的问题,就像用 $t+2$ 时点英镑重述 $t+1$ 时点资产负债表那样。例如,根据这种方法重述第 1 期收益表,为了用 $t+2$ 时点英镑来表示,所有数字均乘以 1.2 即可。

B.2.3　第 3 期

$t+2$ 时点的第 2 期期末资产负债表,就是第 3 期的期初资产负债表,为进行比较,应以 $t+3$ 时点的英镑进行重述。重述第 3 期收益表和期末资产负债表所用的技术方法与第 1 期和第 2 期相同。

期初资产负债表($t+2$ 时点,以 $t+3$ 时点英镑重述)

业主资产	£	固定资产		£
$t+2$ 时点的期末余额 [86.2×1.1]	94.82	购物车(成本)[132×1.1]		145.20
借款[50×1.1]	55.00	减　累计折旧[26.40×1.1]		29.04
流动负债				
债务[52×1.1]	57.20			116.16
		流动资产		
		存货 [15.60×1.1]	17.16	
		债权[15×1.1]	16.50	
		现金[52×1.1]	57.20	
				90.86
	207.02			207.02

第 3 期收益表($t+2 \sim t+3$ 时点,以 $t+3$ 时点英镑重述)

		£
销售收入		180.00
减	商品销售成本[(15.6+144)×1.1]	175.56
	交易利润	4.44
减	折旧[10×1.452]	14.52
	净损失	10.08
加	货币性项目净利得[215×0.1]	21.50
	收益总额	11.42

注:本期持有的货币性项目净额为债务 180 英镑,加上借款 50 英镑,减去现金 15 英镑,净借款为 215 英镑。在通货膨胀率为 10%的情况下,借款净利得为 21.50 英镑。

资产负债表($t+3$ 日时点,以 $t+3$ 时点英镑重述)

	£		£
业主资产		**固定资产**	
期初余额($t+2$)	94.82	购物车(成本)[100×1.452]	145.20
加　本期收益总额	11.42	减　累计折旧[£29.04+£14.52]	43.56
	106.24		101.64
减　提款	10.00		
期末余额	96.24	**流动资产**	
借款	50.00	存货[36×1.1]	39.60
流动负债		应收债务人款项	20.00
应付债权人款项	180.00	现金	165.00
			224.60
	£326.24		£326.24

B.2.4　第 4 期

期初资产负债表($t+3$ 时点,以 $t+4$ 时点英镑重述)

	£		£
业主资本		**固定资产**	
$t+3$ 时点期末余额[96.24×1.05]	101.05	购物车(成本)[145.20×1.05]	152.46
借款[50×1.05]	52.50	减　累计折旧[43.56×1.05]	45.74
流动负债			
应付债权人款项[180×1.05]	189.00		106.72
		流动资产	

存货[39.60×1.05]	41.58		
应收债务人款项[20×1.05]	21.00		
现金[165×1.05]	173.25		
			235.83
	342.55		342.55

注:所有数字均四舍五入至最近便士。

第 4 期收益表($t+3\sim t+4$ 时点,以 $t+4$ 时点英镑重述)

		£
销售收入		44.00
减	商品销售成本[39.60×1.05]	41.58
	交易利润	2.42
加	货币性项目净利得[(50+180−20−165)×0.05]	2.25
		4.67
加	已实现持有利得	13.28
	收益总额	17.95

注:已实现持有利得系处置购物车而得。购物车的期初账面价值为 106.72 英镑($t+4$ 时点的英镑),出售价格为 120 英镑,差额就是以 $t+4$ 时点英镑表示的利得(即"真实"利得)。

期末资产负债表($t+4$ 时点,以 $t+4$ 时点英镑重述)

	£		£
业主资本		流动资产	
期初余额(t+3)	101.05	现金	169.00
加 本期收益总额	17.95		
	119.00		
借款	50.00		
	169.00		169.00

注:本资产负债表是在资产清算以后但偿还借款且所有者最终提款前编制的。

B.3 生命周期收益

企业寿命周期内三种不同(计价)基础的总收益报告如下所示:一是历史成本收益,与第 3 章附录所示相同;二是不变购买力总收益,如前所示以各期期末英镑表示;三是以 $t+4$ 时点的不变英镑重述的不变购买力收益。比较三栏合计数可知,不同的方法产生的总收益不同;比较不同年度的数据可知,不同的方法对不同期间经营的相对盈利能力存在不同的看法。

期间	历史成本收益（英镑）	以期末英镑表示的不变购买力收益	调整因子	以 $t+4$ 时点英镑表示的不变购买力收益
1	30	26.00	(1.2)(1.1)(1.05)	36.04
2	14	(1.00)	(1.1)(1.05)	(1.15)
3	13	11.42	(1.05)	11.99
4	58	17.95	1.0	17.95
合计	115	54.37		64.83

注：括号内的收益数字表示损失。

附录 C　部分经验研究（成果）

在过去的一个世纪里，对不变购买力会计有大量的经验研究。此处简要概述的目的在于转达作品的主旨，并使感兴趣的读者了解一些主要资源。除非进行全面的概述与评论，否则不太可能全面公正地评价这些经验研究成果。

早期的经验研究，如美国的斯威尼（Sweeney，1936）和琼斯（Jones，1949，1955）以及英国的巴克斯特（Baxter，1959）都倾向于进行案例研究。会计研究文集第 6 辑（ARS 6）对早期作品进行了有益的概述（美国注册会计师协会，1963 年，附录 E）。这类作品将不变购买力调整应用于真实公司的报表，其目标有两个：一是证明不变购买力调整的重要性；二是解释和解决应用问题。对于第一个目标，斯威尼（Sweeney，1936）给出一个案例。在这个案例中，未调整时的重大损失经调整后（即斯威尼版不变购买力会计）却变为收益。对于第二个目标，万利斯（Wanless，1976）的研究表明，定义"货币性"资产存在一些困难，而使用其他定义产生的差异具有重大影响。这种类型的研究一直持续到 20 世纪 80 年代初，当时关于通货膨胀会计的实务论争逐渐式微，这方面的部分例证是美国的彼得森（Petersen，1973，1975，1978）、戴维森和威尔（Davidson 和 Weil，1975）和帕克（Parker，1977）[35]的作品以及美国财务会计准则委员会自己的实地测试（1977），英国卡特勒和韦斯特威克（Cutler 和 Westwick，1973）、霍普（Hope，1974）的作品以及新西兰怀卡托大学的项目（Emanuel，1976）。这类研究通常表明，不变购买力会计在实践中确实会产生有别于传统会计的重大差异。研究还表明不变购买力调整在实践中是可行的，也显示了其实施过程中出现的一些现实问题。案例研究法的另一种不同方法是阿诺德和阿兹玛（Arnold 和 El-Azma，1978）使用的模拟法，用于评估不同会计收益指标(包括不变购买力调整后指标)是如何反映其他方面经济状况的。

其他条线的研究,不但希望确认价格水平调整的重要性,还要识别其有用性。其中的一种方法是行为法,其基础是会计报表使用者在传统会计数据和不变购买力数据之间的抉择。戴克曼(Dyckman,1969)以投资分析师为研究对象进行研究后发现,不变购买力数据确实会导致不同的决策。海因茨(Heintz,1975)和麦克恩泰尔(Mclntyre,1975)随后以学生为研究对象进行的研究却未能发现这种差异。[36]另一种方法是研究替代会计指标的预测能力,这方面的研究有很多。例如,巴克马斯特等(Buckmaster 等,1977)研究了 42 家美国公司的历史成本、重置成本和不变购买力收益指标的相对自我预测能力(即一个变量的过去值能够在多大程度上预测其未来值),发现历史成本的自我预测能力最好,不变购买力数据的自我预测能力最差。然而,仅当变量的未来值对会计信息使用者具有某种内在价值时(例如,作为股东的未来股利潜力指标),自我预测性标准才合适,预测本身是无用的。一个更明显有用的标准是直接预测与用户需求相关事件的能力。例如,凯茨(Ketz,1978b)、诺顿和史密斯(Norton 和 Smith,1979)就考查了传统历史成本数据或不变购买力数据能否对美国公司破产做出最佳预测的问题。在这方面,不变购买力数据与历史成本的表现一样,没有明显改善(Patell,1978)。

最后,有一组研究试图评价不变购买力数据对股价的影响。巴苏(Basu,1977)的研究是一项基于标准普尔北美公司会计数据库文件来获取不变购买力估计数据的研究。巴苏运用有效市场框架,假设所有相关信息一旦可用就会马上反映到股价上。相较使用传统数据,他未发现使用不变购买力数据来解释"非系统"回报具有显著的优势。[37]他得出的结论是,"经一般价格水平重述后的"(即不变购买力数据)"风险和回报指标,总体而言并不会比基本历史成本数据传递出更多的信息"(第 32 页)。有一种观点认为,精明的投资者已经有机会获得此类指标。巴苏的结论建立在尚未提供不变购买力报告情况下对不变购买力报告可能带来的益处所进行研究的基础之上。莫里斯(Morris,1975)在英国进行的一项研究也使用了有效市场框架,他试图评估市场对一家股票经纪公司 1971 年公布的 132 家上市公司的不变购买力估计数据的反应。他未发现明显反应,认为没有证据表明不变购买力数据有任何增量价值。后来希里森(Hillison,1979)在美国进行了一项研究,与巴苏一样,他使用了标准普尔会计数据库和有效市场框架(尽管具体方法不同)和不变购买力数据,也未能发现任何超额回报。索特(Short，1978)的一项研究发现，不变购买力调整数据提高了会计数据解释市场风险的能力，但其结论受到严重统计问题的限制。一项由德文和科洛德尼(Devon 和 Kolodny，1978)进行的美国研究声称，与历史成本收益相比，不变购买力收益与股价变动的关系更为密切，但这项研究与其他研究不同，它没有考虑风险。

1979 年颁布的新准则——财务会计公告第 33 号(FAS 33)，除了要求披露现行成本还要求披露不变购买力数据，由此而产生了大量的经验研究作品。比弗和兰德斯曼(Beaver 和 Landsman，1983)进行的一项颇有影响力的研究得出结论，FAS 33 所要求的披露对股价变动或股价水平几乎没有增量影响(即相对于历史成本数据预测值的增量)。他们研究的主要焦点是 FAS 33 要求的现行成本披露，但也包括价格水平调整(CPP)披露。在接下来的 10 年时间里，几篇论文修正了这一观点。默多克(Murdoch，1986)指出，对货币性项目进行不变购买力调整而产生的损益，似乎的确影响股价，但在比弗和兰德斯曼的研究中并未单独剥离出来。布勃利茨(Bublitz 等，1985)扩展和完善了比弗和兰德斯曼的分析，并能够识别不变购买力("不变美元")披露的增量信息含量。罗波和宋(Lobo 和 Song，1989)使用不同模型也得出结论——不变美元盈余信息确实会影响股价。然而，在 1984 年(财务会计公告第 82 号发布的时间)以后，美国不再要求披露不变购买力数据，加之新数据的缺乏、较低的通货膨胀率以及准则制定机构对此兴趣不大，美国的这场经验研究辩论就过早地终止了。

在其他一些通货膨胀率非常高的国家，对不变购买力会计或者不变购买力数据的补充披露仍是法定要求，并偶尔有关于这些国家不变购买力会计的经验研究。第一个例子是墨西哥。戴维斯－弗赖迪和里维拉(Davis-Friday 和 Rivera，2000)发现，就墨西哥公司而言，其美国存托凭证的市场价格，受到墨西哥公认会计原则要求的不变购买力披露的影响。第二个例子是土耳其，它是另一个遭受高通货膨胀的经济体。惠廷顿等(Whittington 等，1997)估算了土耳其大型公司在不要求进行通货膨胀会计核算情况下的不变购买力利润(采用与巴西相类似的方法)，结果提供了比未调整报表更合理的指标，如回报率和增长率。后来(2003 年)当通货膨胀率非常高时，土耳其要求实施不变购买力会计，基尔库拉克和巴尔萨里(Kirkulak 和 Balsari，2009)以及比利卡和伊庇斯(Bilgic 和 Lbis，2013)进行的研究证明，该举措提高了土耳其会计的价值相关性。第三个例子是以色列，由于 20 世纪 80 年代的高通货膨胀，以色列要求实施通货膨胀调整会计。巴尼夫（Barniv，1999）研究了1984—1988年经通货膨胀调整后的会计收益的价值相关性，结论是通货膨胀调整确实产生了相关的信息。因此，现有的有限经验证据支持通货膨胀调整在恶性通货膨胀环境中会产生有用信息的观点。

总而言之，由于高通货膨胀经济体之外的其他经济体不再使用不变购买力会计方法，这一领域的经验研究受到了限制。这显然制约了经验数据的可用性，降低了研究人员的积极性，因为不变购买力会计不再被视为一个紧迫的政策问题。过去的研究表明，在某些个别情况下，不变购买力调整确实会使报告数字发生重大变化。例如，负债率高的公司会报告大额借款利得，但也很明显，不变购买力会计与传统会计有大量共同的信息含量。没有确凿的证据表明，投资者未曾考虑不变购买力会计的额外信息含量。因为当公司不提供此类信息或者不变购买力会计几乎没有信息含量时，投资者可以从其他来源或通过自己的估计获得这些信息。然而，前述研究因方法多样性、统计局限性和相对狭隘的数据覆盖面，关于公司发布的财务报表是否应将不变购买力调整信息嵌入传统历史成本信息的问题，尚未形成坚实的意见基础。尽管投资者通过自身调整确实已经考虑了不变购买力调整信息，也可以争辩说，公司应该提供这样的"公共产品"信息，让所有会计信息使用者免费使用，以消除不同报表使用者重复计算的过度负担。

注释

1　这一时期的全球通货膨胀情况分析，参见联合国报告（1980年，第3章）。表5.1的数据来源于此。

2　尽管美国准则（SFAS 33，1979）确实包括一般价格水平调整的内容，但当时广泛讨论的现行成本会计体系却强调特定价格变动。

3　目前，国际会计准则理事会有一项关于恶性通胀经济体财务报告的准则（IAS 29），但其指南很是散乱且令人不满。

4　如果我们将相对价格变动用期初货币单位计算的实际利得来表示，则利得为2.50英镑 $[(15 \div 1.2) - 10]$。

5　其姐妹卷《通货膨胀会计论》（Tweedie 和 Whittington，1984）提供了更广阔的历史视角，涉及重大政治问题，如石油公司的存货增值是否应该征税的问题。因此，不能单纯从理论模型的理性评价来理解事件过程。

6　反通货膨胀政策的第三阶段。1973 年 10 月的零售价格指数是基准线，从 7% 开始，该指数每上升一个百分点，就"触发"临界协议。1974 年 5 月达到了 7% 的"触发点"，在 1974 年 11 月放弃该政策之前，又有 10 次上涨达到触发点。我很感谢剑桥大学应用经济学系的弗兰克·威尔金森（Frank Wilkinson）提供的这些信息。

7　桑迪兰兹报告（桑迪兰兹委员会，1975 年，第 18 章和第 20 章，特别是第 795～796 段）。在后一章中，它否认通货膨胀会计是指数化的一种形式，因为报告的形式并不直接影响合同付款金额。这是对指数化的狭义解释。

8　即使后续的养老金没有针对未来通货膨胀进行调整，"设定受益"养老金以最终工资为基础的传统惯例实际上已经包含通货膨胀调整因素。这是因为，最终工资反映雇员工作期间发生的通货膨胀。直接福利计划的数量在不断减少，为了减少这种影响，这些计划倾向于转向以平均工资为基础。

9　阿伦（Allen，1975）提供了关于这个主题的一个通俗易懂的调查，阿夫里塔（Afrita，1977）提供了一篇更为复杂的专著。森（Sen，1979）对个人和国家两个层面进行实际收入对比的所有问题进行了清晰梳理。迪顿和米尔鲍尔（Deaton 和 Muellbauer，1980，第 7 章）简要介绍了指数经济理论，迪顿（Deaton，1980）对这一主题进行了扩展，特别强调了在衡量福利时实际使用指数所必需的假设。

10　当然应当指出，国民生产总值只包括新发生的增值交易，不包括土地和建筑物等二手资产的交易。

11　阿伦（Allen，1975，第 48 页）。

12　参见迪顿和米尔鲍尔（Deaton 和 Muellbauer，1980，第 173 页）的作品。

13　参见迪顿和米尔鲍尔（Deaton 和 Muellbauer，1980，第 171～173 页）的作品。

14　森（Sen，1979）强调了"货币指标效用"计量的局限性。

15　迪顿（Deaton，1980）对这种方法提供了一个很好的示例。

16　以下对零售价格指数和消费者价格指数的讨论，系根据国家统计局（2011 年）的详细分析得出的。

17　算术平均数等于 n 个观测值之和除以 n。几何平均数等于 n 个观测值乘积的 n 次根，这相当于观测值对数的算术平均数的逆对数。

18　尽管有可能以这种方式证明"实体"资本保持概念的某些合理性，如桑迪兰兹报告所提倡的保持经营能力，因为这些概念侧重于保持单一主体的能力，而非保持业主群体的购买力。

19　这并不意味着价格指数的"统计"观更符合实体会计观，后者需要的指数是类似于现行成本会计使用的指数，反映的是企业实体而非其所有者的采购模式，但关注点的改变并不能消除统计学方法所存在的问题。

20　在这里，我们不考虑前一章讨论过的其他现行价值选择问题。对于有报价的证券，这一选择并不重要,因为买入价、卖出价和净现值(至少按市场参与者的估计)的差距不会太大。

21 例如,参见《通货膨胀期间的经管责任会计》(英格兰和威尔士特许会计师公会研究委员会,1968 年,第 6~8 页)。

22 应当指出的是,斯威尼更倾向于以重置成本取代历史成本作为计价基础,当然他的案例研究基于现实世界的例子,不可避免地涉及传统历史成本数据的不变购买力调整。

23 会计原则委员会(APB)早于财务会计准则委员会(FASB),是美国自治的私营部门准则制定机构。

24 尽管 1979 年关于该主题的首份美国准则,也要求披露部分现行成本以及在现行成本价值与不变购买力重述价值之间进行"实值"调节的因素。

25 《通货膨胀期间的经管责任会计》一书作者是 W.E.帕克先生(W. E. Parker,后来成为爵士),时任英格兰和威尔士特许会计师公会主席。在与本书作者的交谈中,他承认自己受惠于美国的著作,特别提到了佩里·梅森(Perry Mason)的专著,以及他与乔治·O.梅(George. O. May)的个人关系。乔治·O.梅是企业收益研究组(Study Group On Business Income)的活跃成员,该小组是 20 世纪 40 年代末美国通胀会计辩论的中心。

26 帕克(Parker,1975)对此进行了清晰的阐述。由于 W.E.帕克(W. E. Parker)在将不变购买力会计引入英国职业界方面发挥了重要作用(他是《通货膨胀期间的经管责任会计》的作者),本文特别有兴趣指出不变购买会计背后的思想。

27 请注意,在这种情况下重述 M 和 L 合情合理。这是因为,我们只是以期末的货币单位来重述期初的资产负债表,以便与期末资产负债表加以比较,而非试图计量期初资产负债表的期末状况。

28 会计研究文集第 6 辑(美国注册会计师协会,1963)第 12~13 页也有类似阐述。

29 在实践中,诸如英国的 PSSAP 7(会计准则筹划委员会,1974)等职业文告采用了"重述历史成本与现行价值孰低"的稳健原则。

30 巴顿(Barton,1975)也有类似的表达式。

31 这一观点,与 PSSAP 7(会计准则指导委员会,1973)和《通货膨胀期间的经管责任会计》(英格兰和威尔士特许会计师公会,1968)中关于客观历史成本基础的论点相一致。

32 这是穆尼茨(Moonitz,1973)所偏爱的,他使用了这里所提到的类似论点。

33 如果我们承认,即使在偏好不变的情况下,一个人的消费模式也会随着收入和消费品相对价格的变化而变化,从而我们就会面临构建指数时传统基期加权法与当期加权法的问题。出于实务的考虑(因为在期末之前,无法获知一篮子商品的收市价),消费者价格指数通常采用基期加权法(拉氏指数)。在每期(通常是 1 年)期末时,要重新评估一篮子商品,计算下一期指数时就使用新的权重。

34 卡弗曼和泽夫(Camfferman 和 Zeff, 2007,第 106~110 页)。

35　这些研究由凯茨(Ketz, 1978a)综述。

36　戴克曼(Dyckman, 1975)批评这类后续研究。

37　持有一种股票的"系统性"回报是指与其他股票回报具有相关性的回报("市场投资组合"),可归因于利率变动等共性因素。"非系统"回报是指剩余收益,是个别公司特有因素所产生的结果,如新会计信息的影响。运用资本资产定价模型可以区分系统风险和非系统风险。

第 6 章　现行价值会计(2):资本保持观和实值会计

6.1　引言

本章我们再次讨论现行价值会计,将特定价格变动引入财务报告。我们将会看到,将资产和负债的特定计价与一般价格水平指数化的业主资本相结合的"实值"制度(已在第 1 章导入和例示)仍有存在的空间。

第 4 章集中讨论了资产和负债计价基础选择问题,但正如第 1 章和第 2 章所述,还有一个重要的问题需要讨论,即在确认利润前对需保持不变的资本如何定义和计量。这个问题对于收益表中的利润定义最为重要,并且它也会影响资产负债表所有者权益中的资本和留存利润的区分。计价问题和资本保持问题是两回事,但并非完全相互独立,因为它们都是收益计量的核心成分。因此,无论选择哪种特定的收益计量方法,都必须回答这两个问题。

对资本保持概念的选择,取决于我们希望采取公司的"业主观"还是"实体观"。一方面,业主观将股东权益视为财务报告的核心目的,因此,公司价值中由业主享有的部分必须保持不变。这就意味着,计量业主对商品和服务的控制是就总体而言,而非计量公司所持有的具体资产。因此,一方面,业主观与保全业主资本货币金额相吻合,或者当币值发生变动时,与保全所有者资本的实值(real value,就像将一般购买力指数应用于历史货币金额所定义的那样)相吻合。另一方面,实体观却将企业实体的物质保全视为资本保持观的核心假设。因此,它要求保全的资本额等于公司净资产的现行成本,即应调整期初资产负债表中记录的货币资本,以便考虑公司持有的特定资产的价格变动。只要相关的特定价格发生变动,就必须进行这种调整,而不考虑一般价格水平变动。在价格发生变动(导致经济性过时)或技术发生变化(导致技术性过时)时,复原期初持有的实物资产就不是一个恰当的假设。因此，实体观的假设应修正为以最经济的方式保全经营能力。我们倾向于将此方法描述为实体观，而非物理资本保持观。[1]

业主观和实体观代表两种可供选择的自洽资本保持体系。杠杆调整（gearing adjustment）法是一种组合了两种方法的折中方法。这种方法在英国曾被作为标准会计实务的基础（SSAP 16，会计准则委员会，1980），在当时争论激烈。我们将先讨论两种"纯粹"的方法，然后再讨论杠杆调整法。

第4章所讨论的多栏式报告被认为是解决同一资产可能存在多个相关计价基础这一困境的一种可能解决方案。对于资本保持，也可以采用多种计量方法报告其结果。但是，在这种情况下，必须只有一张多行式收益表而非一组多栏式报表，不同的行次反映采用不同资本保持观所得到的不同收益指标。这种解决方法的可能性我们将在本章后续章节加以讨论和例示。

在开始更为详细地讨论资本保持观之前，回顾一下第2章所讨论的一些基本原则很重要。尤其重要的是，希克斯对收益的定义中，只有一个（希克斯收益定义1）直接基于资本保持观，即保持资本的固定价值。其他定义（希克斯收益定义2和希克斯收益定义3）涉及事前消费水平维持，就会涉及保持可变资本额问题。区别这两种方法的一个明显例子是：当主体持有固定利率债券且市场利率上升时，就会降低债券的市场价值，但不会减少可供消费的预期回报（固定利率）。因此，如果主体关注保全资本价值（希克斯收益定义1），它将记录损失，损失额等于债券价值下降额。但是，如果它关注未来消费（希克斯收益定义2和希克斯收益定义3），它将不记录任何利得或损失，因为未来回报没有变化。如果未来消费前景发生变化，从希克斯收益定义2和希克斯收益定义3的收入中扣除的保全额就是维持预期未来消费水平所必需的数额。因此，保全额的大小取决于预期的未来价格、成本和回报率。在没有不确定性且利率预计不会发生变化时，这种方法可以描述为净现值保全，即权益的经济价值保全。[2] 然而，在存在不确定性这样更为现实的条件下，维持消费却没有明显的资本保持对等物。这种方法的主观性质（包括对未来收益的估计）导致务实的会计改革者（如桑迪兰兹委员会）偏好资本保持观，而斯科特（Scott，1976）是唯一一个明确地探索消费维持的作者。然而，维持消费的思想，似乎确实隐含在那些主张以实体为基础的现行成本会计（如 Merrett 和 Sykes，1974，1980）和杠杆调整中，特别是其关于错层形式(split-level form)(Gibbs 和 Seward,1979)的部分论点里。在后来费舍尔·布莱克(Fischer Black,1980,1993)的理论贡献中,以及在实务会计师和准则制定者试图区分"意外"利得和损失(假定非重复发生)与利润(假定具有实体的可持续特征)时,这一点也很明显。

6.2 业主资本

最简单和最明显的资本概念,也许是历史货币单位固定金额。以认缴资本或留存利润形式表示的所有者出资额,是历史成本会计的基础(第 3 章),它具有明显的合理性。

如第 4 章所述,在现行价值会计背景下,货币资本保持意味着将持有利得的名义金额确认为利润。在桑迪兰兹报告关于现行成本会计的建议方案里,这就意味着利润就是利得表中的收益总额,这已在第 4 章[式(4.2)、式(4.3)、式(4.4)和式(4.6)]定义过。在无交易的期间,现行价值收益被定义为:

$$Y_{CVA} = P''_{t+1} - P''_t = N''_t \cdot s \tag{6.1}$$

其中,$N''_t \cdot s$ 表示一个期间持有的"非货币性"资产的名义持有利得(即货币价值的上升)。更一般地,如果发生了交易事项,现行价值还必须反映一个期间资产和负债金额的变动,前式变为:

$$Y_{CVA} = P''_{t+1} - P''_t = (N''_{t+1} - N''_t) + (M_{t+1} - M_t) - (L_{t+1} - L_t) \tag{6.2}$$

式(6.2)给出了正确的本期收益总额数字。但是,这种资产负债表法(通过一个期间资产负债表期初与期末的净比较来得出收益)并不能提供收益的成分分析,如营业利润、已实现和未实现持有利得。进行收益的成分分析时,要求计算每笔交易的收益,以反映一个期间内单独交易和事件的影响。

在没有通货膨胀的情况下,即一般价格水平稳定时,用货币表示的资本定义充分描述了确认收益前所有者希望保持不变的原资本出资(包括留存利润以及扣除的已提款金额)。然而,在通货膨胀时期,第 5 章所述的一般价格水平调整(CPP)可能更为合适,因为所有者希望保持其资本的真实价值,其中"真实"是按照对商品和服务的一般控制来衡量的,而不是根据波动不定的货币单位价值来衡量的。第 5 章所定义的"实值"收益[式(5.8)—式(5.10)],在无交易的情况下为:

$$Y_{RT} = P''_{t+1} - P''_t(1+p)$$
$$= [N''_{t+1} - N''_t(1+p)] + [M_{t+1} - M_t(1+p)] - [L_{t+1} - L_t(1+p)]$$
$$= N''_t(s-p) - Mt \cdot p + L_t \cdot p \qquad (6.3)$$

更一般地,在确实存在交易的情况下,式(6.3)仍然足以作为收益总额的定义,但仍存在前述式(6.2)的收益组成成分(不清晰的)问题。第一行的定义只是收益总额定义,因此,不存在前述问题。

从某种意义上讲,式(6.3)最后一行的定义所揭示的内容最为充分,因为它显示了实值制度体系下确认收益的性质。第一项 $[N''_t(s-p)]$ 是非货币性资产的真实持有利得。因此,对名义持有利得 $N''_t \cdot s$ 不再像维持货币资本时那样全额予以确认,而是同时确认它随一般价格指数 p 的上升而减少的部分。当特定资产的价格(s)上升速度跟不上通货膨胀(p)速度时,实际持有损失就会从利润中扣除了($p>s$ 时, $N''_t(s-p)<0$)。第二项($-M_t \cdot p$)是指在一般通货膨胀期间持有货币而发生的损失。第三项($L_t \cdot p$)是指持有固定货币金额借款而产生的利得。对于后两项,与第 5.7 节"现行购买力会计"给出的解释相同。这毫不奇怪,因为"实值"法就是将不变购买力调整应用于现行价值基础而非历史成本基础。

尽管"实值"法可能有一个优点,即提供按现行英镑一致表示的收益计量,[3] 其不受报告期通货膨胀率的影响,但这一优点并非在任何情况下都可取。相对而言,除了恶性通货膨胀国家,指数化并不常见,因而一般是通过比较未指数化的数据来评估会计收益数字。因此,爱德华兹和贝尔(Edwards 和 Bell,1961)认为,资本的实值调整不如资产的现行估值重要。特别是,市场上观察到的利率是货币利率而非真实利率。因此,如果我们希望通过将公司对股东的预期回报折算成现值,或通过某些相关程序(如将市盈率指标应用于公司现行收益)来对公司股票进行估值,需要的是获得货币回报或收益,而不是进行"实值"调整。肯尼迪(Kennedy,1976)完美地证明了这一点。为了从观察到的市场利率推导出实际利率,我们必须估计预期通货膨胀率,但估计预期通货膨胀率是很难做到的。因此,通常优先采取的方法是将名义利率(如市场上观察到的名义利率)与预期货币回报率进行比较,而非将估计的实际利率与预期实际回报率进行比较。

然而,财务会计通常用于事后评估,因为事后才能知道实际利率,事后才能与"实值"回报率进行比较。此外,在通货膨胀环境中,当公司的市场地位和定价政策使维持真实回报(收益)率取决于未来事件发生的可能性时,计算"实值"

回报率和利润数字，就可能与推断公司的未来业绩相关。因此，基于货币资本保持和真实资本保持的业主收益指标都有其潜在用途。这些要求之间并不存在冲突，因为很有可能只编制一张损益表，但却可以独立报告"实值"调整情况[式(6.3)中进行的 p 调整]，这样可以在同一张报表中同时获得货币利润指标和真实利润指标。关于这一点，我们将在本章后续部分加以讨论。

该领域不少一流作者提出"纯粹"真实业主收益指标，而对该指标的重要修改是区分已实现利得和未实现利得。例如，爱德华兹和贝尔（Edwards 和 Bell，1961）提出了包含已实现持有利得（使用中固定资产通过消耗——即折旧实现的利得以及存货通过再出售变现的利得）的"已实现利润"（realised profit）指标和包含未实现持有利得（尚未消耗的固定资产的利得和尚未出售存货的利得）的"经营利润"指标（business profit）。[4] 这种区分符合为公司提供一套有关经济进展有用信息的目标：它强调未实现持有利得与已实现持有利得具有不同的质量（特别是用重置成本评价利得时），因为它们最终的实现情况取决于成本和价格的未来走势。斯威尼（Sweeney，1936）在其开创性的实值会计著作中，坚持将损益表严格划分为已实现和未实现两部分，其体系"首先，使用内容与普通损益表相同的已实现收益部分；其次，加上未实现收益部分，因为它包含有用的信息；最后，在损益表最后列示已实现收益和未实现收益的总和。这一总计金额被称为'本期最终净收益'"（Sweeney，1936）。

在其后的作者中，巴克斯特显然采用了斯威尼的方法，尽管巴克斯特在某种程度上拒绝严格的实现观。严格的实现观要求，在通过交易进行交换前，不得确认任何货币性负债或资产（包括现金）的利得或损失（Baxter，1975，第47页）。然而，巴克斯特比斯威尼更加谨慎，因为斯威尼在损益表中报告收益总额，只是使用"实现"标准来区分不同类型的利得，而巴克斯特的损益表中（Baxter，1975，第15章附录）却不包括未实现利得，未实现利得仅在资产负债表的业主权益中加以报告。[5] 因此，巴克斯特的收益指标并不以现值为基础，因为它不包括期末资产负债表价值中所隐含的未实现真实持有利得（或损失）。这样做的结果是，巴克斯特的收益指标得出的是与不变购买力调整后的历史成本收益总额相同的金额，尽管他得到这一总额的方法（将已实现真实持有利得分离出来）比不变购买力会计具有更多信息含量（Baxter，1975，第190～191页）。[6]

因此，"实值"会计法的拥护者提出的几种收益指标并不是根据实际购买力调整资本保持的纯粹业主资本保持基础。根据实现原则，未实现持有利得有时

处于"线下"(below the line)，不包括在初始收益数字中，但计算其他收益指标
(Sweeney，1936；Edwards 和 Bell，1961)或计算资产负债表的资本公积
(Baxter，1975)时要加回来。在后一种情况下，损益表中采用的资本保持原则
是：期初资本的实际购买力加上当期未实现实际持有利得，减去当期未实现实
际持有损失。如果我们特别重视计量真实收益的某一数字，那么这种做法是对
"实值"会计资本保持基础的一项重要修正。如果我们将"实值"会计法视为产
生一组有用信息的宽泛方法，只要各种信息都可获取，我们就不太需要关心信
息列报的具体形式。在这种情况下，资本保持概念和报告未实现利得的方法就
都不那么重要，尽管我们可能更倾向斯威尼式损益表这样的报表，因为它分别
报告未实现利得和已实现利得，而非巴克斯特体系那样硬性要求通过检索资产
负债表来发现未实现利得。

6.3　实体资本

资本保持的实体观总是与某种形式的重置成本会计相联系[7]，因为实体观
假定以商业实体持续存在为财务报告的基础。如果我们考虑持续性，重置成本
的确是一个特别合适的计价基础，因为它意味着对已经消耗的资产应予以替
换。实体观的早期先驱者是施密特(Schmidt，1930，1931)，[8] 后来的倡导者是
金瑟(Gynther，1966)、马修斯(Mathews，1968)、梅雷特和赛克斯(Merrett 和
Sykes，1974，1980)。成本与工程会计师协会(1952 年)以及注册会计师和公
司会计师协会(1952 年)提出的专业建议采纳了这一观点。荷兰在实践中也采
用了实体观，尤其是飞利浦公司(Goudeket，1960)。当然，基本的实体原则有许
多细微的变化，但所有方法都有一个共同的资本保持概念，意在补偿公司特定资
产价格变动("特定指数"法)的影响，而不是补偿货币价值变动("一般指数"法)的
影响。

运用这种方法的结果，就是资产持有利得永不确认为利润。无论是真实利
得(即某项资产价格比一般价格升值更快而产生的利得)，还是名义利得(即仅
补偿基于一般价格水平变动的资产价格上涨产生的利得)都是如此。相反，持
有利得被视为公司资本增加。在复式记账法下，资产增值额记入借方，资本(即
以重估准备的形式)记入贷方(在将增值额确认为利润的体系里，记入损益账户
的贷方)。施密特(Schmidt，1931)给出的理由是：

在这一点上,需要从理论上解释为什么增值不能带来利润。为此,我们必须把企业看作国家生产机器的一部分。很明显,只有所有企业的生产工具都保持完好无损,才能维持某一时刻的总生产力。如果以原始价值为基础进行会计核算,就不可能维持整体生产力。这是因为,当形成产品的原材料和工资在购买日期和销售日期之间发生价值变化时,纯增值就会成为利润。(第289页)

金瑟(Gynther)从股东个人角度为这一观点辩护:

如果认为总体目的或主要目的是帮助实体(公司)进行正常运作和经营(只有这样才能估计股东的长期利益),那么几乎可以肯定的是将优先使用特定指数,从而在价格变动期间保全企业的实物资产。(第45页)

虽然要求保持企业特定资产完整性的主张,看起来很有吸引力,但进一步分析也可以发现其弱点。要把这个概念应用到会计上,必须先有一个可计量且合理的资本保持概念。施密特的"整体生产力"既很难清晰定义,也很难精确计量。如果"整体生产力"是指产出的实际数量,我们会遇到这样的问题:在不同的时间,产出可能有不同的单位价值(无论是实际价值还是名义价值),因此,保全实际产出可能不符合股东、实体或社会的利益(如在产品过时的情况下)。如果我们采取保全产出总值的办法而不管其构成,我们就会遇到这样的困难:利润率不同,可能意味着不同类型产出对实体及其股东的价值不同,在极端情况下,维持产品销售将会导致损失,显然也不希望如此。这样的话,我们就会转而保全该实体赚取的利润流量,但这将使我们离开资本保持概念而转移到标准流量收益领域(希克斯收益定义2和希克斯收益定义3)。尽管在某些情况下标准流量收益与主体观一致(例如,当特定实物产出的盈利能力在未来预计保持不变时),但实质上它们还是业主观(即维持股东或业主的消费)。

同样的理由也可以用来批评金瑟(Gynther)关于保全有形资产的建议。如果存在技术进步、要素相对价格变动或产品价格变动,企业实物资产的价值将发生变化,那么最优重置政策也无法保证置换到相同的现有资产。如果我们通过保全资产价值而非实物数量来克服这一困难,那就将再次转回到业主观而非实体观。

因此,如果假设我们处于一个相对价格发生变动、技术也会进步的现实世界里，那我们似乎就无法证明保持实体的物质条件(无论是产出，还是资产)的合理性。关于这个问题，我们在第 4 章讨论重置成本时已经研究过。一旦我们认可不再参照特定资产组合而是用货币来定义资本保持的理由，我们就承认了资本保持的业主观，也就是将公司资本视为一般购买力基金，其可以转换为最有利用途，而非束缚于保全其特定的实体活动。[9] 它还允许将资产的价值增值确认为利润。因此，"实值"业主观将真实持有利得确认为利润，将真实持有损失确认为损失。[10]

实体观的支持者(如 Merrett 和 Sykes，1980)[11]有时拒绝承认在产品销售价格未上涨的情况下提高资产的成本价格，因为这种情况下业主观确认的资产持有利得是虚假的。为了审视这一论点，我们来考虑资产成本与产品销售价格之间的三种可能关系：

(1) 价格能立即补偿成本增加。在这种情况下，所使用资产的重置成本可以在价格上涨时立即转嫁且不丧失销售量，因持有资产的重置成本上升而产生的持有利得将在产品出售时实现。因此，将其描述为可实现利得毫无争议。

(2) 为反映实际的重置成本，价格对成本增加的补偿存在时间差。在这种情况下，当出售的产品在生产中使用了以新重置成本购买的资产时，公司可以通过(产品)价格上涨来转嫁所增加的重置成本。这样将收回实际发生的重置成本，但不包括成本上升期间所拥有资产的持有利得。同时，由于根据历史成本定价，在成本上涨期间所拥有资产的持有利得将不会实现。

在这种情况下，无论用于赚取收入的资产是否以该成本购买，在实体观下，已消耗资产所增加的重置成本都将从收入中扣除，不会确认可实现持有利得。[12]在业主观下，现行重置成本也要从收入中扣除，但它也将同时确认重置成本高于已持有资产历史购置成本时(成本增加时)发生的可实现持有利得。因此，在重置成本上升时，业主观要确认可实现持有利得，当资产使用持有利得实现时(以重置成本而非历史成本)冲减收入。实体法将实现的金额计入利润但不贷记持有利得，也就是对资产增值和折旧的会计处理不对称。[13]在价格上涨期间，这会导致利润数字极端保守，因为产生持有利得时未将其确认为利润，但却以折旧的形式冲减了利润。

（3）价格永远无法补偿成本上升。这似乎有利于实体观,但前一段的观点也同样支持业主观。尽管扣除重置成本后的利润将因成本增加而永久性减少,但在过渡期内公司仍将从持有利得受益,因为库存资本品是以较低的历史成本购买而非以较高的现行重置成本购买的。业主观确认它们,而实体观却没有确认。举一个简单的例子,假设一家公司在每一周期开始时购买存货,在结束时出售和重置。截至 t 时点,该公司交易的存货价格是 100 英镑,加价 50% 出售。t 时点之前的期间,其利润计算如下:

	£
销售收入	150
减　商品销售的重置成本	100
利润	£50

如果我们假定所有价格都保持不变,那么业主观基础和实体观基础都一样。现在,假设 $t+1$ 时的重置成本上升 20%,但销售价格保持不变。业主观下报告的 $t+1$ 期期末利润如下:

	£
销售收入	150
减　商品销售的重置成本	120
营业利润	30
加　持有利得	20
利润总额	£50

然而,实体观下报告的利润如下:

	£
销售收入	150
减　商品销售的重置成本	120
利润	30

在这个案例中,20 英镑的持有利得是贷记资本公积。因此,在业主观下公司维持 100 英镑资本,而在实体观下却要维持 120 英镑资本。两个体系都在资产负债表确认资产价值增加,因此,因利润率下降而可能导致资产经济价值下降的问题与体系的选择无关。同样,业主观下的营业利润数字所传达的信息与实体观相同。这两种体系的本质区别在于:业主观将利得确认为利润,而实体

观却将其视为保全现有资本的必要组成。而且，实体观对利得和损失的处理不对称，也就是将持有利得排除在利润之外，而将存货增值（包括利得）作为销售成本从利润中扣除。

在这种情况下，关于利润率较低的争论，反而与实体观相悖，因为当利润率下降时，保全现有存货是否合理反而值得怀疑。如果公司不进行重置而是清算其投资，业主观无疑能够给出更具信息含量的利润数字：50 英镑的利润总额确实表示如果业主不重置存货而清算时将拥有的超过期初资本利息的现金溢余。

因此，尽管实体观在形成有用的收益小计方面具有相关性，但其立论基础值得怀疑。例如，营业利润的概念可能有用，将其与持有利得分开，可以使实体观（利润中扣除了重置成本但不包括持有利得）与业主观（加回持有利得）相勾稽。[14]桑迪兰兹委员会提议的现行成本会计可视作该方法的一个例子，就是将扣除利息前的营业利润作为实体观的收益指标[15]，将总收益作为业主观下的指标。然而，应当指出的是，为了在一个以一般通货膨胀为特征的世界中加以实施，必须通过一般价格水平调整（桑迪兰兹强烈反对）来减少利得，以便获得一种"真实"业主指标。桑迪兰兹委员会强调，营业利润计量并非基于实物资本保持（桑迪兰兹报告，1975 年，第 129 段）：它是基于"对企业价值"而非公司资产的重置成本来维护资本。然而，"对企业价值"要根据企业特定资产的特征来评价，预期它通常等于重置成本（Gee 和 Peasnell，1976），因此，将桑迪兰兹的营业利润归类为实体观指标似乎并不合理。因为它排除了全部持有利得，当然也就排除了它被视为业主观的可能性。

为了对实体观作出结论，我们将简要考虑其应用方面的两个细节，分别是欠提折旧和货币周转金的处理，而对这两点，其令支持者们更合意的方法并不尽一致。

6.4　欠提折旧

当累计折旧不足以覆盖重置成本时就会产生欠提折旧问题，两者的差额就是欠提折旧。一个简单的例子如下：

假设一项资产的成本为 100 英镑，在 5 年内按直线法摊提。两年半以后，资产重置成本上升到 150 英镑，并保持这一水平一直到第 5 年年末。重置成本折旧如下：

年内基础			年末基础		
时间	年度折旧	累计折旧	时间	年度折旧	累计折旧
1	20	20	1	20	20
2	20	40	2	20	40
3	25	65	3	30	70
4	30	95	4	30	100
5	30	125	5	30	130

在"年内"基础下,欠提折旧为 25 英镑(150−125),在"年末"基础下,欠提折旧为 20 英镑(150−130)。这是因为重置成本上升前的期间计提折旧所依据的成本低于最终重置时的成本。严格说来,存在两种不同的欠提问题,即跨年问题和年内问题。前者是过去几年(本例中的第 1 年和第 2 年)计提折旧不足的问题,而后者是本年计提折旧不足的问题,按使用时的成本(年内基础)计提折旧时就会产生这个问题。年末基础以年末成本为基础计提费用(如果我们将折旧视为反映使用时的成本,很难证明其合理性),从而绕过了后面一个问题。

只有将折旧视为重置特定资产的基金时,才会产生欠提问题。如果我们仅仅把折旧看作是成本的分配,就不会产生任何问题。因为在这种情况下,我们不再关注累计折旧总额,而只关注计入相关期间的费用:如果该费用足以代表使用时的成本,就不会出现任何问题。然而,即使我们关注累计折旧总额,也不会给业主观学者带来任何问题,因为折旧的任何增加都会被持有利得所抵销。例如,假设我们希望在第 3 期计提欠提折旧,选择并使用年中法,因为它最能反映使用时成本。我们将以重置成本对资产进行重估并贷记持有利得:

	借方	贷方
资产成本	£50	
持有利得		£50

我们计提欠提折旧,借记持有利得:

	借方	贷方
持有利得	£25	
累计折旧		£25

净影响是将未折旧资产的重估值记录为持有利得净额。然而,实体观学者不会将资产持有利得视为收益的一部分,而是将正常折旧计入收益。这就产生了一种选择,要么将欠提折旧计入收益而不抵销持有利得,要么将欠提折旧与

现行折旧区别对待,借记资本而非收益。后一种方法最为常用(例如,金瑟1966 年的作品和桑迪兰兹委员会 1975 年作品的第 606 段)。可以假定会计关注的是定期收益而非资产所有权的寿命周期,这是合理的。因此,期间折旧足以计量该期间内已消耗资产的重置成本就足够了。可能还有人会认为,折旧只应满足资产被消耗完的确切时间的重置成本。因此,合理的是"年内"法而非"年末"法。

收益计量关注的是在使用资产时将资产成本计入费用而非提供资金,因此,将折旧作为重置基金的概念与收益计量无关。然而,尽管如此,当期折旧费用应反映公司资金的当期重置负担这一点很重要[16],要注意到,按重置成本计列折旧费用并不一定会实现这一点,因为一个时期的重置要求通常不同于该期间所消耗资产的重置成本。多马尔(Domar,1953)证明,随着固定资产存量的不断增加和重置价格的不断上涨,历史成本折旧足以满足一个时期的(资产)重置要求,因为需要重置的资产是那些最旧的资产,并且随着存量不断增加,旧资产数量越来越少。

6.5　货币性项目和货币性营运资本调整

在实体资本保持惯例下,货币性项目的处理使人们对它存在各种不同的解释。货币性项目是指可实现价值固定在名义货币金额的资产和负债,如贸易性债务和债权、贷款、存款和现金。在业主观下,它们的处理方法很简单:要么保持货币价值(也就是保持 M_t 和 $-L_t$ 的名义价值),要么保持实际价值,也就是应用一般指数调整,即$[M_t(1+p)]$ 和 $[-L_t(1+p)]$。正如前面第 5 章讨论过的[特别是式(5.5)],当 p 大于 0 时就会产生持币损失和借款利得。

在实体观下,我们已经看到[第 4 章,特别是式(4.7)],利用特定指数调整非货币性资产来维持其现行价值是可能的,但要保持货币性净资产(资产减负债)的名义金额,就不用考虑所维持资本价格总水平的变动。然而,像金瑟(Gynther,1966)这样坚定的实体观学者,主张对货币性营运资本(为开展经营获得的信用、提供的信用以及持有的现金)采用特定指数法,就是在前面的定义中用特定维持因子 s 代替 p。他们将这种方法应用于长期融资贷款时,还质疑"借款利得"的相关性。从实体的视角来看,股东权益和长期借款都是融资来源,对它们的处理不应存在差异,长期资本的任何组成部分都不应确认"借款利得"。

　　将特定指数应用于作为营运资本组成部分的货币性资产和货币性负债,符合实体资本保持的精神实质,从而将实体的概念从实物资产(包括价值不以货币形式固定的金融资产)扩展到货币性资产和货币性负债。以存货和在产品形式存在的有形营运资本已经作为需保持的非货币性资本的一部分。因而实体观学者自然就会主张,持有现金以及给予客户商业信用与持有存货一样,对企业的顺利运营也必不可少。因此,如果我们可以定义一个特定指数(s),它能恰当反映企业在这一时期为保持其产出水平,因价格变动而造成的货币性营运资本需求变化,我们就可以将保全的货币性营运资本定义为$[M_t(1+s)-L_t(1+s)]$。这就是货币性营运资本调整($MWCA$)。

　　严格地讲,仅当 L 完全由现行经营必需产生的借款(即营运资本)构成时,$MWCA$ 的定义才恰当。如果部分借款是为企业的非货币性资产提供融资(有时宽泛地称为"长期借款",当然滚动短期借款计划也可用于长期投资),从实体观的角度来看,将它与 $MWCA$ 以相同的基础指数化就不合适(因为它不是源自对营运资本的需求),甚至可能一点也不合适(因为借款融资被视为与股权类似的对企业净资产的要求权)。后一种观点意味着,由借款融资(传统上,英国称之为资本配比,美国称为杠杆)给股东带来的可能利得将在账目中被忽略,因为它不代表实体的利得(或损失),而是资本在实体的长期融资所有者之间的转移:债务和权益。为了弥补实体观专门针对股东(权益)信息可能存在的缺陷,建议进行杠杆调整,这将在本章下一节进行讨论。在实施 $MWCA$ 时,当我们试图为某一项目或某一类项目精确定义 s 时,会出现许多问题。这样会导致在这个基本主题上有许多根据实务的变化。比如,商业债务人(假定其需求反映产品售价)和商业债权人(假定其需求反映投入品的买价)就可能需要不同的指数,尽管一些作者如吉布斯(Gibbs,1976)更倾向于使用商业信贷净额而非总额。这是因为当产出的货币价值上升时,债权的增加自然就会抵销债务的增加。在区分货币性营运资本与公司相关的其他形式货币性资本时,也存在一些困难的概念性和现实问题。对于现金和银行存款最为明显,因为这些现金和银行存款可能是为了满足正常流量(交易动机)支付的需要,也可能是为了满足不可预见的(预防动机)支付而持有,还可能是为了投资而持有(投机动机)。同样,银行透支和短期负债也是出于各种动机,在某种程度上甚至是作为长期负债来使用的,而长期负债通常不被视为货币性营运资本。甚至商业信贷也不是泾渭分明:维持产出所必需的商业信贷水平,不能独立于财务状况以绝对的条件来界定。提供和接受商业信贷会给公司带来成本和利益，而恰当的商业信贷金额不仅取决于产出水平，还取决于利率水平、公司的财务状况、其供应商和客户以及公司在所在市场经营的竞争力。

因此，维持特定水平的货币性营运资本符合实体观，但随之而来也会产生该方法固有的模糊性。一旦我们摆脱货币或一般购买力的概念，清晰界定和准确计量实体的含义就会格外困难，因此，维持实体完整所必需的条件也很难确定。

6.6　杠杆调整

现在，我们转向一个运用了杠杆调整(the gearing adjustment)的资本保持概念，这一概念既有业主观因素，又有实体观因素。这一概念在实务中具有重要意义，因为它是英国现行成本会计准则的一大特征(标准会计实务公告第16号，会计准则委员会，1980)。杠杆调整是一个折中的资本保持概念，其最纯粹的形式是使用实体观维持权益资本，但对长期借款却使用业主观(运用货币而非一般购买力衡量)。采用这种做法的理由，通常是从公司利润的实体观出发，认为在通货膨胀期间，由于公司的所有权从具有固定货币金额要求权("杠杆")的长期资本提供者转移到剩余权益索偿者(权益性股东)，因而会给权益性股东[17]带来额外利润。因此，杠杆调整是一种反映权益性股东如何以牺牲长期贷款人利益而获得收益的调整(重要的业主信息)：它表明了股东与债权人之间利润分配和对资本要求权的变化，但它并没有告诉我们任何公司与外部进行商业和交易方面的盈利能力(实体观的信息焦点)。

杠杆调整最初由德国人发明，其基本思想源自施密特(Schmidt)。他1930年和1931年的论文向英语读者通俗地描述了他的思想。[18]他的作品是德国特许会计师协会1975年建议书的主要灵感来源，而这份建议书是第一份提供介绍杠杆调整的职业文告。科恩伯格和马查尔齐纳(Coenenberg 和 Macharzina，1976)描述了德国的建议书以及其与施密特作品之间的关系。

然而，杠杆调整显然是由戈德利和克里普斯(Godley 和 Cripps)、肯尼迪(Kennedy)和吉布斯(Gibbs)这样一群英国作者在《泰晤士报》1974—1976年发表的一系列文章中的独立再发明。肯尼迪(1978a)对这些文献进行了检视。上述再发明显然对海德指南(会计准则委员会，1977)和标准会计实务公告第16

号(会计准则委员会，1980)内含的思想产生了影响。

英国进行杠杆调整的根源是 1974 年的企业流动性危机。梅雷特和赛克斯(Merrett 和 Sykes，1974)观察到,工资膨胀加上价格管制压低了营业利润率,但应税利润和可分配利润因存货升值而膨胀,而且因为利率很高,外部融资无法被内部资金所替代。这促使他们主张一种基于实体资本保持原则的利润计量方法:在向股东或税务机关进行任何分配之前,必须首先维持公司的特定资产。他们的文章对 1974 年秋季推出的存货增值免税(就是将存货增值从税基中剔除)产生了影响,从而减轻了企业税收负担、缓解了流动性问题。桑迪兰兹报告(1975)中计算营业利润时扣除持有利得的做法,就是遵循了实体观原则。[19]

戈德利和伍德(Godley 和 Wood，1974)反对在借款融资的企业采用梅雷特和赛克斯的实体法。他们通过数字示例说明,这些企业的股东的确因存货增值获得了可分配利润,因此,应对此利得征税。

戈德利和克里普斯(Godley 和 Cripps，1975)[20] 提出的杠杆调整调和了这两种观点。借款融资所取得资产的持有利得应视为利润。也就是说,一部分持有利得应计入利润,计入利润的比例为公司的杠杆比率(the gearing ratio of the firm)。正如肯尼迪(Kennedy，1978a)所指出的,这意味着,如果资产由借款融资取得,则确认的持有利得与"实值"会计下的持有利得相同(例如,由 CCAB 于 1975 年提出),当然后者将一般通货膨胀时期的利得区分为借款利得和真实持有利得。然而,对于权益融资资产,通过杠杆调整使持有利得成为"线下"项目且不被确认为利润,这是因为股权资本是根据适用于实体特定资产的指数来更新的。因此,股权融资公司里的真实持有利得,在杠杆调整体系下就不会被计入利润。因此,这种情况下的利润将低于"实值"利润。[21]

用代数式来表达,吉布斯、肯尼迪、戈德利和克里普斯的杠杆调整如下。

对于期初货币资本,我们增加下述内容:

$$N_t'' \cdot s \left[1 - \frac{L_t - M_t}{L_t - M_t + P_t''} \right]$$

其中,$N_t'' \cdot s$ 是完全重置非货币性资产所必需的"实体"调整[见前述第 4 章的解释,式(4.7)]。如果进行货币性营运资本调整,其组成部分应归类为 N_t'' 的一部分而非 M_t 或者 L_t。期初非货币性资产[22]中由杠杆融资的比例为:

$$\frac{L_t - M_t}{L_t - M_t + P''_t} \ (因为 \ L_t - M_t + P''_t = N''_t)$$

因此，杠杆收益就是现行成本利润，即通过减缓现行成本资本保持调整来修正如前文式(4.7)所定义的现行成本利润以反映杠杆：

$$\begin{aligned} Y_G &= P''_{t+1} - \left[P_t + N''_t \cdot s \left(1 - \frac{L_t - M_t}{L_t - M_t - P''_t} \right) \right] \\ &= (M_{t+1} - M_t) + (N''_{t+1} - N''_t) \\ &\quad - N''_t \cdot s \left(1 - \frac{L_t - M_t}{L_t - M_t - P''_t} \right) - (L_{t+1} - L_t) \end{aligned} \qquad (6.4)①$$

这是最简单、最自洽的杠杆调整形式。除了已经指出的日期问题，标准会计实务公告第 16 号(SSAP 16)及其前身的特点是任意限制已确认的持有利得，只将杠杆调整应用于已实现持有利得，即将杠杆调整应用于折旧减免、销售成本调整(剔除存货增值)和货币性流动资本调整，但期末仍然持有的固定资产增值却不予调整。这种极端保守的方法受到了杠杆调整支持者的批评，如肯尼迪(Kennedy，1978a)以及吉布斯和西沃德(Gibbs 和 Seward，1979)，这里不再进一步讨论。当杠杆调整应用于进行货币性营运资本调整的体系(如标准会计实务公告第 16 号所示)时，杠杆率定义就必须排除 M_t 和 L_t 这两个货币性营运资本要素。

有人可能会质疑基于杠杆调整所计算利润的有用性，以及它们相比基于业主观的"实值"会计的优越性。权益资本的"实体"估值排除了利润中的真实持有利得，而假设公司保持其当前形式不变，即使该形式的现行价值实际上升也不会产生利润。

本章前面讨论了证明和运用实体观所存在的困难。肯尼迪(Kennedy，1978a)将营业利润减利息和进行杠杆调整后的利润描述为"业主利润"(proprietary profit)。这是一个业主观概念，因为这两项调整是为了反映可归属于权益的利润。但是，为资本保持目的而使用的权益计量方法却以实体为基础，反映的是维持公司特定资产的价值[23]，而不是业主观下反映股东的一般购买力(反映资本的"财务观"而非"实物观")。因此，肯尼迪"业主利润"是"最适合用作股利分配政策基础的数字"的观点可能会被质疑。因为它并没有反映实

---

① 原文公式中最后一行的最后一项误为：$L_t - L_t$。——译者注

体的股东视角。[24]

杠杆调整体系的第二个缺陷是未能将借款利得从资产持有利得中剥离出来。对于任何接受以不变购买力作为理想计量标准的业主观人士（如Sweeney，1936；Edwards 和 Bell，1961；Baxter，1975），将融资利得（借款利得）与投资收益（资产利得）混在一起，会导致严重的信息损失。肯尼迪提出了一个将此信息与杠杆调整相结合的体系。[25]

最后，杠杆调整与特定用途的关系没有明确的界定。梅雷特和赛克斯（Merrett 和 Sykes，1974）关注的显然是流动性危机，而不是利润危机（未实现持有利得即使可以被视为具有利润性质的经济收益，也不会产生现金流量）。在整个论争过程中学者们一直关注流动性，特别吉布斯（Gibbs，1975，1976，1979）的著作，目前还不完全清楚其核心问题是利润还是现金流。税收似乎是戈德利和伍德（Godley 和 Wood，1974）以及戈德利和克里普斯（Godley 和 Cripps，1975）所关注的一个中心问题，尽管肯尼迪（Kennedy，1978a）避免在这个问题上做任何承诺。

6.7 折中收益表

肯尼迪（Kennedy，1978a）提出了一种"简化收益表"。该表除了记录杠杆调整和实体观支持者建议的各种收益指标，还记录"实值"业主利润。很难反对这种折中的损益表方法，因为这似乎是实现"目的不同，收益各异"报告的一种方法。它有助于减少对单一收益数字的强调，并且是爱德华兹和贝尔（Edwards 和 Bell，1961）作品所示例过的"有用性信息"法的具体应用（或者桑迪兰兹报告第 540 段所描述的"积木"法）。在同一套报表中嵌入各种资本保持概念具有可行性，因为资本保持只影响收益计量，因此，可以在收益表中进行处理。但是应当指出，报告各种不同的资产计价基础更为困难，因为这需要重述资产负债表中的单项资产以及收益表的多个项目（如折旧）。因此，计价问题涉及多栏式会计报表，而资本保持问题只涉及收益表中的多行，这是因为它只需要对一个项目（即收益数字）进行不同的表达。

为了说明这一点，我们将讨论肯尼迪（Kennedy，1978a）的建议方案，尽管该文献中存在许多不同方案，特别是杠杆调整可能会导致不必要的复杂化。

肯尼迪的"简化收益表"如下：

		£
	现行成本下的营业利润	X
加	货币性资产净额收到的利息	X
减	为维持货币性资产净额所需的调整	(X)
等于	*实体利润*	X
减	货币性负债支付的利息	(X)
加	杠杆性持有利得	X
等于	*业主利润*	X
加	非杠杆性持有利得	X
等于	*业主收益总额*	X
减	非杠杆性持有利得的通货膨胀因素	(X)
等于	*通货膨胀校正后的业主收益*	X

　　每一行用斜体表示的指标都代表不同的利润概念。"现行成本下的营业利润"是计算起点,它采用基于对业主价值实物资产重置的实体资本维持概念：$P''_t + N''_t \cdot s$。加上融资收益(包括股利和利息)后,还要进行一项实体调整,以便用实际价值保全货币性资产净额,即货币性营运资本调整。用 $[(M_{c,t} - L_{c,t}) \cdot s]$ 来调整需要保全的期初资本,得到 $[P''_t + N''_t \cdot s + (M_{c,t} - L_{c,t}) \cdot s]$ 总额(其中,下标 c 表示 M 和 L 是营运资本的组成部分)。需要注意的是,s 是特定指数,可能因资产类型的不同而存在差异。通过这一调整得出的结果就是一个基于保全经营完整性的完全"实体利润"。它受到前述概念问题的困扰：保全对象的具体性质(特别是货币性营运资本)并不像人们所希望的那样清楚。

　　下一步是使用杠杆调整计算"业主利润"。支付的利息将被扣除,因为这是将实体利润分配给净财富中非业主的部分(杠杆因素)。然后,再加回杠杆持有利得。如前所述,它反映资本保持概念的弱化以使杠杆因素固定为货币形式,因此,业主(股权)存在净利得。如果我们将长期借款(固定资本)定义为 L_f,将短期借款(营运资本)定义为 L_c,则实体资本保持概念就是 $[P''_t + N''_t \cdot s + (M_{c,t} - L_{c,t}) \cdot s]$,从而肯尼迪的业主资本保持概念变成：

$$P''_t + \left(1 - \frac{L_{f,t}}{L_{f,t} + P''_t}\right)\left[N''_t \cdot s + (M_{c,t} - L_{c,t}) \cdot s\right] \qquad (6.5)$$

其中,$\left[\dfrac{L_{f,t}}{L_{f,t} + P''_t}\right]$ 是杠杆比率[26]。此调整的结果是,虽然杠杆资本运用了货币资本保持概念,但权益资本(P''_t)仍以实体观为基础,即采用了公司特定指数 s,当第一个括号中的各项作为一个整体时,这在无杠杆情况下就变得明显了。

因此，这并不是本章前面所定义的业主观概念，而是上一节讨论过的杠杆调整的产物。应当注意的是，这种形式的杠杆调整包括全部持有利得：20 世纪 80 年代早期英国使用的标准会计实务公告第 16 号的形式，不包括未实现持有利得。

下一步就是将未实现持有利得[式(6.5)]中两个括号的乘积加回到简单资本保持概念利润（P_t''）。如前所述，这是货币形式的业主资本，肯尼迪将由此得到的业主利润指标称为"业主收益总额"（total proprietary gain）。

通过最后调整得出"实值"业主利润，肯尼迪将其描述为经通货膨胀修正的业主收益。计算该指标的正确方法是加上资本保持概念（即从利润中扣除）基础的一般价格调整（$P_t'' \cdot s$），得出保全的总资本[$P_t'' \cdot (1+p)$]。肯尼迪从利润中扣除"全部持有利得的通货膨胀因素"[27]时发生了一个算术错误，非杠杆持有利得是[$p \cdot (P_t'' + L_{f,t})$]而不是（$p \cdot P_t''$）。从业主角度看，无需指数化杠杆资本，因为它只要求保全（或偿还）货币形式资本，重述后的实值金额超过货币金额的差额就是借款利得。

因此，可能有人不赞成肯尼迪折中收益表的详细提议，认为杠杆调整并不必要，最好区分已实现和未实现持有利得（遵从 Sweeney，1936 或 Edwards 和 Bell，1961 的建议）。另外，他们还期望单独列示借款利得。货币性营运资本调整也存在争议。然而，人们不能不同意通过报告各种不同的收益指标，以满足不同使用者不同目的的具体信息需求这样一个宽泛的原则。肯尼迪还有效地回应了对这类建议的共同批评：

> 主要会计报表中存在多项利润指标会使会计信息使用者感到困惑的说法是夸大其词了。会计信息使用者只需在报表中选择最适其用途的一行数字即可。无论如何，即使他感到困惑，也比被他无法恰当理解的单一利润数字所误导要好（Kennedy，1978a，第 63-64 页）。

自肯尼迪提出这一建议以来，财务报告准则和实践一直在朝着折中收益表的方向发展。特别是越来越多的人接受了含有全部利得和损失的"综合"收益指标，并辅之以可能嵌入了不同资本保持概念（如肯尼迪和桑迪兰兹报告所建议的那样）的营业利润小计项目，尽管关于这些小计项目的确切性质以及会计准则应在多大程度上规定它们的争论仍在继续（Barker，2010）。[28]

6.8　结论

　　资本保持概念是收益计量的关键因素。无论是定价、税收、股利分配、工资谈判还是股票估值，收益计量都是通货膨胀会计论争参与者关注的核心话题，并且它一直是后来关于改进收益表以满足使用者需求的相关辩论的基础。人们提出了各种不同的概念。幸运的是，设计一张收益表来列示基于不同资本保持概念的多种不同收益数字是可能的。在文献中最广泛讨论的三个概念是实体概念、货币业主权概念和真实业主权概念。实体概念提出了一个问题，就是如何界定要保全的实体的性质。如果这个问题能够解决，从利润中排除资产相对价格上涨时保全实体完整性所必须的那部分收入似乎是有益的。货币业主权概念具有很强的传统性和直观性基础，它反映股东的视角，但出于某种目的也需要加以修正，特别是在通货膨胀期间，需要通过一般价格水平调整保全真实业主资本后再计算出收益。

　　这三个基本概念都可以单独嵌入一张独立收益表内，因此，不能认为它们相互排斥，但它们相互勾稽的步骤和方法还在争论中。肯尼迪(Kennedy，1978a)建议，勾稽方法应该包括杠杆调整，但对这一调整的讨论却未能避免。这是实体观与业主观之间尴尬妥协的局面。另一种方法是对所有资本来源都进行如实值体系那样的一般购买力调整，将真实持有利得(和损失)与通货膨胀(或通货紧缩造成的损失，如果发生的话)产生的虚拟利得(和损失)区分开来，并确定借款利得和通货膨胀期间持有货币性资产的损失。区分已实现持有利得与未实现利得是有用的。

　　本章主要用文字和代数方式进行论述。为了帮助读者全面理解，附录 A 提供了一组简明的数字示例，列示了不同的资本保持概念。这一论争主要根据先验推理展开，但仍有相当大的经验研究空间，以便确立竞争性论点经验假设的现实性、资本保持概念差异的重要性以及由此得出指标的有用性。附录 B 回顾了迄今为止发表的经验研究成果。第 7 章将综括概述本章及前面几章的讨论。

附录 A　各种资本保持概念的数字示例

A.1　简介

　　本附录提供了前面几章未曾例证的两个重要资本保持概念的数字示例，也就是应用于估值基础的杠杆调整（肯尼迪、吉布斯、戈德利和克里普斯的"纯粹"形式）和一般指数"实值"调整。最后，可用肯尼迪收益表让不同资本保持概念得到的利润数字相互勾稽起来。

假定的情形就是前几章使用的"老弗雷德"案例，本例的起点是第4章的附录B。第4章附录B给出了现行成本报表，使用的是重置成本计价基础，报告了资本保持观的货币业主观和实体观。如果不管其形式而从精神实质上来看的话，这就是桑迪兰兹报告模型。显然，在现行价值基础（参见第4章）和资本保持概念（参见第6章）方面存在着各种令人困惑的变化。对建议付诸实施的各种资本保持概念，泰迪（Tweedie，1979）进行了有价值的研究和评论，斯特林和莱姆克（Sterling和Lemke，1982）对不同资本保持概念（重点是"实物"概念还是"财务"概念的问题）的相对优点进行了深入讨论。

下述示例的目的是说明一些相对更为流行技术的基本工作原理，而不是要穷尽所有可能的技术和情况。因为这方面的指引可在与会计准则相关的指南说明和工作手册中找到。例如，含有杠杆调整（仅限于已实现持有利得）和货币性营运资本调整的英国惯例，由标准会计实务公告第16号（会计准则委员会，1980年）所定义并附有指导性说明。马林森（Mallinson，1980）对其应用进行了全面的技术讨论。

A.2 杠杆调整

第1期：在第4章附录B中，按现行成本基础编制的老弗雷德期初资产负债表为：

资产负债表(t 时点)

	£		£
业主资本	150	固定资产	
借款	50	购物车（成本）	100
		流动资产	
		现金	100
	200		200

显然，杠杆比率为 1/4（50/200），即 1/4 的长期资本由借款提供。将该比率应用于第4章附录B所示的该期现行成本报表后，经简单杠杆调整后得到的收益表如下：

第 1 期收益表($t \sim t+1$ 时点)

	£
销售收入	120
减　销售商品的现行成本	104
	16
减　折旧	10
现行成本营业利润	6
加　杠杆调整	7.5
可供分配利润	£13.50

我们可以看到,直到现行成本营业利润那一行,本收益表与现行成本收益表(第 4 章[①],附录 B)都相同。现行成本营业利润基于资本保持的实体观概念,持有利得不包括在利润中,而是被视为保全资本的价值增加额。杠杆调整是将持有利得中属于债务融资的部分加回来。具体到本例,计算过程就是 1/4(杠杆比率)乘以 30 英镑(存货持有利得)。由此得到的利润数字(13.50 英镑)在这里称为"可供分配利润",因为该利润是杠杆调整支持者认为的在不损害实体实物(就是由固定杠杆比率融资形成的企业特定资产)且假定有可能进一步借款以维持初始杠杆比率情况下可分配给业主(或公司股东)的利润。

应当注意的是,杠杆调整可能存在多种变体,包括:

(1) 标准会计实务公告第 16 号(SSAP 16,1980)规范的英国惯例,将杠杆比率仅应用于已实现持有利得,但这一惯例被杠杆调整的早期作者们(吉布斯、肯尼迪、戈德利和克里普斯)所拒绝,因此,这里我们不予考虑。

(2) 杠杆比率可用年度平均值计量(如英国的标准会计实务公告第 16 号),而不是参考期初资产负债表选择。

(3) 对于公司,优先股可被视为负债(如早期的英国海德指南)或作为所有者权益(如之后的标准会计实务公告第 16 号)。

(4) 为了计量杠杆比率,长期固定利率贷款型股票或者固定股利优先股应按市场价值而非名义价值列示。市场价值符合现行成本会计的现行基础,但账面价值更容易计算且不随市场利率的变化而波动,因而实务中更为优先地使用账面价值。

---

① 原文误为第 5 章。——译者注

（5）确定杠杆比率需考虑的货币性负债和货币性资产，可以通过多种不同的方式来定义。通常认为杠杆率与长期融资相关，短期负债一般在确定货币性营运资本净额时抵减流动资产，以便进行货币性营运资本调整。在前述所示的第 1 期简单示例中，因为假定没有短期负债，后一个问题也就不会出现。我们还假定期初资产负债表中的现金立即转化为存货，因此，该期也没有货币性营运资本。

期末资产负债表与现行成本报表（第 4 章，附录 B）相比，除了业主资本分配不同，其他都一样，因为非杠杆持有利得（22.50 英镑）被视为不可分配的资本保持准备。

资产负债表（$t+1$ 时点）

业主资本	£	固定资产	£	£
期初余额（t）	150	购物车（成本）	100	
加　资本准备	22.50	减　累计折旧	10	
可供分配利润	13.50			
	186			90
减　提款	30	流动资产		
期末余额（$t+1$）	156	存货（现行成本）	26	
借款	50	现金	90	
				116
	£206			£206

第 2 期：计算期初资产负债表杠杆比率的方法与第 1 期相同，即 50/206。将其应用于现行成本报表（第 4 章，附录 B）中列示的 50 英镑持有利得，得出收益表的最后部分，如下所示：

第 2 期现行成本收益表的杠杆调整

	£
现行成本营业损失	(37)
加　杠杆调整（50×50/206）	12.14
可供分配损失	£(24.86)

资产负债表中的业主资本必须再次等于现行成本报表中的业主资本（因为根据定义，它必须等于 $N_{t+1}+M_{t+1}-L_{t+1}$），但可分配利润和不可分配准备金之间的划分是在杠杆调整体系中进行的。

	£
业主资本	
期初余额($t+1$)	156.00
加 拨备资本保持准备部分(非杠杆化持有利得)	37.86
可供分配的(损失)	(24.86)
	169.00
减 提款	106.00
期末余额($t+2$)	£63.00

本例暗含着进行货币性营运资本调整是不合适的假设。但是,如果假设(就像第4章附录B那样)购买交易和初始债务结算均发生在期初,销售发生在期末,则该公司第2期的货币性营运资本净额为14英镑,即从供应商那里获得的52英镑信用借款扣除持有的38英镑现金余额。现金余额是从事经营所必需的,因此,是货币性营运资本的一部分,即根据第6章所设定的符号,$M_{c,t+1}$为38英镑,$L_{c,t+1}$为52英镑。我们假设调整货币性营运资本的适当指数是该期间存货价格的上涨倍数,1.38(—1.80÷1.30)。

货币性营运资本调整类似于存货销售成本调整(即重置成本超过历史成本的差额作为额外费用加以扣除)。当净额投资于货币性营运资本时,为保持该金额实际价值所需的增加额(按所选择的特定指数计算)应计入损益从而求得现行成本营业利润。这项额外的扣除将因杠杆调整而减少,因为在假定杠杆比率不变的情况下,货币性营运资本净额中由长期债务融资的部分,实体所有者并不要求保全它。如本例所示,当货币性营运资本净额为负,即借入款项超出借出款项与现金持有量之和时,杠杆调整会导致收益增加(贷方)而非费用增加(借方),因而抵销了额外扣除的存货重置成本。

这些调整将按以下方式实施。

本例引入货币性营运资本调整后,调整总金额(2.80英镑)导致现行成本营业损失减少,而非杠杆部分(2.12英镑)则使可供分配损失减少。结果是,资本保持准备减少了2.12英镑,使可供分配损失相应减少,但资产负债表业主权益的期末余额并没有变化。这表明,货币性营运资本调整是一种资本保持概念,有助于区分资本与利润,但不影响评价业主在企业的权益总额。评估业主在企业的权益总额,取决于所采用的资产和负债计价基础(因为 $P_{t+2} \equiv N_{t+2} + M_{t+2} - L_{t+2}$)。

第2期收益表(t+1~t+2时点,存在货币性营运资本和杠杆调整)

	£	£
销售收入		135.00
减 商品销售成本	162.00	
货币性营运资本调整[£14(180/150−1)]	(2.80)	
		159.20
交易(损失)		(24.20)
减 现行成本折旧		10.00
现行成本营业(损失)		(34.20)
加 杠杆调整[$\frac{50}{206}$($50−$2.80)]		11.46
可供分配(损失)		£(22.74)

资产负债表(t+2时点,业主权益部分)

	£
期初余额(t+1)	156.00
加 资本保持准备拨备(£37.86−£2.12)	35.74
可供分配(损失)	(22.74)
	169.00
减 提款	106.00
期末余额(t+2)	£63.00

如果货币性营运资本净额为正数(资产超过负债),货币性营运资本调整的结果当然在算术上也是相反的,即增加资本保持准备,减少可分配利润。

应当指出的是,货币性营运资本调整有多种可能的定义。特别重要的是构成资产和负债的规则(如是否应包括现金)、应使用的恰当指数(例如,购买价格指数、销售价格指数还是一般购买力指数)以及计算技术(例如,调整是基于交易的精确日期,还是如前例所示基于某种平均法)。

第3期:本期借款净额(参见第5章附录B的计算过程)为215英镑。其中,50英镑为长期借款。如果我们将剩余部分(应付债权人180英镑,减去现金15英镑)定义为货币性营运资本,则本期需进行调整的净借款额为165英镑。购买价格从1.80英镑上涨至1.90英镑,从而特定指数约为1.06,我们假定这是恰当的调整指数。

因此,货币性营运资本调整:

$$£165 \times \left(\frac{1.9}{1.8} - 1\right) = £9.17$$

根据期初资产负债表,杠杆比率为:

$$\frac{50}{50+63}=0.442\ 5$$

本期持有利得为 51 英镑(见第 4 章附录 B)。在本例(净借款)中,货币性营运资本调整将在计算杠杆调整时从持有利得中扣除:

杠杆调整:(51－9.17)×0.442 5＝18.51(英镑)

该调整额将计入可供分配利润,其余部分(23.32 英镑＝51－9.17－18.51)计入资本保持准备。

这些调整在报表中列示如下:

第 3 期收益表

	£	£
销售收入		180.00
减 商品销售现行成本	171.00	
货币性营运资本调整	(9.17)	
现行成本折旧	15.00	
		176.83
现行成本营业利润		3.17
加 杠杆调整		18.51
可供分配利润		£21.68

期末资产负债表($t+3$)中的业主资本部分如下:

业主资本	£
期初余额($t+2$)	63.00
加 资本保持准备拨备	23.32
可供分配利润	21.68
	108.00
减 提款	10.00
期末余额($t+3$)	£98.00

第 4 期:杠杆调整和货币性营运资本调整不适用于本期,因为这两项调整是基于持续经营假设,而本期却要进行业务清算。唯一的持有利得是一项已实现利得(购物车),因为已经不打算重置。因此,无须修改第 4 章①附录 B 给出

---

① 原文误为第 5 章。——译者注

的报表，该报表显示交易利润为 6 英镑，收益总额为 21 英镑。在即将清算的情况下，所有收益均可供分配。

A.3 实值会计

在此，我们调整第 4 章附录 B 给出的现行成本报表，以展示资本保持的"实值业主权"概念，即资产现行价值（与现行成本会计所给出的定义相同）扣除负债后的业主资本货币价值。为保持资本而进行一般价格水平指数调整后，该价值会有所增加。在第 5 章附录 B，使用历史成本报表也进行过类似操作。本例中，我们假设所有销售均发生在期末或发生在该期所有价格变动（特定价格变动和一般价格变动）完成之后，因此，报表中的所有数字全部都是以期末英镑表示的。否则的话，为了获得一整套以不变英镑价值计量的"实值"报表，就不得不按第 5 章所述的方法将部分损益数字转换为年末英镑。还应该注意的是，为进行期间比较，一个完整的"实值"系统要求将以前期间的报表按第 5 章所述的方法转换为现行英镑（或其他任何相同日期的英镑，在这种情况下，本期报表应以相同单位列报）。这是一个纯粹的机械运算过程，这里不予演示。

很明显，"实值"会计的实施方法可能会有很多变体。对于该问题的讨论和数值示例，爱德华兹和贝尔（Edwards 和 Bell，1961）以及斯威尼（Sweeney，1936）的经典作品是非常有价值的参考资料来源，特别是后者的第 3 章。

第 1 期：与现行成本会计（第 4 章，附录 B）和杠杆调整（A.2）的示例一样，计算起点都是相同的期初资产负债表（t）。但是，"实值"资本保持是通过乘以一般指数 p 来保全业主的实值资本 P_t。第 1 期有关的价值是 $P_t = 150$ 英镑以及 $p = 1.1$，因此，需保全的期末资本为 165 英镑，多出的 15 英镑贷记资本保持准备。收益表如下所示：

第 1 期实值收益表（$t \sim t + 1$ 时点）

	£
销售收入	120
减　商品销售现行成本	104
	16
减　折旧	10
现行成本营业利润	6
加　真实持有利得	15
真实收益总额	**£**21

　　真实持有利得等于 30 英镑存货持有利得(见第 4 章附录 B)减去计入资本保持准备的部分(15 英镑)，而资本保持准备是保全期初资本实际价值所必需的。换一个角度，我们也可以从资产负债表的另一侧根据净财富组成(即 $N_t + M_t - L_t$，而非 P_t)来观察期初资本，将真实持有利得具体到该期持有的特定资产和负债，如下所示：

	£
真实持有利得	
存货利得[£30-(£100×0.1)]	20
借款利得(£50×0.1)	5
购物车损失(£100×0.1)	(10)
	£15

　　期末实际价值扣除每一项目指数化(真实)的期初价值后就是真实利得或损失，即在资产货币价值没有发生变动的情况下，将期初价值乘以-0.1(1-1.1)即可。存货的货币性利得(30 英镑)在第 4 章附录 B 中计算过。购物车之所以产生损失，是因为其重置价格未能跟上通货膨胀的步伐。这些损失的部分已经实现(以折旧费的形式)，另一部分尚未实现(以购物车净值的形式列示在期末资产负债表)。

　　期末资产负债表的业主资本部分反映了"实值"法，资产和负债部分与现行成本会计相同。

实值资产负债表($t+1$ 时点)

	£		£	£
业主资本		固定资产		
期初余额(t)	150	购物车(成本)	100	
加　资本保持准备拨备	15	减　折旧	10	
	165			90
加　真实收益	21	流动资产		
	186	存货(现行成本)	26	
减　提款	30	现金	90	
期末余额($t+1$)	156			116
借款	50			
	£206			£206

第2期:期初资产负债表($t+1$)显示需保全的资本为 156 英镑。根据该期一般价格水平变化($p=0.2$)加以调整,资本保持准备的金额为 31.20 英镑。

损益表将从计算现行成本利润(第 4 章,附录 B)开始,但最后一部分是:

	£
现行成本营业利润(损失)	(37.00)
加　真实持有利得†	18.80
真实(损失)总额	£(18.20)

†50 英镑名义持有利得(第 4 章附录 B)减 31.20 英镑资本保持准备。

真实持有利得可分解如下:

	£
存货利得[£50-(£130×0.2)]	24
借款利得(£102×0.2)	20.40
持币损失(£38×0.2)	(7.60)
购物车损失(£90×0.2)	(18.00)
真实持有利得净额	£18.80

上一期的持有资产和负债的利得和损失,等于实际期末价值扣除指数化的期初价值。

由于估值基础相同,期末资产负债表再次(也必然)展示与现行成本会计相同的业主净值(63 英镑)。资本与利润的划分如下:

	£
业主资本	
期初余额($t+1$)	156.00
加　资本保持准备拨备	31.20
	187.20
加　真实(损失)总额	(18.20)
	169.00
减　提款	106.00
期末余额($t+2$)	£63.00

第3期:期初($t+2$)业主资本为 63 英镑。根据该期通货膨胀率(10%,见第 4 章附录 B)对其进行指数化,计算出资本保持准备为 6.30 英镑。对收益表的调整如下:

	£
现行成本营业利润(损失)	(6)
加　真实持有利得†	44.70
真实收益总额	£38.70

†51 英镑(见第 4 章附录 B)减去 6.30 英镑的资本保持准备。

持有利得分解如下:

	£
固定资产利得[£40-(£80×0.1)]	32
借款利得[(£180+£50)×0.1]	23
持币损失(£15×0.1)	(1.50)
存货持有损失[£11-(£198×0.1)]	(8.80)
	£44.70

值得注意的是,由于存货的重置成本未能跟上一般价格水平(p)变动,持有存货产生了真实损失。

资产负债表中的业主资本部分如下:

	£
业主资本	
期初余额($t+2$)	63.00
加　资本保持准备拨备	6.30
	69.30
加　真实收益	38.70
	108.00
减　提款	10.00
期末余额($t+3$)	£98.00

第 4 期:业主资本期初余额($t+3$)为 98 英镑,一般价格水平变动(p)为 5%,因此,资本保持准备为 4.90 英镑(98×0.05)。

第 4 期损益表($t+3\sim t+4$ 时点)

	£
销售收入	44.00
减　商品销售现行成本	38.00
现行成本利润	6.00
加　真实持有利得	10.10
真实收益总额	£16.10

真实持有利得等于 15 英镑的已实现利得(第 4 章附录 B)减去为实现真实资本保持而要求增加的金额(4.90 英镑)。利得和损失可具体到下述资产和负债:

	£
购物车利得[£15−(£105×0.05)]	9.75
借款利得(£50×0.05)	2.50
持有现金损失(£5×0.05)	(0.25)
持有存货损失 (£38×0.05)	(1.90)
	£10.10

持有存货之所以会产生实际损失,是因为假定其在出售前本期重置成本没有上升,因此,其现行成本价值的增加无法跟上通货膨胀的步伐。

资产负债表($t+4$ 时点)

	£		£
业主资本			
期初余额($t+3$)	98.00	现金	169
加 资本保持准备拨备	4.90		
	102.90		
加 真实收益	16.10		
期末余额($t+4$)	119.00		
借款	50.00		
	£169.00		£169.00

A.4 肯尼迪收益表

在本节中,我们例示第 6.7 节描述的肯尼迪"简化收益表",其可以列示各种信息,包括前面例示的"杠杆"和"实值"利润数字,并提供了这些数字之间清晰的勾稽关系。爱德华兹和贝尔(Edwards 和 Bell,1961)例示和讨论了这种宽泛的备选收益表。

第 1 期

	£
现行成本营业利润	6.00
加 杠杆持有利得	7.50

		£
	业主利润	13.50
加	非杠杆持有利得	22.50
	业主收益总额	36.00
减	非杠杆持有利得的通货膨胀成分	15.00
	修正通货膨胀后的业主收益	£21.00

本表格式与前面正文所列格式相同,只是省略了不适用于本例的行次(如收到的利息)。这些数字可以与本附录前面例示的"杠杆"和"实值"报表中的数字加以比较。本表中的"业主利润",在杠杆示例中称为"可供分配利润",而"修正通货膨胀后的业主收益"与实值示例中的"真实收益①"相同。"业主收益总额"与第 4 章附录 B(现行价值会计示例)中的"收益总额"相同,那里计算的持有利得就是此处报告的杠杆持有利得和非杠杆持有利得之和。

第 2 期

		£
	现行成本营业利润(损失)	(37.00)
加	货币性资产实值保全调整	2.80
	实体利润	(34.20)
加	杠杆持有利得	11.46
	业主利润(损失)	(22.74)
加	非杠杆持有利得	35.74
	业主收益总额	13.00
减	非杠杆持有利得的通货膨胀成分	31.20
	修正通货膨胀后的业主收益(损失)	£(18.20)

本期唯一的创新之处是引入了货币性营运资本调整(第 2 行),该项目与前期没有关系。由于货币性营运资本净额为负(净借款),因而在现行成本营运利润基础上应加计(而不是减计)该项目。

第 3 期

		£
	现行成本营业利润(损失)	(6.00)
加	货币性资产实值保全调整	9.17

---

① 原文误为真实利润(real profit)。——译者注

		£
	实体利润	3.17
加	杠杆持有利得	18.51
	业主利润	21.68
加	非杠杆持有利得	23.32
	业主收益总额	45.00
减	非杠杆持有利得的通货膨胀成分	6.30
	修正通货膨胀后的业主收益	£38.70

第 4 期

本期的杠杆调整和货币性营运资本调整没有关系,因此,报表更为简单,前三行取自现行成本会计报表(第 4 章附录 B)。持有利得的通货膨胀成分(4.90 英镑)是前面实值会计示例计算的一般价格水平调整。

		£
	现行成本营业利润	6.00
加	持有利得	15.00
	业主收益总额	21.00
减	持有利得的通货膨胀成分	4.90
	修正通货膨胀后的业主收益	£16.10

附录 B 与各种资本保持概念相关的经验证据

资本保持概念是利润计算的重要成分,因此,第 4 章附录 A 和第 5.9 节的案例研究比较了各种利润计量的计算结果,都必然涉及资本保持概念选择问题,并且通常还涉及各种资本保持概念的比较。因此,例如,霍普(Hope,1974)的研究就涉及对货币所有权资本保持概念、实物所有权资本保持概念和实体资本保持概念的比较,吉布斯(1979 年著作列出)的研究涉及对单个公司运用杠杆调整和其他资本保持概念结果的估计。不可避免的是,数据的缺乏意味着这些研究较少涉及实体资本保持概念,因为实体概念需要现行价值数据,所以货币所有权(通常是公开报表的基础)与实物所有权指标(只需要掌握一般价格指数变动)的比较更为常见。

独立于收益计量而单独对资本保持概念进行的经验研究相当罕见,但在20 世纪 70 年代全球通货膨胀期间,一些有趣的研究开始出现,而且有些还可能是值得进一步研究的富有成果的领域,当然 20 世纪 80 年代结束现行成本会计短期试验后缺乏经验数据是问题所在。其中一个研究方向是,使用杠杆融资的公司是否真的如"实值"资本保持概念所建议的那样,在通货膨胀期间真的能够获得借款利得。布里斯科和霍克(Briscoe 和 Hawke, 1976)发现,在 1965—1974 年通货膨胀期间,高杠杆率英国公司的股东财富中似乎并没有特别高的利得。他们将这一结果归因于价格竞争,因为价格竞争会使借款利得因价格降低而消失。皮斯内尔和斯凯拉特(Peasnell 和 Skerratt, 1976b)从方法论的角度对这一研究提出了批评(特别是,布里斯科和霍克的研究没有考虑杠杆率以外因素的影响,从而可能错误地归因于杠杆率),而且更根本的是,他们认为基本假设与资本的一般价格水平调整无关。即使高杠杆率公司在通货膨胀期间业绩表现不佳,也不意味着它们未能从借款中获益,而仅仅意味着该公司的其他方面不尽如人意。后一种批评尤能说明问题:在明确会计意义之前,基本假设当然需要有更清晰的说明。例如,借款利得是利率的对冲,仅当利率(变动)不能完全预测通货膨胀时,公司才能从借款中获得净利得。此外,从财务报告目的角度分析,债务能否有利得的问题,应该与该利得是让股东(通过更高的利润)受益还是让客户(通过较低的价格)受益的问题区分开来。显然,在检验债务人、债权人假设能否有助会计方法选择之前,需要对理论和经验方法论进行更充分的说明。[29]

　　另一个相关的经验研究领域,是折旧基金能否足以满足新投资融资的问题。这与实体资本保持概念有关,并意味着可能产生欠提折旧,尽管前述讨论(第 6.4 节)已经明确指出,这是一个流动性问题而非收益计量问题。第 4 章附录 A 提到的经济学家的几篇论文(如 Meeks, 1974;Merrett 和 Sykes, 1974,1980),除其他内容外也特别关注这个问题。阮和惠塔克(Nguyen 和 Whittaker, 1976)根据英国 31 个工业集团的数据进行的一项研究表明,通货膨胀率超过 16% 时,将导致按传统历史成本计算的与重置要求相关的摊销资金严重短缺。显然还有更多使用了更好数据(特别是在个别公司层面)的此类作品探讨这种短缺的后果,如股利政策或为税收目的的适当资本抵免率。

　　最后,皮斯内尔和斯凯拉特(Peasnell 和 Skerratt, 1978)探讨了"实值"资本保持使用的一般指数调整与个人股东的相关性这一颇有争议的问题。他们检验了"异质性假设"——一般指数变动无法捕捉不同个体购买力变动,发现群体之间存在"显著的共性",因而他们拒绝了这一假设,倾向于进行一般指数调整。他们通过比较不同收入群体个人购买力与一般指数变化来开展研究,这是一个重要局限。进行个体研究还有很大空间,最好从特定公司的股东中挑选个体对象进行研究。

我们已经指出(第 4 章附录 A)美国(FAS33,财务会计准则委员会,1979b)和英国(SSAP16,会计准则委员会,1980)的现行成本会计实验,助推了一些研究项目来评价其结果。

在英国,嘉士伯报告(Carsberg 和 Page,1984)明确将资本保持纳入其范围。正如该报告领衔作者(Carsberg,1984 年,第 40~42 页)所概括的结论那样,基于运营能力的现行成本营业利润已被分析师、政府监管机构和投资者(反映其对股价的影响)使用。然而,杠杆调整(标准会计实务公告第 16 号体系的其中一部分)不太受欢迎,部分原因是它只是减少已实现利得,因此,它不是完全杠杆调整。有限的证据表明,"实值"调整产生的信息会影响股价。因此,暂时得出的结论是,营运资本保持是收益计量这个宽泛框架内的一个有用概念,其中还包括如前面例示的肯尼迪框架的业主权计量。

美国的研究主要集中在不同盈余指标对股市的影响,而非不同资本保持概念的特殊效果。然而,盈余计量需要一个资本保持概念,而重置成本盈余则意味着实体(经营能力)资本保持概念。因此,比弗和兰德斯曼(Beaver 和 Landsman,1983)否定重置成本盈余有用性(以对股价的影响来计量)的研究,也可以解释为他们否定了资本保持的实体计量。然而,属于业主资本保持概念的一般价格水平调整也未能通过比弗和兰德斯曼的检验,当然我们已经指出,后来的部分研究挑战了比弗和兰德斯曼的早期结论。因此,美国此时所做的大部分研究并没有阐明资本保持概念选择问题。一个例外是霍和勒斯特加滕(Haw 和 Lustgarten,1988)的研究,他们分析了证券回报和根据美国证监会重置成本的要求(ASR 190,1976)和后来的财务会计准则委员会的要求(FAS 33,1979)披露的持有利得之间的关系。他们发现,证券回报与持有利得之间存在着统计上的显著正相关关系,这与持有利得包含投资者有用信息的观点一致。根据业主资本保持观,持有利得是综合收益的一部分,但根据实体概念,持有利得不属于综合收益。因此,这一结果表明,一个宽泛的资本保持概念是相关的,但区分持有利得与其他收益依然有益,因为持有利得可能与综合收益的其他组成成分产生不同的影响。

综上所述,针对资本保持概念进行的经验研究相对较少,这可以用 20 世纪

70 年代末和 20 世纪 80 年代初"现行成本革命"的短命来解释。这场革命未能产生足够的数据(部分原因是它的短命,部分原因是采用率过低),未能使决策者保持足够的兴趣来证明研究人员认真关切的合理性。然而,现有证据大体上符合这样一种观点,即资本计量的实体观和业主观都可以产生有用的信息,像肯尼迪和其他人所主张的那样,将两者合并在一张综合收益表中的折中做法是有价值的。

注释

1　斯特林和雷姆科(Sterling 和 Lemke, 1982)更喜欢使用"物理"一词作为"财务"一词的对立面,而非使用所有权一词。这种区分在文献中很是常见,但它也引发了一些关于不使用经济重置(economic replacement)而使用物理复原(physical replication)不恰当的枯燥争论。

2　未来收入的折现净现值是隐含在希克斯收益定义 1 中的资本计量,因此,在这种情况下,按希克斯收益定义 1 和希克斯收益定义 2 都会得出相同的计量,即保持货币形式消费的货币形式净现值。或者,如果希克斯收益定义 1 意味着保持实值净现值,则在这种情况下,它与希克斯收益定义 3 的"真实消费维持"相一致。当然,会计师传统的资本保持观并非基于净现值保持。

3　因此,为便于比较,有必要将前几年的数字调整为现行英镑。为了与期末资产负债表保持一致,还要将损益表中的流量指标从当年的平均英镑值调整为期末英镑值(Edwardst 和 Bell, 1961,第 253 页;Gynther, 1966,第 12 章)。

4　这在爱德华兹和贝尔(1961)著作的第 5 章和第 6 章中有示例。

5　惠廷顿(Whittington, 1975)对巴克斯特的作品作了全面评价,并对此作了进一步评论。

6　在计算"现行营业利润"(如不变购买力体系中)时,他扣除了销售商品的全部重置成本(而不仅仅是不变购买力调整的历史成本)和折旧,但是却又再加回"真实折旧"(重置成本超过不变购买力调整历史成本的差额),得到的"税前利润"等于基于不变购买力调整历史成本计算的利润。

7　反之则不正确:某些重置成本倡导者(尤其是爱德华兹和贝尔),并没有采用实体法进行资本保持。萨缪尔森(Samuelson, 1980)认为,资本的实体观是唯一与重置成本估值相契合的观点。在这里,"现行成本"和"对业主价值"可以视作修正的重置成本。

8　施密特(Schmidt, 1930)在第 6.6 节还讨论了杠杆调整。

9　巴克斯特(Baxter, 1975,第 8 章)讨论了更为详细的反对实体观的其他理由。

10　金瑟(Gynther, 1966,第 15 章)指出,飞利浦将真实持有利得确认为资本(实体观),但将真实持有损失确认为损失(业主观)。

11 惠廷顿(Whittington,1980b)对他们的论点进行了批判性评论。

12 为简化起见,这里假设没有通货膨胀。如果发生通货膨胀,业主观就必须以实值加以解释(即进行一般指数调整),持有利得也应定义为真实持有利得。

13 萨缪尔森(Samuelson,1980)在一篇倡导实体观的有趣论文中似乎没有意识到这一点,因为作者不承认持有利得是基于假设机会的"成本节约"的论点,他也拒绝承认重置成本折旧优于历史成本折旧的观点。

14 然而我们应该记住,正如第 5 章所指出的,这种划分的有效性和有用性值得怀疑(Drake和 Dopuch,1965;Prakash 和 Sunder,1979)。在许多商业运营中,持有资产是一项整合活动,划分"持有"利得和"经营"收益本质上是武断的。

15 他们的"现行成本利润"并非严格意义上的实体概念,因为正如肯尼迪(Kennedy,1978a)所指出的,它是在扣除利息后计算的,利息是实体资本中负债部分的财务回报。业主关心的回报是股东权益,这是业主观的特征,纯粹的实体观却关心实体长期资本总额的回报,而不论采用什么融资方式。

16 折旧费用可以税前扣除时通常会出现这种情况:由此产生的税负减少可以为重置资产投资提供重大比例的资金(Domar,1953)。

17 优先股具有固定要求权,从概念上讲它是负债的一部分,尽管标准会计实务公告第 16号(SSAP 16)并不这样处理。

18 1930 年论文的第 237~238 页是杠杆调整的核心思想。

19 尽管该报告并未明确支持将营业利润而非总收益作为税基。

20 进行杠杆调整的另外两位当代著名倡导者是吉布斯(Gibbs,1975,1976)和肯尼迪,肯尼迪对这场论争作了出色概括(Kennedy,1978a)。

21 对此,福克(Forker,1980)给出了严格的证明。

22 第 24 号征求意见稿和标准会计实务公告第 16 号使用平均杠杆率而非期初杠杆率,但未解释这么做的原因。

23 施密特(Schmidt,1930)明确看到了权益资本保持"特定指数"法的实体观导向。

24 肯尼迪(Kennedy,1978a,第 63 页)。埃金顿(Egginton,1980)对使用利润指标来确定股利分配的全部问题进行了深入探讨,他得出结论认为,为进行收益分配,收益指标应配合流动性指标。

25 当然他提出的系统有一个重复计算的小错误,这已被福克(Forker,1980)证明,我们稍后讨论。

26 这里假定所有货币性资产都是营运资本(Mc,t)或者仅保全名义价值,从而在计算杠杆率时并不从 L_f 中扣除。

27 在前面给出的示例中,这个错误已被更正。

28　在英国，一项重要的发展是财务报告准则第 3 号(ASC，1992)，它提出了"已确认利得
和损失汇总表"。美国在财务会计准则第 130 号引入"综合收益表"(FASB，1997)。国
际准则的进展较慢(Camfferman 和 Zeff，2007，第 292～293 页)，但国际会计准则第 1
号(1997 年)的修订，通过权益变动表向综合收益方向迈出了尝试性的一步，国际会计
准则理事会随后进行的修订也取得了进一步发展。

29　弗里曼(Freeman，1978)概述了美国对债务人/债权人假说研究的一些情况。

第7章 总结与述评

7.1 引言

本章的目的是回顾之前的讨论(第7.2节),然后集中论述由此产生的三个主题:首先是为选择恰当的财务会计计量系统而必须解决的主要问题(第7.3节);其次是识别研究的贡献(第7.4节);最后是回顾实务的演变(第7.5节)。

从前面的讨论中我们应该清楚地看到,只提供一个独一无二的"正确"解决方案并不适用。相反,此处所采用的方法是研究讨论其他合理的各种不同方案。每一备选方案都有其优缺点,对于不同的情况,它们或多或少都有其可取之处。

7.2 前述讨论之回顾

前面讨论的重点是因价格变动而引起的财务会计问题,即向不参与日常管理的实体外部股东和财务信息其他使用者定期报告实体整体经济业绩的问题。尽管存在这种约束,但财务会计信息依然必须满足多种不同使用者的需要和各种不同的广泛用途,第1章和第2章对这些问题进行了讨论。在一个充满不确定性、市场不完善和不完全的现实世界里,不太可能找到能够满足所有这些需求的单一价值指标、资本指标和收益指标。即使没有价格变动,报表中的特定项目也会有不同的价格和价值选择(如历史成本、重置成本、销售价格和使用价值)。因此,即使不存在价格变动,财务会计在确定应披露信息的恰当范围方面也面临着严重的问题。对价格变动问题的讨论,往往因对会计作用和内容的规定不够明确而变得复杂。因此,价格变动问题与财务会计基础问题相互交织。

财务报告的传统会计基础是基于历史成本的收益表(我们使用了更具包容

性的术语——收益表)和资产负债表,第 3 章对此进行了批判性讨论。历史成本具有提供实际交易记录的优势,在控制方面具有重要用途。交易基础也赋予基于历史成本财务报告一定程度的客观性,当然评估应计项目(期末资产负债表记录的累计成本和收益)是一个重要例外,因为它涉及一定程度的主观性或需要采用完全随意的分配规则。除了"静止状态"(所有价格保持不变)这种不现实情况,历史成本估值存在着严重不足,它无法在资产负债表中记录资产在其购买日(历史成本)与资产负债表日(现行价值,未实现持有利得和损失的变动)之间发生的价值变动[1]。历史成本收益表也不能单独记录资产的历史成本与使用时价值之间的差额(现行成本,已实现持有利得和损失的差额)。因此,在存在相对价格变动但没有一般通货膨胀的情况下,历史成本报表无法提供能够充分评价会计实体经济整体绩效的价值和收益指标。这些问题还会因一般通货膨胀(或通货紧缩)而加剧,这是因为货币单位价值下降(或上升)以及相对价格变动造成的扭曲,导致现行价值与历史成本之间的差距愈趋扩大。

通常认为通货膨胀是一般价格水平上升,即相对于商品而言,货币价值下降了。从理论上讲,即使商品之间的相对价格保持不变,也会发生这种情况。消除一般通货膨胀对会计影响的其中一种方法是第 5 章讨论的不变(或现行)购买力法(CPP)。只要通货膨胀是纯粹的"不存在相对价格变动",这种方法在理论上是令人满意的。但在实务操作中,通常情况并非如此,我们在资产(和负债)估值方面存在困难,为进行收益计量而确定需要保全的资本方面也面临困难。对特定资产和负债的估值可以采用第 4 章所讨论的现行价值来处理,但实务操作中要准确选择现行价值法仍是一个难题。

现行(价值)资产计价基础加上资产价值以外项目的不变购买力调整,就是"实值"会计。在这一体系中,资本保持问题是采用一般购买力指数(资本的"业主权"计量)来解决的,但一些学者认为应采用针对实体资产的指数,运用旨在保全实体生产能力完整的"实体"观。这两个资本保持概念之间的分歧在于公司资产价格与一般价格指数的相对变化。也可以说,不变购买力调整缺乏依据。因为这里所使用的一般价格指数并不能反映股东个体生活成本变化:尽管这里进行的相关比较是股东个人(而不是企业)消费商品的成本与一般指数之间的比较,但这一论点也还取决于相对价格变动。

然而,必须强调的是,鉴于会计计量存在的局限性(如内部产生的大多数无形资产未予确认),无论是将一般通货膨胀的影响独立出来,还是将现行价值引入报表,都不可能取得明确无误的"真实"收益或资本数字。最值得期待的是通过这些报表获得一组与实体经济发展有关的信息,它们对广泛的外部财务信息使用者具有相关性。在第 4 章里,从这一角度对各种不同计价基础进行了审视,两个主要的竞争性基础是重置成本和可变现净值。这两个计价基础都以市场价格为基础,因此,在市场价格可以获得的情况下,可以认为它们是客观的,当然很容易设想市场价格不能获得的情况(例如,计算具有高度专业功能的已使用设备的价值)。显然,每一(计价)基础都与特定用途和情况相关。重置成本对于评估持续营业的经济绩效具有明显的相关性,因为在这种情况下变现是附带的(涉及使用其他相关生产要素),重置将会发生。但是,可变现净值却与预期直接变现的情况和目的相关,如评估贷款。同样清楚的是,在实务应用计价基础之前,都需要精确定义每一计价基础所假定的用途和情况。例如,对于重置成本,就需要定义到底是实物重置("再生产成本")、服务重置("维持运营能力"),还是其他标准。定义的选择将取决于信息的用途以及企业的具体情况。例如,重置成本要求假定"未来利润率能证明重置具有合理性"。一种不可避免的结论是广大报表使用者对重置成本和可变现净值都有兴趣,如果能够可靠地获得且不存在不必要的复杂性和成本负担,两个指标都应该报告,采用的形式可以是多栏式报表,也可以是报表附注。然而,关于这一主题,大多数学者都排除所有其他方法,仅支持单一计价基础。

支持公允价值是明显倾向单一估值基础的近期例证,这一点在国际会计准则理事会(IASB)的部分早期文告中很明显(Whittington,2008b)。然而,国际会计准则理事会(2015)最新的概念框架修订征求意见稿却支持使用多种计价方法,即根据企业使用某一特定项目的方式来选择具体的计价方法。

第三个计价基础是现值,即资产依现行用途产生的预期未来现金流量的折现值,它对决策制定具有潜在重要性。但是,它显然也存在主观性问题,因为现值完全取决于对未来现金流量和折现率的估计。这就使它除了特殊情况(如减值计量)外并不适用于(财务)报告,尽管一种务实的方法是选择其他市场价值来替代现值。然而,使用一个接近现值的金额,只是作为在两个更客观、市场已验证的基础(重置成本和可变现净值)之间进行选择的手段,而不是直接应用现值基础。此外,计算现值时,恰当的汇总层级也存在概念上的困难,因为收益的产生具有协同性,很难将某项资产对未来现金流量的单独贡献剥离出来(托马斯于 1969 年、1974 年对会计中的分配问题进行了研究探索)。此外,一个公司的总价值必定包括无形资产,尤其是商誉(Johnson 和 Petrone,1998)。通常认为,这些无形资产的存在或结果太不确定,除非其价值由市场交易(如收购)确认,否则它们无法在财务报表中确认。

如果(财务)信息的目的是提供公司整体的现值(股东希望对公司投资进行估值时就属于这种情况),则应对公司进行整体估值,而不能对单项资产的估计值进行汇总,这是一项艰巨的任务(特别是不同的股东可能希望采用不同的折现率)。更为现实的做法可能是报表使用者个人将(实体)所提供的信息作为估计的基础,而不是试图在(实体)报表中直接估计(现值)。此外,即使报告现值,出于许多目的,也应将现值与基于资产处置的其他假设(如可变现净值)情况下的估值进行比较。因此,即便使用现值,也并不能排除多种计量方法的存在。

报告单一"纯粹"估值基础(如重置成本)或者多种计量基础还有另一种选择,就是采用折中计价基础,即选择最适合于具体资产的计价方法。这方面的一个例子是"对业主价值"(剥离价值),它根据相对价值(或者说重置成本或"可收回金额"孰低)而选择重置成本、可变现净值或现行价值中的其中一项。当然,这似乎是一个理智的实用原则,因为如果仅须报告一个价值,计算业主价值却需要知道三个部分(可变现净值、重置成本和使用价值)。因此,在没有额外成本的情况下,使用多栏式报告是可行的,这可以为使用者提供更多信息,尽管这可能会引发"信息超载"问题。对剥离价值另一种可能的批评是从汇总的角度,同一报表中的不同项目可能按不同的计价基础报告(取决于三项中的哪一个成为剥离价值),因此,将它们加总就等于"苹果加梨"(加总不同的计量)。但是,只有在期望将报表中的个别项目加总为理想指标(如股东权益价值)时,这一批评才有效。

利润计量通常被认为是会计的一个重要目标,因此,除了计价基础外,还需要资本保持概念。第 6 章讨论了存在竞争关系的主要资本保持概念。关于资本保持的两个核心概念是业主观和实体观。一方面,业主观将公司资本视为归属于所有者(或股东)的财富基金。当一般价格水平稳定时,在确认利润前必须维持期初资本金额;当一般价格水平发生变动导致通货膨胀或通货紧缩时,需要维持期初资本的实际购买力,即通过应用一般价格指数调整而得到实际购买力,获得旨在维持对商品和服务总体控制的资本计量。另一方面,实体观旨在保持企业生产能力不变。当所有价格不变时,这会导致货币资本维持;但当价格发生相对变化时,实体观要求利用特定指数变化调整期初货币资本,以便在确认利润前从收入中扣除维持生产能力所需的特定资产成本。这两种方法各自都存在问题（例如，价格变动时如何定义应该采用的恰当指数），也各有用途。但幸运的是，正如我们在第6章所见，这两种方法可以在一张收益表中加以报告而不必采用多栏式报告，因此，也不应把它们视为相互排斥的方法。

之所以讨论折中资本保持概念，是因为它在理论文献中受到了很大重视，并成为财务会计实务改革的基础。当然，它尚未成为公认惯例的一个永久特征。对于公司净资产中的杠杆部分（借款融资），根据货币资本保持基础（即无通货膨胀调整的业主观基础）进行处理；对于非杠杆部分（权益融资），则按实体观进行处理，即在确认利润前必须保全特定资产。杠杆调整是将实体基础转换为单一专用报表中的业主基础的一个步骤，因此，无须将它视为其他方法的竞争性基础。然而，有人可能质疑杠杆调整相对于其他中间步骤的价值。例如，其他中间步骤可能将资产持有收益分为真实成分和虚拟（因货币购买力变动）成分，并确认通货膨胀期间因借入固定货币金额（借款）产生的收益以及因持有固定货币金额（资产）产生的损失。然而，准确界定和计量持有利得本身并不是没有困难，特别是在企业中当持有资产属于营业活动有机组成部分时（就更加困难）。

7.3　计量的主要问题

通过回顾本书前面几章的讨论，可以清楚地看到，财务会计计量的首要问题是在没有一般通货膨胀但存在相对价格变动的情况下，建立何种会计体系恰当的问题。只有优先解决了这一问题，才有可能明确界定一般通货膨胀导致的其他问题并提出相应的解决方案。同样清楚的是，尽管可以采用多种可能的模型，但考虑会计信息所涉及的市场存在不确定性和不完善性，哪一个模型都不太可能适合所有使用者和所有用途。的确，单一模型都不太可能在所有情况下都能满足所有特定用途或特定用户的需要。因此，另外一个重要问题是，在不给报告实体带来过高成本或在不给潜在使用者内心造成混乱的情况下，到底可以报告多少种信息。

以下是决定恰当报告形式的重要问题（即使没有一般通货膨胀也是如此）：

（1）报告范围。资产负债表和收益表是基本的事后财务报表。提供（信息）的详细程度是一个重要问题，但更根本的是提供其他报表的问题,如权益变动表(对综合收益表和相关资产负债表所报告的权益提供完整勾稽关系)、分部报告或现金流量表。或许更重要的是提供事前数据问题,这些数据与决策有明显的相关性,但也具有高度的主观性。

(2)计价基础。如果不能对每一资产或负债进行多种估值,我们就必须确定哪一个是会计应该采用的最重要计价基础。如果不能在同一报表中报告全部计价基础,我们就必须设计出在它们之间作出抉择的方法。

(3)资本保持概念。在未来一段时间内,以某种形式进行收益计量似乎仍然是财务报告的一个重要目标,当然重点可能是综合收益的各组成部分(如交易利润)而非一个单一的汇总指标。因此,必须明确应该使用哪个资本保持概念。例如,基于成本的计量可能适合用于计量营业利润,但金融指标(a financial measure)可能更适合用于计量持有利得。幸运的是,在不增加过度复杂性的情况下,报告基于其他概念的各种资本保持指标是有可能的,因此,资本保持概念选择问题并不会引发类似于计价基础选择那样的尖锐矛盾。对于那些迷恋单一利润指标、错误地认为利润对于所有用途和情况都是有效"真实"指标的"功能迷恋"使用者,同时报告各种不同的指标可能产生有益的教育效果。

确定了财务报告的适当形式之后,我们就需要确定通货膨胀(即一般价格水平变动)引起的问题。这些问题可以归纳为一个标题,那就是计量单位的选择。关键的问题是选择一个价值取决于交易日或估值日的货币单位,还是选择一个实际价值不变的货币单位。这两种计量单位之间的差异在历史成本系统中最为明显,因为大部分资产的价值均以过去不同时日的购买力单位进行记录。现行价值体系在很大程度上消除了资产和负债价值的这一问题,因为根据定义,记录的现行价值与现行货币单位相一致。如果采用"实值"业主权计量,在计量收益和利得时需要保全的资本仍需转换为现行(货币)单位;如果采用实体观计量,应用重置成本或特定指数,可以把确需保全的资本自动以现行货币单位表示。对传统现行价值报表其余的实值调整,就是将损益账户中按年度平均价格记录的交易,转换为现行(年末)购买力单位。因为时滞相对较短,因此,除非年内通货膨胀率很高,否则这一调整幅度不是很大。最后,为便于比较,如果现行购买力是标准单位(其反面是以过去为基础的不变购买力)，还应将以往年度的数据转换为现行购买力数据，对未来年度的预测也应以现行单位表示。

可变货币单位("实际英镑")和不变货币单位("现行英镑")之间的选择，有两个重要问题。第一个问题是不变购买力概念是否具有操作意义。第二个问题是必须认识到，在会计数据的许多用途中，货币计量比不变购买力计量更加可取。特别是桑迪兰兹委员会认为，不存在普遍价格水平(变动)，而只有个别价格变动，因此，不可能使用一般指数来构建不变购买力单位。第5章对这一观点进行了详细讨论。其更极端的形式意味着不存在通货膨胀，从而也不存在通货膨胀会计问题。在更务实的层面上，这会导致一场关于价格指数构建及其对报表使用者功用的争论。第二个问题争议较小：很明显，并非所有会计指标都应在其所有用途上均以"真实"单位进行计量。例如，如果我们希望根据市场上观察到的利率来评估会计收益指标(如通过对收益指标进行折现给出估计现值)，对收益计量不进行通货膨胀调整才是恰当的做法，因为市场利率适用于货币回报("实际英镑")而非真实回报("现行英镑")。同样，各种形式的比率分析消除或者减少了货币单位价值变动的规模效应，这就是桑迪兰兹报告建议的方法，以避免历史数据先用实值表达后再加以比较的必要。因此，有理由同时用"货币"(单位)和"实值"(单位)来表达报表，在补充报表而非主要报表中进行各种通货膨胀调整，大多数改革建议都采用了这种办法。

这里概括了确定财务报告使用的恰当计量方法不得不考虑的主要理论问题。然而，至少有两类实务约束还必须加以考虑：第一，报表可以容纳的信息量受到限制。在供应侧，我们必须考虑公司提供广泛信息的成本负担；在需求侧，我们必须考虑使用者在消化和解释信息能力方面存在的局限。第二，会计准则制定所处的制度环境也存在限制。会计实践的实务改革受到会计师、管理层、报表使用者和政府以往经验和信念的约束。这一主题将在本章最后几节加以阐述。

7.4　研究贡献

前面几章讨论的大多数思想和体系，都可以将其称之为研究成果。在早期，这些研究都是由实务界人士完成的，他们有些与学术机构有关系，有些则没有关系。20世纪初，实务界里的学术人士贡献特别突出，如荷兰的林伯格(Limperg)、德国的施密特(Schmidt)和施马伦巴赫(Schmalenbach)以及美国的斯威尼(Sweeney)。他们既能够借鉴学术界(特别是经济学家)的思想,又能汲取实务经验。这些研究从风格上讲是理论性的[①],因为它试图在理论假设的基础上并在演绎推理的支撑下设计和倡导计量体系。瓦茨和齐默尔曼(Watts and Zimmerman,1978)将这种方法轻蔑地描述为“规范”(研究),也就是说会计应该如何做。当时也做过一些经验研究,但主要局限于案例研究法,旨在证明各种不同计量方法的实用性或重要性。

到了 20 世纪中叶,会计学在大学里的地位更加稳固,关于计量论争的研究成为学术界的一个主要(研究)领域,尽管他们也经常通过职业机构和监管机构与实务界人士打交道。例如,钱伯斯(Chambers,1966)、爱德华兹和贝尔(Edwards 和 Bell,1961)、金瑟(Gynther,1966)、雷夫森(Revsine,1970)和斯特林(Sterling,1970)。他们引入了更为复杂的理论,经常借鉴经济学理论(例如,爱德华兹和贝尔的剩余收益估值法),并在 20 世纪 60 年代创造了卡尔·纳尔逊(Carl Nelson,1973)所说的“会计推理研究史上的黄金时代”。

这一“黄金时代”的重点是雄心勃勃地开发计量模型,试图让模型来规定(以下描述为“规范的”) 种可应用于会计所有要素的单一计量技术。这些模型为价格变动会计的激烈辩论提供了动力,这在 20 世纪 60 年代末和 20 世纪 70 年代尤为活跃,但很明显的是,它们都无法提供一个明确的解决方案。理论模型依赖于假设,不同的假设会导致不同的结论。因此,瓦茨和齐默尔曼(Watts 和 Zimmerman,1979)在他们有影响力的论文中,将“规范”理论描述为提供“借口市场”。这与当时的气氛很协调,因为现行成本会计很有争议,尽管它在理论上很有吸引力,但很快就被准则制定者所抛弃。瓦茨和齐默尔曼提倡“经验会计理论”,意思是理论要进行经验验证。这与当代发展也很协调,因为在鲍尔和布朗(Ball 和 Brown,1968)、比弗(Beaver,1968)和其他年轻研究人员的开创性论文之后,在计算机技术发展的帮助下,会计领域的经验研究(股市对会计结果公布的反应等问题)已经达到了一个新的高度(对模型的计量经济学检验而非调查和描述),并主导学术研究几十年。因此,美国和英国最终拒绝不变购买力会计得到了经验研究证据的支持(如第 4 章附录 A 所述的美国人比弗和兰德斯曼的报告以及英国人嘉士伯的报告)。然而,我们已经看到,这一证据并不具有决定性,因此,它的运用可以被解释为一种暗示,即经验证据也可

① 本章所说的“理论”,是指与经验理论相对应的“规范理论”;“理论研究”,是指与经验研究相对应的“规范研究”。——译者注

以用来提供"借口市场"。

1979 年发表的一篇重要理论性论文由比弗和德姆斯基(Beaver 和 Demski)撰写,它假设只有在市场不完善和不完整的情况下才需要这些信息(在完善的市场可以获知全部信息,财务报表不会增加信息含量),进而分析了财务会计信息的作用。在这种市场中,利润或价值等指标定义不清("模糊"),因为这取决于使用者个体的需求和偏好。因此,会计的作用是通过提供信息帮助使用者做出他们自己的主观判断,而不是按他们的要求提供精确的整体答案。换句话说,会计提供的有用信息要作为使用者模型的输入变量,而不是对收益或价值等变量的精确计量。这种方法为放弃黄金时代的一些宏大模型提供了理论依据,也为采用更具体和更有限的会计计量研究提供了理论依据。自那以后,大多数研究人员(无论是经验研究,还是理论研究)都采用了这种方法。

前几章附录对 1980 年以来开展的研究进行了简要回顾。惠廷顿(Whittington,2015)回顾了这一时期计量研究与实务进展的关系。经验研究是这一时期的主要研究范式,但它受制于可用的数据,而可用的数据反过来又取决于实务中运用的方法。因此,在 20 世纪 80 年代早期英语国家对不变购买力会计进行短期实验后,几乎没有机会进一步研究不变购买力会计体系的实务后果。研究不变购买力会计在高通货膨胀经济体影响的机会也有限,但经验研究的最大机会在于对历史成本系统中的某些资产或负债渐进地使用现行价值(通常宽泛地称为"公允价值")。其中最明显的是金融工具,视不同情况,它们可以按摊余成本计量,也可以按公允价值计量。兰德斯曼(Landsman,2007)研究了与公允价值计量相关的经验证据。正如所预期的那样,出现的图景并无决定性影响。从 2007 年开始的银行业危机刺激了理论和经验研究,目的是检验公允价值会计助推危机的观点,据说在市场流动性变差时公允价值会计提供了一种传导机制(Plantin 等,2008)。这项研究关注的是银行持有的金融工具,而不是计量经济学模型。研究得出的宽泛结论是,在当时的实际情况下,公允价值并不是导致危机的重要因素(Amel-Zadeh 和 Meeks,2013)。

理论研究不受可用数据的限制,但在瓦茨和齐默尔曼批评"借口市场"后,理论研究变得不受欢迎了。当然,之所以这样,瓦茨和齐默尔曼的作用并不大,主要还是因为对于黄金时代计量问题的讨论缺乏决定性结论以及随后不变购买力会计在会计准则领域丧失了阵地。研究技术的变化(如大型数据库、更强大的算力和易用的计量经济学软件包)和研究人员技能的变化(金融和计量经济学方面的训练更多了,而会计技术方面的训练偏少),也可能激励了这种做法。尽管存在这种限制,但理论工作仍在继续,其中部分内容已经在前几章中描述过。现在的理论工作主要围绕特定的环境和目标开展研究,不像黄金时代那样开发全球"最佳"计量,但这也许是一种更为有成效的做法。

关于对企业价值(Value to the Business, VTB)的分析研究仍在继续。具有突出贡献的是爱德华兹等人(Edwards 等, 1987),他们验证了对企业价值与垄断利润侦测的相关性。这与公共部门坚持使用对企业价值进行监管有关,这种坚持一直持续到现在。其他有突出贡献的人包括将实物期权引入对企业价值计算的史塔克(Stark, 1997),以及考虑将对企业价值运用于合同负债(以及收入确认)的霍顿等人(Horton 等, 2011)。

在这一时期,公允价值被准则制定者广泛讨论,有时被采纳。它在理论学术文献中的地位不如在经验研究文献中的地位那样突出,这或许反映了当代对经验研究的重视。但也有一些关于公允价值的理论探讨。例如,公允价值得到了巴斯(Barth, 2007)和黑格(Hague, 2007)的支持,理由是它与财务会计准则委员会(FASB)和国际会计准则理事会(IASB)概念框架相一致,惠廷顿(Whittington, 2008a)则表达了相反的观点,他反对国际会计准则理事会(IASB)概念框架中隐含的"公允价值观",理由是它对市场完善性和完整性的假设不符合实际。后一种观点在 2007 年以后的金融危机中变得尤为重要,当时的流动性崩溃使许多金融工具的售价都是假设价格。公允价值也受到了派曼(Penman, 2007)以及尼西姆和派曼(Nissim 和 Penman, 2008)等人的质疑,他们认为评估持续经营企业时,成本计量比公允价值更合理,公允价值更适合于计量持有待售资产。

除了专门针对计量方法的研究,大量经验研究和理论研究还涉及更广泛的财务报告情景,这些研究既影响又制约了计量方法的选择。卡希诺等人(Cascino 等, 2013)对财务报告在向资本提供者提供信息方面的角色进行了深入调查。其参考文献列表有 24 页,数量和种类太大,无法在此进行恰当的讨论。然而,对计量的某些影响必须认可。

该情景研究的一个重要领域是经管责任,即管理层对资本提供者以及其负有责任的其他人的受托责任,这是讨论国际会计准则理事会或财务会计准则委员会概念框架修订的一个重要问题。在概念框架修订的早期阶段,因为突出决策有用性,经管责任处于从属地位。经管责任观认为,编制报表的受托人(管理人员)和履行监控职责的报表外部接受者之间存在着信息不对称,有人已使用代理理论(Wagenhofer,2015)对此进行了理论分析。在代理理论中,受托人是代理人。代理人往往有动机歪曲情况(例如,因为报酬可能基于会计业绩),因此,委托人需要可以信赖的信息以尽量减少可能的歪曲,这导致了稳健性、对利得和损失的不对称确认等惯例的出现(Watts,2003a,2003b)。稳健性本身可以用计量方法选择来表达,如传统的流动资产计价的历史成本与市场价值执低规则。经管责任和稳健性是目前研究和政策的主题,特别是与国际会计准则理事会概念框架有关的主题。

另一个重要领域是对企业实体的整体估值或其权益资本的估值。这是决策有用性的一个重要层面,而决策有用性通常被认为是财务报告的一种(如果不是主要的)用途。关于投资分析师和其他人士为决策有用目的而使用财务报表的情况,已有许多经验研究(如 Barker,1999)。职业分析师似乎使用基于预期收益折现的估值方法,通常时间范围有限,因为超过这个时间范围的收益就无法可靠预测,就需要估计终点值(时间线终点的资本价值)来完成估值。奥尔森的著作(Ohlson,1995;Feltham 和 Ohlson,1995,以及后续的扩展)为这类模型提供了重要的理论洞见,并在随后得到了大量经验研究的支持。[2]

奥尔森模型最初是用于对会计与估值之间的基本关系进行理论分析。假设会计收益是在干净盈余(就像前几章定义的综合收益)基础上计算的,奥尔森证明了股利估值模型可以用会计利润而不用股利来重新表达。他将价值来源划分为两部分:一部分是要求正常回报率(资本成本)的企业账面(会计)价值;另一部分是非正常利润(即超过正常资本成本的部分乘以账面价值得出的利润)的现值。这是一个剩余收益模型,源自早期理论著作(Preinreich,1936;Edwards 和 Bell,1961;Peasnell,1982)。奥尔森在这个模型中加入了一个构造,其决定了非正常利润的预期未来模式。本质上,这种结构被称为"线性信息动力学"结构,它假定随时间推移,非正常利润将逐渐消失,因此,其现值有限。该价值加上账面价值,就是企业所有者权益的现值。

奥尔森模型重点关注财务会计的基础估值作用,与"决策有用性"目标一致。早期的经验研究,如鲍尔和布朗(Ball 和 Brown,1968)的研究侧重于会计信息(通常是盈余)对股价变化的增量效应,而奥尔森模型则探讨会计信息总量与总股价之间的关系。作为一种实用的估值模型,经验检验表明,奥尔森模型比传统的股利估值模型(Walker,1997)表现得更好,它对股利的预测限制在有限的时间范围内,但为超出时间范围的回报增加一个通常基于未来不变增长率等可疑假设的终点值。

奥尔森方法的一个重大缺限是它没有直接回答财务报表中哪种会计计量方法最为合适的问题。它确实有一个"无偏会计(unbiased accounting)"的概念,即要求非正常利润趋近于零时,账面价值应等于预期未来现金流量的净现值,但却没有讨论实现它的计量技术。一些评论者(如 Walker,1997)建议,现行成本可能是账面价值的恰当计量基础,因为非正常利润下降是由于市场竞争,市场竞争往往会将利润压低至正常的入账成本回报率(现行成本)。在实践中,实证研究使用的是实际会计数据,研究结果表明账面价值被低估,意味着非正常利润会收敛到正数而不是收敛为零。这一数额通常被称为会计稳健性指标(Watts,2003a,2003b),(其存在)既有计量方法(包括历史成本)选择方面的原因,也有保守主义确认标准(如大部分内部形成的无形资产不予确认)方面的原因。

奥尔森方法对财务会计在企业所有者权益估值中的作用产生了重要洞见,但它并没有就何种会计计量技术最适合这一问题提出明确答案,特别是"脏盈余"(不存在勾稽关系)损益项目的作用需要进一步探讨。例如,布莱克(Black,1980,1993)就将会计盈余指标作为估值的输入变量(本质上是信息法而非计量法)。同样,还有一种可能性,就是为了进行估值进一步分解收益表,以便产生更为精确的信息。例如,尼西姆和派曼(Nissim 和 Penman,2008)的研究,就使用了从奥尔森模型衍生而来的估值模型,但将营运资产(按历史成本记录)与持有待售资产(按公允价值记录)分开了。

综上所述,近年来的研究已经澄清了财务会计的许多方面,特别是计量。这产生了有用的洞见,而不是黄金时代提出的宏大整体解决方案。这种更为温和的做法,符合当代实务的发展。下一节将简要回顾这些发展。特别是,基于特定资产或负债的事实和情况而使用多种计量方法,符合信息观;强调提供综合收益指标(与其他指标一起),符合"干净盈余"假设,而这一假设是奥尔森模型的核心要素。

7.5　会计实务中的计量方法

前面的讨论,主要是集中解释可供运用的替代理论模型,偶尔涉及很少的经验证据。替代模型的多样性，加上经验研究结果的不确定性和非系统性，已经足以解释学术界和职业界对最佳会计计量体系缺乏共识的原因了。然而，如果认为只要通过更多的研究、提炼和澄清替代理论并检验其假设和实用性就可以解决这一难题，那是一种误导。究其原因，会计计量之争是一个历史的和政治的过程。不同群体和个人接受与计量相关思想的程度，取决于他们的教育、过去经验以及会计实务的现状，[3] 所有这些都是历史事实。同样，不同群体对会计数据有不同的利益诉求，因此，会计准则制定不可避免的是一个政治过程，需要在不同群体的利益之间作出妥协。例如，毫不奇怪的是，职业团体最初倾向于将基于历史成本的不变购买力体系作为通货膨胀会计（Tweedie 和 Whittington，1984），是因为不变购买力体系中的指数调整依赖于可公开获得并被认可为具有客观性的指数，因此，与现行价值会计所要求的更主观的估值相比，职业从业人员使用它们涉及分歧的风险要小得多。同样，在通货膨胀期间，企业管理者由于要面对生产成本上升，可能倾向于采用重置成本会计或现行成本会计（可能排除所有持有利得），因为这使他们有明显的理由通过提高价格来应对成本上升的威胁，也有理由通过压低工资（因为在工资谈判中，能够展示最低利润的会计形式，对管理层可能更加有利）以及通过减少纳税和分红来应对成本上升。

对会计计量论争的这种解释并不新鲜。美国最杰出的通货膨胀会计先驱斯威尼（Sweeney）这样解释两次世界大战期间的发展情况：

> 通货膨胀期间导致企业管理层发出一致抵制。因为那时，费用被低估了，利润和所得税被高估了，工会和股东的欲望永不满足。企业管理层需要信息灵通、资金充足、组织有序，他们喜欢享受高估利润带来的虚假荣耀，但也喜欢抨击随之而来的过高工资、所得税和股利（Sweeney，1964，第25页）。

后来的一些作者也提出了类似的看法。麦克雷和多宾斯（McRae 和 Dobbins，1974）对英国的通货膨胀会计讨论进行了研究分析，结论是技术上的争论"掩盖了真实的问题，也就是因通货膨胀调整而影响到的各群体个人利益"。阿兰娅（Aranya，1974）对英国财务报告演变进行了历史考察，从报告提供者和使用者利益冲突的角度作出解释。贝贾和阿哈罗尼（Beja 和 Aharoni，1977）证实，通货膨胀会计的许多问题是由法律运作和制度约束引起的，如税法、股利规则和债务水平。芒福德(Mumford,1979)比较了英国 1948—1954 年和 1973—1978 年两个通货膨胀期间关于通货膨胀会计模式的争论,发现这两个时期存在某些相似之处。瓦茨和齐默尔曼(Watts 和 Zimmerman,1978)提出的"实证会计理论"基于这样一个假设,即管理层对会计准则的态度取决于会计准则对其自身利益的影响,如税收、公共监管和管理层报酬(薪金)。因此,他们预测,大型公司偏爱可以减少报告收益的(会计准则)变动,并通过经验分析公司提交的对财务会计准则委员会一般价格水平调整讨论备忘录的回应,证实了这一点。瓦茨和齐默尔曼 1979 年晚些时候的论文得出的结论是,"现在,会计理论的主要功能是为政治过程产生的需求提供理由。因此,会计理论变得越来越规范化"(Watts 和 Zimmerman,1979,第 300 页)。

瓦茨和齐默尔曼的立场是极端的,他们承认证据"有点'随意',不像我们希望的那样严谨"(Watts 和 Zimmerman,1979)。然而,显而易见的是,20 世纪 60 年代和 70 年代通货膨胀时期关于价格变动会计的论争,并非是单纯地通过理论讨论来解决的,而是利益相关方通过谈判协商决定。这个谈判过程可以宽泛地概括为一个政治过程,尽管理论和经验证据确实也起到了一定作用。自那时起,有关计量的争论继续受到有关利益方的质疑。例如,在讨论公允价值是否推动了金融危机的发生时,银行家们使用了方便的借口,坚持认为问题的根源在于会计师(因金融证券盯市而导致不稳定),而不是他们的自身行为(大量投资于高风险金融证券)。近年来,许多研究者追随瓦茨和齐默尔曼,研究游说行为对会计准则的影响以及决定个别公司会计选择的因素。还有关于会计准则制定过程的历史研究(如卡弗曼和泽夫 2007 年、2015 年对国际会计准则委员会和国际会计准则理事会的研究),记录了所涉及的复杂互动。

在会计准则制定过程中,计量一直是一个核心问题。在前面几章我们已经看到,关于通货膨胀会计争论的结果是产生了一项实验(特别是在美国和英国),即要求补充披露现行成本信息,这一实验在 20 世纪 80 年代初被放弃。现行成本会计的退出可以通过经济事件给出实质性解释,特别是更为稳定的价格(Tweedie 和 Whittington,1997)。然而,随后发生的事件表明,仍有必要考虑代替历史成本的其他方案。20 世纪 90 年代,金融市场和公司金融活动的扩张和日益复杂,意味着在某些情况下需要某种方法来确定金融工具的现行价值。正如美国财务会计准则委员会的准则和国际会计准则委员会的准则(IAS 39,

1998)所采用的方法那样,解决这一问题的办法实质上就是用公允价值作为现行价值。公允价值以销售价格(而非成本)为基础,当然公允价值的定义直到很久以后才得以澄清。随后,国际会计准则委员会在投资性房地产准则(IAS 40,2000)和农业准则(IAC 41)中采用了公允价值。当国际会计准则理事会(IASB)承续了国际会计准则委员会(2001 年)工作时,显然在一些新准则中倾向于公允价值(Whittington,2008a),但在 2007 年以后的金融危机期间发生了变化,经济事件的再次干预改变了会计准则的政策方向。这场危机使人们注意到这样一个事实,即市场销售价格并非总能获得或者说并非总能可靠估计,它们可能特别不适合用于经管责任目标。因此,国际会计准则理事会的许多批评者,反对修订概念框架(IASB,2010)时删除"经管责任"这样一个主要目标(与决策有用性地位相同)。随后,国际会计准则理事会撤销了这一规定,并建议恢复经管责任(IASB,2015)。此外,它还采用了一种更加折中的计量观,认为不同的计量方法可能适用于报表中的不同项目。如其概念框架修订项目(IASB,2015)最新征求意见稿的计量部分所示,国际会计准则理事会目前的立场是,财务报告准则应允许采用其他估值方法,就是可根据资产性质及其持有目的的选择计量方法,并在准则层面而非概念框架内提供适用于特定类型交易的计量方法指南。不过,讨论仍在继续(截至 2016 年)。

与此同时,国际会计准则理事会的准则制定工作仍在继续,包括决定(采用何种)计量(方法)。历史成本仍然是具有支配地位的计量方法,特别是将一个项目初始确认进入账簿时。减值测试被广泛应用,就是当以前(记录)的账面价值不可收回时,将资产价值减记至较低的可收回金额。可收回金额是一种现行价值,但不是公允价值,且减值测试是不对称的(资产较高的可收回金额不予记录),因此,它是审慎性的具体应用,这与财务报告的经管责任特别相关。如果持有资产(和负债)的意图是实现其资本价值(如投资性房地产和某些金融工具)上的利得和损失,它们可按现行价值(通常是公允价值或公允价值减出售成本等脱手价格)记录。然而,准则也承认在计算公允价值(如以美国财务会计准则委员会准则为基础的 2011 年国际财务报告准则第 13 号规定的那样)时市场价格可能无法取得,并允许使用离纯粹脱手价格很远的替代指标(特别是基于模型的估计)。在国际会计准则理事会发布的现行准则中,并没有明确规定现行成本计量(包括剥离价值),但在无法获得脱手价格时,允许将入手价格作为替代指标,如果加上减值测试(较低的可收回金额),由此而产生的指标,按实务术语就是"剥离价值"。

因此,目前的实务现状就是一种折中计量方法,即根据不同的情况,在各种方法之间选择一种合适的方法,这与我们之前进行理论探讨时描述的信息观(与计量观相反)非常一致。这就承认,由完全和完美市场提供理想和客观的指标不可能实现。因此,会计只能提供部分信息来满足特定使用者的需要,而且,不同的计量可能适合不同的情况。在缺乏一种具有普遍适用性的理想计量方法的情况下,会计准则制定者所面临的挑战是以一致、透明和连贯的方式确定哪种计量方法适合于哪种情况,从而让使用者理解这些信息并恰当地运用它们。概念框架通过为准则制定者的判断提供前后一致的情景,为该过程提供帮助,但它仍然是不完整的。

7.6　结论

本书试图考察处理价格变动情况下各种会计问题的不同模型,包括相对价格变动和一般价格水平变动(通货膨胀)。争论的大意目前已经清楚了:没有一种普遍的"正确"计量方法能够在所有情况下都很好地服务于所有用途和所有使用者。因此,财务报告应提供一系列信息,具体内容则应根据信息对使用者的效用和编报者成本之间的权衡来决定。这种权衡取舍涉及艰难的判断,应运用概念框架(如国际会计准则理事会制定的框架)来获得帮助,从而有助于保持(判断的)一致性。为了实现某些目的(如税收),可能需要编制一套完全不同的报表,但即使是这一决定也不能独立于关于财务报告主要内容的决定。例如,如果税收需要现行价值信息,而取得这一信息的代价很大,则在财务报告中提供这一信息的额外成本就会大大减少。

尽管不可能辨识出唯一正确的方法,但哪种类型的信息最为有用却很清楚,且信息使用者在这些不同类型信息之间还存在权衡取舍。决策的有用性意味着与当前或未来的决策具有相关性,这反过来意味着强调(但不是排除可靠性)有助于理解未来前景的现行价值和信息,而不是强调历史价值和信息。然而,财务报告的经管责任或代理角色,意味着会计信息还应提供过去事件的可靠记录,并尽可能免受由管理层利益引起的偏见的影响。传统上,会计的经管责任角色由历史成本计量基础并辅之以审慎原则(如"成本与市值孰低")来完成,但决策有用性(决策有用性的现行和未来信息)就往往被忽略了。因此,令人鼓舞的是,现行价值越来越多地被实务和准则制定机构所采纳,它们通常要求进行附加披露从而使传统的经管责任信息得以保留。

将现行价值作为附加信息予以报告,会给财务报告使用者带来信息过载的风险。因此,应该节制且简洁地提供这类信息。前面几章研究分析的几种方法可能会缓解这一问题。其中一种方法是收益表列报:肯尼迪格式(及其可能的变型)能够在同一报表内以精妙且清晰的方式报告各种资本保持基础的收益。另一种收益表方法是综合收益概念,它使收益表与资产负债表中的价值变动勾稽起来,并通过适当细分,使不同类型活动(如交易的资产和持有的资产)对实体收益的贡献更加清晰。关于计量技术,剥离价值(或对企业价值)提供了一种在经济上有意义的算法,必要时可用于在各种不同现行价值之间作出选择。在现行成本会计退潮之后,剥离价值也失去了人们的青睐。目前折中估值法似乎很受追捧,尽管国际会计准则理事会(IASB)对剥离价值并没有表现出任何热情,但剥离价值也可能重现辉煌。

理论研究和经验研究在决定价格变动会计实务演进的进程中扮演着重要角色。会计报告具有不同的经济后果,它对不同的群体产生不同的影响,从而将会计推入政治领域,这一事实加大了(而不是减少了)辨识替代模型的潜在假设和影响的重要性。然而,本书前面概述的理论作品,即使没有穷尽但也对综合模型、通用目的型"宏大设计"探索了绝大部分最有希望的理论研究路线。近期研究的目标更为收缩,集中于特定用户的特定信息需求,并且更加强调经验研究,以便确定特定类型信息的重要性和效用。

过去的理论作品对财务会计计量问题给出了重要洞见,但关于会计准则的实务论争说明对这些洞见的理解程度并不总是令人满意:甚至计价与资本保持概念之间的基本区别,或相对价格变动与一般价格水平变动之间的基本区别,这些差不多一个世纪之前的作者(如斯威尼)就已经很熟悉了的东西,(现在)却仍然被一些对会计实务辩论的贡献者所忽略或者误解。其中一个原因是,会计是一个相对较新的职业,其从业人员基本上不相信该学科的理论值得认真研究。本书的目的之一就是帮助纠正这一状况,证明会计理论不仅重要,提供了解决实务问题的洞见,而且还累积了有趣的文献。这些足够多的尚未解决的问题,向富有智慧的人士提出了严峻挑战。

注释

1　这里应该包括负债,因为从概念上讲,负债就是"负资产"。

2　派曼(Penman,2015)提供了对其他估值模型全面和可理解的总结和述评。

3　例如,如果某种形式的现行价值会计一直是传统的方法,因而也是公认会计原则的基础,对引入历史成本的思想,会计职业界或者个人(这种人毫无疑问会被描述为"守旧的人")也会形成强烈的阻力。

缩略词中英对照表

机构（institutions）		
AARF	Australian Accounting Research Foundation	澳大利亚会计研究基金会
AICPA	American Institute of Certified Public Accountants	美国注册会计师协会
APB	Accounting Principles Board (predecessor of the FASB in the US)	会计原则委员会（美国 FASB 的前身）
ASB	Accounting Standards Board (the UK standard-setting body since 1990)	会计准则委员会（自 1990 年起为英国准则制定机构）
ASC	Accounting Standards Committee (previously, until 1975, the ASSC; the professional standard-setting body in the UK until 1990)	会计准则委员会（1975 年至 1990 年间的英国职业准则制定机构，1975 年前为 ASSC）
ASR	Accounting Series Release (a statement on accounting published by the SEC)	会计系列公告（SEC 发布的会计公告）
ASSC	Accounting Standards Steering Committee (became the ASC in 1975)	会计准则筹划委员会（1975 年变为 ASC）
CCAB	Consultative Committee on Accountancy Bodies (a committee of professional institutes which supervised the ASC in the UK)	会计团体咨询委员会（英国监督 ASC 的专业团体委员会）
ED	Exposure Draft (a draft accounting standard, issued for discussion)	征求意见稿（供讨论的会计准则草案）
FAS	Financial Accounting Standard (issued by the FASB)	财务会计准则（FASB 颁布）
FASB	Financial Accounting Standards Board (the private-sector standard-setting body in the US)	财务会计准则委员会（美国为私营部门制定准则的机构）

（续表）

机构（institutions）		
FRC	Financial Reporting Council （the UK body overseeing the Accounting Standards Board and，latterly，the Accounting Council)	财务报告委员会（英国监督 ASB 以及后来的会计理事会的机构）
IAS	International Accounting Standard （issued by the IASC)	国际会计准则（IASC 颁布）
IASB	International Accounting Standards Board （replaced the IASC in 2001)	国际会计准则理事会（2001 年取代国际会计准则委员会）
IASC	International Accounting Standards Committee	国际会计准则委员会
ICAEW	Institute of Chartered Accountants in England and Wales	英格兰和威尔士特许会计师公会
ICAS	Institute of Chartered Accountants of Scotland	苏格兰特许会计师公会
IFRS	International Financial Reporting Standard （issued by the IASB)	国际财务报告准则（国际会计准则理事会颁布）
IPSASB	International Public Sector Accounting Standards Board	国际公共部门会计准则委员会
PSSAP	Provisional Statement of Standard Accounting Practice (issued by the ASSC)	标准会计实务暂行公告（ASSC 颁布）
SEC	Securities and Exchange Commission （the US government agency responsible for supervising securities markets and financial information disclosure)	证券交易委员会（负责证券市场监管和财务信息披露的美国政府机构）
SSAP	Statement of Standard Accounting Practice （issued by the ASC)	标准会计实务公告（ASC 颁布）
技术（technical）		
ARR	accounting rate of return	会计报酬率
CCA	current cost accounting	现行成本会计
CoCoA	continuously contemporary accounting	持续当代会计
CPI	Consumer Price Index （compiled by the UK office of national statistics)	消费者价格指数（英国国家统计办公室编制）

（续表）

技术（technical）		
CPP	constant（or current）purchasing power accounting	不变（或现行）购买力会计
DV	deprival value (also known as VTB)	剥离价值（也称为对企业的价值）
FV	fair value	公允价值
GNP	gross national product	国民生产总值
HC	historical cost	历史成本
IRR	internal rate of return	内含报酬率
MCRV	making corporate reports valuable (a proposal by ICAS)	使公司报告更有价值（苏格兰特许会计师公会的一项建议）
MWCA	monetary working capital adjustment	货币性营运资本调整
NRV	net realisable value	可变现净值
PV	present value	现值
RC	replacement cost	重置成本
RPI	retail price index （compiled by the UK office of national statistics)	零售价格指数（由英国国家统计办公室编制）
VTB	value to the business (also known as DV)	对企业价值（也称为剥离价值）

参 考 文 献

Abdel-Khalik, A. R. and McKeown, J. C. (1978), Disclosure of estimates of holding gains and the assessment of systematic risk, *Journal of Accounting Research*, Vol. 16 (Suppl.), pp. 46-77.

Aboody, D., Barth, M. E. and Kasznik, R. (1999), Revaluations of fixed assets and future firm performance: evidence from the UK, *Journal of Accounting and Economics*, Vol. 26, No. 1, pp. 149-178.

— (2004), SFAS No. 123 stock-based compensation expense and equity market values, *The Accounting Review*, Vol. 79, No. 2, pp. 251-275.

Accounting Principles Board (1969), *Statement No. 3, Financial Statements Restated for General Price-Level Changes (APB3)*, AICPA, Washington, DC, June.

Accounting Standards Board (1992), *FRS 3*, Reporting Financial Performance, ASB, London, October.

— (1999), *Statement of Principles for Financial Reporting*, ASB, London, December.

Accounting Standards Committee (1975), *Statement of Standard Accounting Practice No. 10*, Statements of Source and Application of Funds, ASC, London, July.

— (1976), *ED18, Current Cost Accounting*, ASC, London, 30 November.

— (1977), *Inflation Accounting - an Interim Recommendation by the Accounting Standards Committee (The Hyde Guidelines)*, ASC, London, 4 November.

— (1979), *ED 24, Current Cost Accounting*, ASC, London, 30 April.

— (1980), *Statement of Standard Accounting Practice No. 16, Current Cost Accounting ('SSAP16')*, ASC, London, March.

— (1985), *ED 35, Accounting for the Effects of Changing Prices*, ASC, London, July 1984.

Accounting Standards Steering Committee (1971), *Inflation and Accounts, Discussion Paper and Fact Sheet*, Accountancy Publications, London.

— (1973), *ED8: Accounting for Changes in the Purchasing Power of Money*, ASSC, London, 17 January.

— (1974), *Provisional Statement of Standard Accounting Practice No. 7*, *Accounting for Changes in the Purchasing Power of Money* ('PSSAP7'), ASSC, London, May.

— (1975), *The Corporate Report*, ASSC, London, July.

Adkerson, R. C. (1978), Discussion of DAAM: the demand for alternative accounting measurements, *Journal of Accounting Research*, Vol. 16(Suppl.), pp. 31-36.

Afriat, S. N. (1977), *The Price Index*, Cambridge University Press, Cambridge.

Alexander, S. S. (1948), Income measurement in a dynamic economy. Originally pp.1-97 of Study Groupon Business Income(1948). Revised by David Solomons and reprinted in Baxter and Davidson (1977), pp. 35-85.

Allen, R. G. D. (1975), *Index Numbers in Theory and Practice*, Macmillan, London.

Allen, William A. (1999), 'Inflation targeting: the British experience'. Lectures, Bank of England, London.

Amel-Zadeh,A.and Meeks,G.(2013),Bank failure,mark-to-market and the Financial Crisis, *Abacus*, Vol. 49, No. 3, pp. 308-339.

American Accounting Association, Committee on Concepts and Standards for External Financial Reports (1977), *Statement on Accounting Theory and Theory Acceptance*, American Accounting Association, Sarasota,Florida.

American Institute of Certified Public Accountants, Accounting Research Division(1963), *Reporting the Financial Effects of Price-Level Changes*, Accounting Research Study No. 6 (ARS6), American Institute of Certified Public Accountants, New York.

Anderson, J. A. (1976), *A Comparative Analysis of Selected Income Measurement Theories in Financial Accounting*, Studies in Accounting, 12, American Accounting Association, Sarasota, Florida.

Anthony, R. N. (1976), The case for historical costs, *Harvard Business Review*, Vol. 54, No. 6, November/December.

Appleyard, A. and Strong, N. (1984), The impact of SSAP 16 current cost accounting disclosures on security prices, pp. 235-244 of Carsberg and Page (1984).

Aranya, N. (1974), The influence of pressure groups on financial statements in Britain, *Abacus*, Vol. 10, No. 1, pp. 3-12.

Archer, S. and Steele, A. (1984), The implementation of SSAP 16, current cost accounting, by UK listed companies, Vol. 4 of Carsberg and Page (1984).

Armitage, S. (2005), *The Cost of Capital: Intermediate Theory*, Cambridge University Press, Cambridge.

Arnold, J. and El-Azma, M. (1978), *A Study of the Relative Usefulness of Six*

Accounting Measures of Income, The Institute of Chartered Accountants in England and Wales, London.

Association of Certified and Corporate Accountants, Taxation & Research Committee (1952), *Accounting for Inflation, a Study of Techniques under Conditions of Changing Price Levels*, Gee.

Australian Accounting Research Foundation (AARF) (1998), *Measurement in Accounting*, Accounting Theory Monograph 10, AARF, Melbourne.

Ball, R. and Brown, P. (1968), An empirical evaluation of accounting income numbers, *Journal of Accounting Research*, Vol. 6, No. 2, pp. 159-178.

Barker, R. (1999), The role of dividends in valuation models used by analysts and fund managers, *European Accounting Review*, Vol. 8, No. 2, pp. 195-218.

— (2004), Reporting financial performance, *Accounting Horizons*, Vol. 18, No. 2, pp. 157-172.

— (2010), On the definitions of income, expenses and profit in IFRS, *Accounting in Europe*, Vol. 7, No. 2, pp. 147-158.

Barniv, R. (1999), The value relevance of inflation-adjusted and historical-cost earnings during hyperinflation, *Journal of International Accounting, Auditing and Taxation*, Vol. 8, No. 2, pp. 269-287.

Barth, M. E. (2007), Standard-setting measurement issues and the relevance of research, *Accounting and Business Research*, Vol. 37(Suppl.), pp. 7-15.

Barth, M. E., Beaver, W. H. and Landsman, W. R. (1996), Value-relevance of banks fair value disclosures under SFAS No. 107 (Digest Summary), *Accounting Review*, Vol. 71, No. 4, pp. 513-537.

Barth, M. E. and Clinch, G. (1998), Revalued financial, tangible, and intangible assets: associations with share prices and non-market-based value estimates, *Journal of Accounting Research*, Vol. 36, pp. 199-233.

Barth, M. E. and Landsman, W. R. (1995), Fundamental issues related to using fair value accounting for financial reporting, *Accounting Horizons*, Vol. 9, No. 4, p. 97.

Barth, M. E., Landsman, W. R. and Wahlen, J. M. (1995), Fair value accounting: effects on banks' earnings volatility, regulatory capital, and value of contractual cash flows, *Journal of Banking and Finance*, Vol. 19, No. 3, pp. 577-605.

Barton, A. D. (1974), Expectations and achievements in income theory, *The Accounting Review*, Vol. 49, No. 4, pp. 664-681.

— (1975), *An Analysis of Business Income Concepts*, ICRAO ccasional Paper No. 7,

International Centre for Research in Accounting, University of Lancaster, Lancaster, UK.

— (1976), Surrogates in income theory: a reply, *The Accounting Review*, Vol. 51, No. 1, pp. 160-162.

Basu, S. (1977), *Inflation Accounting, Capital Market Efficiency and Security Prices*, The Society of Management Accountants of Canada, Hamilton, Ontario.

Baxter, W. T. (1959), Inflation and the accounts of steel companies, *Accountancy*, May, pp. 250-257 and June, pp. 308-14.

— (1967), Accounting values: sale price versus replacement cost, *Journal of Accounting Research*, Vol. 5, No. 2, pp. 208-214.

— (1971), *Depreciation*, Sweet and Maxwell, London.

— (1975), *Accounting Values and Inflation*, McGraw-Hill, New York.

— (1976), Monetary correction: adjustments to inflation in three South American countries, *Bank of London and South America Review*, Vol. 10, No. 4/76, pp. 184-194.

— (1982), Lessors depreciation and profit-an approach via deprival value, *Journal of Business Finance and Accounting*, Vol. 9, No. 1, pp. 1-18.

— (2003), *The Case for Deprival Value*, Institute of Chartered Accountants of Scotland, Edinburgh.

Baxter, W. T. and Davidson, S. (eds) (1977), *Studies in Accounting*, 3rd ed., Institute of Chartered Accountants in England and Wales, London.

Beaver, W.H.(1968), The information content of annual earnings announcements, *Journal of Accounting Research*, Vol. 6(Suppl.), pp. 67-92.

— (1973), What should be the FASB's objectives?, Journal of Accountancy, Vol. 136, No. 2, pp. 49-56.

— (1981), Market efficiency, *The Accounting Review*, Vol. 56, No. 1, pp. 23-37.

— (1989), *Financial Accounting: An Accounting Revolution*, Prentice Hall, Englewood Cliffs, NJ.

Beaver, W. and Demski, J. (1979), The nature of income measurement, *The Accounting Review*, Vol. 54, pp. 38-46.

Beaver, W. H. and Landsman, W. R. (1983), *Incremental information content of Statement 33 disclosures*, Research Report, Financial Accounting Standards Board, Stamford, CT.

Beja, A. and Aharoni, Y. (1977), Some aspects of conventional accounting profits in an inflationary environment, *Journal of Accounting Research*, Vol. 15, No. 2, pp. 169-78.

Bell, P. W. (1971), On current replacement costs and business income, Chapter 2, pp. 19-32 of Sterling (1971).

Bell, P. W. and Peasnell, K. (1997), Another look at the deprival value approach to depreciation, pp. 122-146 of Cooke and Nobes (eds) (1997).

Benston, G. J. and Krasney, M. A. (1978), DAAM: The demand for alternative accounting measurements, *Journal of Accounting Research*, Vol. 16(Suppl.), pp. 1-30.

Berliner, R. W. (1983), Do analysts use inflation-adjusted information? Results of a survey, *Financial Analysts Journal*, Vol. 39, No. 2, pp. 65-72.

Bierman, H. and Smidt, S. (2007), *The Capital Budgeting Decision: Economic Analysis of Investment Projects*, 9th ed., Routledge, New York.

Bildersee, J. S. and Ronen, J. (1987), Stock returns and real activity in an inflationary environment: the informational impact of FAS No. 33, *Contemporary Accounting Research*, Vol. 4, No. 1, pp. 89-110.

Bilgic, F. A. and Ibis, C. (2013), Effects of new financial reporting standards on value relevance-a study about Turkish stock markets, *International Journal of Economics and Finance*, Vol. 5, No. 10, pp. 126-140.

Black, E. L., Sellers, K. F. and Manly, T. S. (1998), Earnings management using asset sales: an international study of countries allowing noncurrent asset revaluation, *Journal of Business Finance and Accounting*, 25(9-10), pp. 1287-1317.

Black, F. (1980), The magic in earnings: economic earnings versus accounting earnings, *Financial Analysts journal*, Vol. 36, No. 6, pp. 19-24.

— (1993), Choosing accounting rules, *Accounting Horizons*, Vol. 7, No. 4, pp. 1-17.

Boer, G. (1966), Replacement cost: a historical look, *The Accounting Review*, Vol. 41, No. 1, pp. 92-97.

Bonbright, J. C. (1937), *Valuation of Property* (2 vols), McGraw-Hill, New York.

Bourn, M., Stoney, P. J. M. and Wynn, R. F. (1976), Price indices for current cost accounting, *Journal of Business Finance and Accounting*, Vol. 3, No. 3, pp. 149-172.

— (1977), Priceindices for current cost accounting: arejoinder, *Journal of Business Finance and Accounting*, Vol. 4, No. 1, pp. 145-147.

BP (2015), *Annual Report and Form 20-F, 2015*, BP plc, London.

Brink, H. and Langendijk, H. (1995), Actuele waarde in de jaarrekening, in H. L. Brink and L. G. van der Tas (eds), *Jar in Jar uit 9*, Kluwer, Deventer.

Briscoe, G. and Hawke, G. (1976), Long-term debt and realisable gains in shareholder wealth: an empirical study, *Journal of Business Finance and Accounting*, Vol. 3, No. 1, pp. 125-135.

Bromwich, M. (1975a), Asset valuation with imperfect markets, *Accounting and Business Research*, Vol. 5, No. 20, pp. 242-253.

— (1975b), Individual purchasing power indices and accounting reports, *Accounting and Business Research*, Vol. 5, No. 18, pp. 118-122.

— (1976), *The Economics of Capital Budgeting*, Penguin, New York.

— (1977a), The use of present value valuation models in published accounting reports, *The Accounting Review*, Vol. 52, No. 3, pp. 587-596.

— (1977b), The general validity of certain "current" value asset valuation bases, *Accounting and Business Research*, Vol. 7, No. 28, pp. 242-249.

Bublitz, B., Frecka, T. J. and McKeown, J. C. (1985), Market association tests and FASB Statement No. 33 disclosures: A reexamination, *Journal of Accounting Research*, Vol. 23, No. 3, pp. 1-23.

Buckmaster, D. A., Copeland, R. M. and Dascher, P. E. (1977), The relative predictive ability of three accounting income models, *Accounting and Business Research*, Vol. 7, No. 27, pp. 177-186.

Burgert, R. (1972), Reservations about "replacement value" accounting in the Netherlands, *Abacus*, Vol. 8, No. 2, pp. 111-126.

Bush, T. (2005), *Divided by a Common Language: Where Economics Meets the Law: US versus Non-US Financial Reporting Models: Dialogue in Corporate Governance*, ICAEW, London.

Business Statistics Office (1986), *Business Monitor*, MA3, *Company Finance*, 17th issue, HMSO, London.

— (1988), *Business Monitor MA3, Company Finance*, 19th issue, HMSO, London.

Buzby, S. L. and Falk, H. (1978), Discussion of DAAM: the demand for alternative accounting measurements, *Journal of Accounting Research*, Vol. 16 (Suppl.), pp. 37-45.

Byatt, I. C. (1986), *Accounting for Economic Costs and Prices: A Report to HM Treasury by an Advisory Group* [the Byatt Report] (2 vols), HMSO, London.

Camfferman, K. (1998), Deprival value in the Netherlands: history and current status, *Abacus*, Vol. 34, No. 1, pp. 18-27.

Camfferman, K. and Zeff, S. A. (2007), *Financial Reporting and Global Capital Markets: A History of the International Accounting Standards Committee*, Oxford University

Press, Oxford.

— (2015), *Aiming for Global Accounting Standards: The International Accounting Standards Board*, *2001—2011*, Oxford University Press, Oxford.

Canning, J. B. (1929), *The Economics of Accountancy: A Critical Analysis of Accounting Theory*, Ronald Press, New York.

Carsberg, B. (1984), The usefulness of current cost accounting: a report on a research programme, Vol. 1 of Carsberg and Page (1984), pp. 1-70.

Carsberg, B. and Hope, A. (1976), *Business Investment Decisions under Inflation*, The Institute of Chartered Accountants in England and Wales, London.

Carsberg, B., Morgan, E. V. and Parkin, M. (eds) (1974), *Indexation and Inflation*, Financial Times Publications, London.

Carsberg, B. and Page, M. (1984), *Current Cost Accounting: The Benefits and the Costs* [the Carsberg Report] (2 vols), Prentice Hall, Englewood Cliffs, NJ.

Cascino, S., Clatworthy, M., Osma, B. G., Gassen, J., Imam, S. and Jeanjean, T. (2013), *The Use of Information by Capital Providers: Academic Literature Review*, The Institute of Chartered Accountants of Scotland and the European Financial Reporting Advisory Group, Edinburgh.

CCAB (1975), *Initial Reactions to the Report of the Inflation Accounting Committee*, Accounting Standards Committee, London, October.

Chambers, R. J. (1966), *Accounting, Evaluation and Economic Behaviour*, Prentice Hall, Englewood Cliffs, NJ.

— (1970), Second thoughts on continuously contemporaneous accounting, *Abacus*, Vol. 6, No. 1, pp. 39-55.

— (1971a), Evidence for a market-selling price-accounting system, Chapter 4, pp. 74-96 of Sterling (1971).

— (1971b), Value to the owner, *Abacus*, Vol. 7, No. 1, pp. 62-72.

— (1972), Multiple column accounting - "cui bono?" and "quo vado?", Chartered *Accountant in Australia*, Vols 42 and 43, pp. 4-8 and pp. 13-15.

— (1976), *Current Cost Accounting - A Critique of the Sandilands Report*, ICRA Occasional Paper No. 11, University of Lancaster, Lancaster, UK.

— (1977), *An Autobibliography*, ICRA Occasional Paper No. 15, International Centre for Research in Accounting, University of Lancaster, Lancaster, UK.

— (1978), The use and abuse of a notation: a history of an idea, *Abacus*, Vol. 14, No. 2, pp. 122-144.

— (1979), Canning's *The Economics of Accountancy-after 50 years*, *The Accounting Review*, Vol. 54, No. 4, pp. 764-75.

Chatfield, M. (1974), *A History of Accounting Thought*, The Dryden Press, Hinsdale, IL.

Clarke, F. L. (1998), Deprival value and optimized deprival value in Australasian public sector accounting: unwarranted drift and contestable serviceability, Abacus, Vol. 34, No. 1, pp. 8-17.

Coenenberg, A. and Macharzina, K. (1976), Accounting for price changes: an analysis of current developments in Germany, *Journal of Business Finance and Accounting*, Vol. 3, No. 1, pp. 53-68.

Cohen, K. J. and Cyert, R. M. (1975), *Theory of the Firm: Resource Allocation in a Market Economy*, 2nd ed., Prentice Hall, Englewood Cliffs, NJ.

Committee of Inquiry into Inflation and Taxation (1975), *Report: Inflation and Taxation* [the Mathews Report], Australian Government Publishing Service, Canberra.

Companies Act (2006), HMSO, London, December.

Company Law Review Steering Group (2001), *Modern Company Law for a Competitive Economy*, *Final Report* (2 vols), Department of Trade and Industry, London, June.

Cook, J. S. and Holzmann, O. J. (1976), Current cost and present value in income theory, *The Accounting Review*, Vol. 51, No. 4, pp. 778-787.

Cooke, T. and Nobes, C. (eds) (1997), *The Development of Accounting in an International Context: A Festschrift in Honour of RH Parker*, Routledge, New York.

Craswell, A. (1976), *A Manual on Continuously Contemporaneous Accounting*, Inflation Accounting Research Project, Department of Management Studies, University of Waikato, Hamilton, New Zealand.

Cutler, R. S. and Westwick, C. A. (1973), The impact of inflation accounting on the stock exchange, *Accountancy*, Vol. 84, No. 955, pp. 15-24.

Daines, H. C. (1929), The changing objectives of accounting, *The Accounting Review*, Vol. 4, pp. 94-110. Reprinted in Zeff (1976).

Davidson, S., Stickney, C. P. and Weil, R. L. (1976), *Inflation Accounting: A Guide for the Accountant and the Financial Analyst*, McGraw-Hill, New York.

Davidson, S. and Weil, R. L. (1975), Inflation accounting: what will general price level adjusted income statements show?, *Financial Analysts Journal*, January–February, pp. 27-31 and pp. 71-84.

Davis-Friday, P. Y. and Rivera, J. M. (2000), Inflation accounting and 20-F Disclosures:

evidence from Mexico, *Accounting Horizons*, Vol. 14, No. 2, pp. 113-135.

Day, A. C. L. (1974), article in *The Observer*, 3 November.

Dean, J. (1951), Measurement of profits for executive decisions, *Accounting Review*, Vol. 26, No. 2, pp. 185-196.

— (1954), Measurement of real economic earnings of a machinery manufacturer, *The Accounting Review*, Vol. 29, No. 2, pp. 255-266.

Deane, P. M. (1979), Inflation in history, pp. 1-36 of David Heathfield (ed.), *Perspectives on Inflation*, *Models and Policies*, Longman, New York.

Deaton, A. S. (1980), Measurement of welfare: theory and practical guidelines, LSMS Working Paper No. 7, The World Bank Development Research Center, Washington, DC, October.

Deaton, A. S. and Muellbauer, J. (1980), *Economics and Consumer Behavior*, Cambridge University Press, Cambridge.

Devon, P. C. and Kolodny, R. (1978), Price-level reporting and its value to investors, *Accounting and Business Research*, Vol. 9, No. 33, pp. 19-24.

Domar, E. D. (1953), Depreciation, replacement and growth, *The Economic Journal*, Vol. 63, pp. 1-32.

Dopuch, N. and Revsine, L. (eds) (1973), *Accounting Research 1960—1970: A Critical Evaluation*, Center for International Education and Research in Accounting, University of Illinois, Urbana-Champaign.

Drake, D. F. and Dopuch, N. (1965), On the case for dichotomizing income, *Journal of Accounting Research*, Vol. 3, pp. 192-205.

Dyckman, T. R. (1969), *Investment Analysis and General Price-Level Adjustments*, Studies in Accounting Research, No. 1, American Accounting Association, Evanston, Illinois.

— (1975), The Effects of restating financial statements for price-level changes: a comment, *The Accounting Review*, Vol. 50, No. 4, pp. 796-808.

Dyckman, T. and Morse, D. (1986), *Efficient Capital Markets: A Critical Analysis*, Prentice Hall, Englewood Cliffs, NJ.

Edey, H. C. (1974), Deprival value and financial accounting, pp. 75-83 of H. C. Edey and B. S. Yamey (eds), *Debits, Credits, Finance, and Profits*, Sweet and Maxwell, London.

— (1979), Sandilands and the logic of current cost, *Accounting and Business Research*, Vol. 9, No. 35, pp. 191-200.

Edwards, E. O. (1975), The state of current value accounting, *The Accounting Review*, Vol. 50, No. 2, pp. 235-245.

Edwards, E. O. and Bell, P. W. (1961), *The Theory and Measurement of Business Income*, University of California Press, Berkeley, California.

Edwards, J. S. S., Kay, J. A. and Mayer, C. P. (1987), *The Economic Analysis of Accounting Profitability*, Clarendon Press, Oxford.

Edwards, R. S. (1938), The nature and measurement of income, *The Accountant*, July-October. Revised and reprinted in Baxter and Davidson (1977), pp. 96-140.

Egginton, D. A. (1980), Distributable profit and the pursuit of prudence, *Accounting and Business Research*, No. 41, Winter, pp. 1-14.

Emanuel, D. (1976), *A Manual on Current Purchasing Power Accounting*, Inflation Accounting Research Project, Department of Management Studies, University of Waikato, Hamilton, New Zealand.

Fama, E. (1970), Efficient capital markets: a review of theory and empirical work, *Journal of Finance*, Vol. 25, No. 2, pp. 383-417.

Fane, G. (1975), The case for indexation, pp. 1-13 in Liesner and King (1975).

Financial Accounting Standards Board (1974), *Exposure Draft: Financial Reporting in Units of General Purchasing Power*, FASB, Stamford, CT, 31 December.

— (1977), *Field Tests of Financial Reporting in Units of General Purchasing Power*, FASB, Stamford, CT, May.

— (1978), *Proposed Statement of Financial Accounting Standards: Financial Reporting and Changing Prices*, FASB, Stamford, CT, 28 December.

— (1979a), *Exposure Draft: Constant Dollar Accounting*, FASB, Stamford, CT, 2 March.

— (1979b), *Statement of Financial Accounting Standards No. 33 (FAS33): Financial Reporting and Changing Prices*, FASB, Stamford, CT, September.

— (1981), *Invitation to Comment on the Need for Research in Financial Reporting and Changing Prices*, FASB, Stamford, CT, 15 June.

— (1984), *FAS82: Financial Reporting and Changing Prices: Elimination of Certain Disclosures-an Amendment of FASB Statement No. 33*, FASB, Stamford, CT, November.

— (1986), *SFAS 89: Financial Reporting and Changing Prices*, FASB, Stamford, CT, December.

— (1997), *SFAS 130: Reporting Comprehensive Income*, FASB, Norwalk, CT, June.

— (2006), *Statement of Financial Accounting Standards No. 157 (SFAS 157): Fair Value Measurements*, FASB, Norwalk, CT, September.

Fells, J. M. (1919), Some principles governing the ascertainment of cost, Incorporated Accountants' Journal, November, p. 34.

Feltham, G. A. and Ohlson, J. A. (1995), Valuation and clean surplus accounting for operating and financial activities, *Contemporary Accounting Research*, Vol. 11, No. 2, pp. 689-731.

Fisher, F. M. and McGowan, J. J. (1983), On the misuse of accounting rates of return to infer monopoly profits, *American Economic Review*, Vol. 73, March, pp. 82-97.

Fisher, I. (1911), *The Purchasing Power of Money*, Macmillan, New York.

— (1920), *Stabilizing the Dollar: A Plan to Stabilize the General Price Level without Fixed Individual Prices*, Macmillan, New York.

— (1930), The economics of accountancy, *American Economic Review*, Vol. 20, No. 4, pp. 603-618.

Flemming, J. S. (1976), *Inflation*, Oxford University Press, Oxford.

Flemming, J. S., Price, L. D. D. and Ingram, D. H. A. (1976), Trends in company profitability, *Bank of England Quarterly Bulletin*, Vol. 16, No. 1, pp. 36-52.

Forker, J. J. (1980), Capital maintenance concepts, gains from borrowing and the measurement of income, *Accounting and Business Research*, Vol. 10, No. 40, pp. 393-402.

Frank, W. (1969), A study of the predictive significance of two income measures, *Journal of Accounting Research*, Vol. 7, No. 1, pp. 123-136.

FRC (2011), *Cutting Clutter: Combating Clutter in Annual Reports*, FRC, London, April.

Freeman, R. N. (1978), On the association between net monetary position and equity security prices, *Journal of Accounting Research*, Vol. 16(Suppl.), pp. 111-145.

Friedman, M. (1974), *Monetary Correction*, IEA Occasional Paper 41, Institute of Economic Affairs, London.

Frisch, R. (1936), The problem of index numbers, *Econometrica*, Vol. 4, pp. 1-38.

Gee, K. P. (1977), *Management Planning and Control in Inflation*, Macmillan, New York.

Gee, K. and Peasnell, K. V. (1976), A pragmatic defence of replacement cost, *Accounting and Business Research*, Vol. 6, No. 24, pp. 242-249.

Gellein, O. S. (1971), Response (to Staubus, 1971), pp. 70-73 of Sterling (1971).

Gibbs, M. (1975), Why Sandilands is not the full answer, *The Times*, 18 September.

— (1976), A better answer to the problem of inflation accounting, The Times, 23 February.

— (1979), Inflation accounting and company taxation, *Fiscal Studies*, Vol.1, No.1, pp. 11-19.

Gibbs, M. and Seward, W. (1979), *ED24-Morpeth's New Proposals*, Phillips and Drew, 30 April.

Godley, W. and Cripps, F. (1975), Profits, stock appreciation and the Sandilands Report, *The Times*, 1 October.

Godley, W. and Wood, A. (1974), Stock appreciation and the crisis of British industry, Department of Applied Economics, Cambridge, mimeo, October. Later published in *The Economic Policy Review*, 1975.

Goudeket, A. (1960), An application of replacement value theory, *Journal of Accountancy*, July, pp. 37 - 47. Revised and reprinted, with a postscript by E. B. MacDonald, in Baxter and Davidson (1977), pp. 234-249.

Gray, S. J. (1975), Price changes and company profits in the securities market, *Abacus*, Vol. 11, No. 1, pp. 71-85.

— (1976), Accounting for price changes: a case study of a multinational company, *Journal of Business Finance and Accounting*, Vol. 3, No. 1, pp. 1-14.

Gress, E. J. (1972), Application of replacement cost accounting: a case study, *Abacus*, Vol. 8, No. 1, pp. 3-13.

Grossman, S. J. and Stiglitz, J. E. (1980), On the impossibility of informationally efficient markets, *The American Economic Review*, Vol. 70, No. 3, pp. 393-408.

Gynther, R. S. (1966), *Accounting for Price -Level Changes: Theory and Procedures*, Pergamon, New York.

— (1974), Why use General Purchasing Power?, *Accounting and Business Research*, Vol. 4, No. 2, pp. 141-157.

Hague, I. P. (2007), The case for fair value, Chapter 4, pp. 32-45, of Walton (2007).

Harcourt, G. C. (1958), The quantitative effect of basing company taxation on replacement costs, *Accounting Research*, Vol. 9, No. 1, pp. 1-16.

— (1965), The accountant in a Golden Age, *Oxford Economic Papers*, Vol. 17, pp. 66-80. Reprinted in Parker and Harcourt (1969).

Haw, I. M. and Lustgarten, S. (1988), Evidence on income measurement properties of ASR No. 190 and SFAS No. 33 data, *Journal of Accounting Research*, October, pp. 331-352.

Heath, L. C. (1972), Distinguishing between monetary and nonmonetary assetsand liabilities in general price-level accounting, *The Accounting Review*, Vol. 47, No. 3, pp. 458-468.

Heintz, J. A. (1975), The effects of restating financial statements for price-level changes: a reply, *The Accounting Review*, Vol. 50, No. 4, pp. 809-814.

Hicks, J. R. (1946), *Value and Capital*, Clarendon Press, Oxford. pp. 171-181 of the second edition (1946) are reprinted in Parker and Harcourt (1969), pp. 74-82.

Hillison, W. A. (1979), Empirical investigation of general purchasing power adjustments on earnings per share and the movement of security prices, *Journal of Accounting Research*, Vol. 17, No. 1, pp. 60-73.

Hirshleifer, J. (1958), On the theory of the optimal investment decision, *The Journal of Political Economy*, Vol. 66, No. 4, pp. 329-352.

Hope, A. (1974), *Accounting for Price Changes-a Practical Survey of 6 Methods*, Research Committee Occasional Paper No. 4, Institute of Chartered Accountants in England and Wales, London.

Hopper, T., Northcutt, D. and Scapens, R. (eds) (2007), *Issues in Management Accounting*, 3rd ed., Pearson Education, Mahwah, NJ.

Horngren,C.T.,Sundem,G.L.,Stratton,W.L.,Burgstahler,D.and Schatzberg,J.O. (2013), *Introduction to Management Accounting*, 16th ed., Pearson Education, Mahwah, NJ.

Horton, J. and Macve, R. (1995), *Accounting Principles for Life Insurance: A True and Fair View?* Institute of Chartered Accountants in England and Wales Research Board, London.

Horton, J., Macve, R. and Serafeim, G. (2011), Deprival value vs. fair value measurement for contract liabilities: how toresolve the revenue recognition conundrum?, *Accounting and Business Research*, Vol. 41, No. 5, pp. 491-514.

Hume, A. (1976), *A Manual on Current Cost Accounting*, Inflation Accounting Research Project, Department of Management Studies, University of Waikato, Hamilton, New Zealand.

Ijiri, Y. (1971), A defence for historical cost accounting, Chapter 1, pp. 1-14 of Sterling (1971).

— (1976), The price-level restatement and its dual interpretation, *The Accounting Review*, Vol. 51, No. 2, pp. 227-243.

— (1979), A simple system of cash flow accounting, Chapter 3, pp. 57-71 of Sterling and Thomas (1979).

Inflation Accounting Steering Group (1976), *Background Papers to the Exposure Draft on Current Cost Accounting*, Tolley Publishing Co. and the Institute of Chartered Accountants in England and Wales, London.

Institute of Chartered Accountants in Australia and Australian Society of Accountants (1975), *A Method of Current Value Accounting*, Preliminary Exposure Draft, Institute of Chartered Accountants in Australia, Melbourne, June.

Institute of Chartered Accountants in England and Wales (1952), Accounting in relation to changes in the purchasing power of money, *Recommendations on Accounting Principles*, N15, Institute of Chartered Accountants in England and Wales, London, 30 May.

Institute of Chartered Accountants in England and Wales, General Educational Trust (1973), *Accounting for Inflation, a Working Guide to the Accounting Procedures, Part 1: Text and Part 2: Tables*, Institute of Chartered Accountants in England and Wales, London.

Institute of Chartered Accountants in England and Wales, Research Committee (1968), *Accounting for Stewardship in a Period of Inflation*, Research Foundation of the Institute of Chartered Accountants in England and Wales, London.

Institute of Cost and Works Accountants, Research and Technical Committee (1952), *The Accountancy of Changing Price Levels*, The Institute of Cost and Works Accountants, London.

International Accounting Standards Board (2003), IAS 21 (Amended), *The Effects of Changes in Foreign Exchange Rates*, International Accounting Standards Board, London.

— (2004), *IFRS 3, Business Combinations*, International Accounting Standards Board, London.

— (2005a), *Discussion Paper: Measurement Bases for Financial Accounting-Measurement Initial Recognition*, International Accounting Standards Board, London.

— (2005b), *IFRS 7, Financial Instruments: Disclosures*, International Accounting Standards Board, London.

— (2006), *Discussion Paper: Preliminary Viewsonan Improved Conceptual Framework for Financial Reporting: The Objective of Financial Reporting and Qualitative Characteristics of Decision-Useful Financial Reporting Information*, International Accounting Standards Board, London, July.

— (2009a), *IFRS 9, Financial Instruments*, International Accounting Standards Board, London. Revised 2014.

— (2009b), *Exposure Draft: Fair Value Measurement*, International Accounting Standards Board, London.

— (2010), *Conceptual Framework Revision*, Chapters I and 2, International Accounting

Standards Board, London.

— (2011), *IFRS 13*, *Fair Value Measurement*, International Accounting Standards Board, London, May.

— (2015), *Exposure Draft: Conceptual Framework for Financial Reporting*, International Accounting Standards Board, London, May.

International Accounting Standards Committee (1977), IAS 6, *Accounting Responses to Changing Prices*, International Accounting Standards Committee, London, March.

— (1981), *IAS 15*, *Information Reflecting the Effects of Changing Prices*, International Accounting Standards Committee, London, June.

— (1989), *IAS 29*, *Financial Reporting in Highly Inflationary Economies*, International Accounting Standards Committee, London, April.

— (1992), *IAS 7*, *Statement of Cash Flows* (revision), International Accounting Standards Committee, London.

— (1997), *IAS 1*, *Presentation of Accounting Statements* (revision), International Accounting Standards Committee, London.

— (1998), *IAS 39*, *Financial Instruments: Recognition and Measurement*, International Accounting Standards Committee, London, December.

— (2000a), *IAS 40*, *Investment Property*, International Accounting Standards Committee, London, March.

— (2000b), *IAS 41: Agriculture*, International Accounting Standards Committee, London, December.

IPSASB (2010), *Conceptual Framework Exposure Draft 1: Conceptual Framework for General Purpose Reporting by Public Sector Entities*, IFAC, Toronto.

Jackman, R. and Klappholz, K. (1975), *Taming the Tiger*, Hobart Paper 63, Institute of Economic Affairs, London.

Johnson, L. T. and Petrone, K. R. (1998), Commentary: is goodwill an asset? *Accounting Horizons*, Vol. 12, No. 3, pp. 1-14.

Jones, M. J. (2010), Accounting for the environment: towards a theoretical perspective for environmental accounting and reporting, *Accounting Forum*, Vol. 34, No. 2, pp. 123-38.

Jones, R. C. (1949), Effect of inflation on capital and profits: the record of nine steel companies, *The Journal of Accountancy*, January, pp. 9-27.

— (1955), *Price Level Changes and Financial Statements-Case Studies of Four Companies*, American Accounting Association, Sarasota, Florida.

— (1956), *Effects of Price Level Changes on Business Income, Capital, and Taxes*, American Accounting Association, Sarasota, Florida.

Jones, S. (ed.) (2015), *The Routledge Companion to Financial Accounting Theory*, Routledge, London and New York.

Kaldor, N. (1955), *The concept of income in economic theory*, in *An Expenditure Tax*, Allen and Unwin, London, pp. 54-78. Reprinted in Parker and Harcourt (1969).

Kay, J. A. (1976), Accountants, too, could be happy in a Golden Age: The Accountant's Rate of Profit and the Internal Rate of Return, *Oxford Economic Papers*, Vol. 28, No. 3, pp. 447-60.

— (1977), Inflation accounting-a review article, *The Economic Journal*, Vol. 87, No. 346, pp. 300-311.

— (1978), Accounting rate of profit and internal rate of return: a reply, *Oxford Economic Papers*, Vol. 30, No. 3, pp. 469-470.

Kay, J. A. and King, M. A. (1980), *The British System of Taxation*, 2nd ed., Oxford University Press, Oxford.

Kennedy, C. (1976), Inflation accounting, profits, profitability and share valuation, *Journal of Business Finance and Accounting*, Vol. 3, No. 1, pp. 137-146.

— (1978a), Inflation accounting: retrospect and prospect, *Cambridge Economic Policy Review*, No. 4, Chapter 7, pp. 58-64.

— (1978b), Fixed assets and the Hyde gearing adjustment, *Journal of Business Finance and Accounting*, Vol. 5, No. 4, pp. 393-406.

Ketz, J. E. (1978a), The validation of some general price level estimating models, *The Accounting Review*, Vol. 53, No. 4, pp. 952-960.

— (1978b), The effect of general price-level adjustments on the predictive ability of financial ratios, *Journal of Accounting Research*, Vol. 16(Suppl.), pp. 273-284.

King, M. A. (1975), The United Kingdom profits crisis: myth or reality?, *The Economic Journal*, Vol. 85, March, pp. 33-54.

Kirkulak, B. and Balsari, C. K. (2009), Value relevance of inflation-adjusted equity and income, *The International Journal of Accounting*, Vol. 44, No. 4, pp. 363-377.

Kratchman, S. H., Malcom, R. E. and Twark, R. D. (1974), An intra-industry comparison of alternative income concepts and relative performance evaluations, *The Accounting Review*, Vol. 49, No. 4, pp. 682-689.

— (1975), The comparison of alternative income concepts: a reply, *The Accounting Review*, Vol. 50, No. 4, pp. 865-868.

— (1976), Alternative income concepts and relative performance evaluations: a reply, *The Accounting Review*, Vol. 51, No. 2, pp. 421-426.

Kulkarni, D. (1980), The valuation of liabilities, *Accounting and Business Research*, Vol. 10, No. 39, pp. 291-297.

Landsman, W. R. (2007), Is fair value accounting information relevant and reliable? Evidence from capital market research, *Accounting and Business Research*, Vol. 37 (Suppl.), pp. 19-30.

Landsman, W., Peasnell, K., Pope, P. and Yeh, S. (2006), Which approach to accounting for employee stock options best reflects market pricing?, *Review of Accounting Studies*, Vol. 11, No. 2-3, pp. 203-245.

Largay, J. A. and Livingstone, J. L. (1976), *Accounting for Changing Prices*, Wiley, Hoboken, NJ.

Laux, C. (2012), Financial instruments, financial reporting, and financial stability, *Accounting and Business Research*, Vol. 42, No. 3, pp. 239-260.

Laux, C. and Leuz, C. (2010), Did fair-value accounting contribute to the financial crisis?, *The Journal of Economic Perspectives*, Vol. 24, No. 1, pp. 93-118.

Lawson, G. H. (1971), Cash flow accounting, *The Accountant*, 28 October and 4 November, pp. 998-1002 and pp. 1083-1088.

Lee, T. A. (1972), A case for cash flow reporting, *Journal of Business Finance*, Vol. 4, No. 2, Summer 1972, pp. 27-36.

— (1979), The simplicity and complexity of accounting, Chapter 2, pp. 35-55 of Sterling and Thomas (1979).

— (1985), *Income and Value Measurement: Theory and Practice*, 3rd ed., Van Nostrand Reinhold, London.

Lennard, A. (2002), *Liabilities and How to Account for Them: An Exploratory Essay*, Accounting Standards Board, London.

— (2007), Stewardship and the objectives of financial statements: a comment on the preliminary views on an improved conceptual framework for financial reporting, *Accounting in Europe*, Vol. 4, No. 1, pp. 51-66.

Liao, S. S. (1975), The comparison of alternative income concepts: a comment, *The Accounting Review*, Vol. 50, No. 4, pp. 860-864.

Liesner, T. and King, M. A. (eds) (1975), *Indexing for Inflation*, IFS/Heinemann, London.

Lobo, G. J. and Song, I.-M. (1989), The incremental information in SFAS 33 income disclosures over historical cost income and its cash and accrual components, *The*

Accounting Review, Vol. 64, No. 2, pp. 329-343.

London Society of Chartered Accountants (1977), *Submission on ED18*, May.

Ma, R. (1976), Value to the owner revisited, *Abacus*, Vol. 12, No. 2, pp. 159-165.

Macdonald, G. (1974a), Deprival value: its use and abuse, *Accounting and Business Research*, Vol. 4, No. 16, pp. 263-269.

— (1974b), *Profit Measurement: Alternatives to Historical Cost*, Haymarket, London.

MacFarlane, H. and Mortimer-Lee, P. (1994), 'Inflation over 300 years', *Bank of England Quarterly Bulletin*, Vol. 34, No. 2, pp. 156-162.

MacNeal, K. (1939), *Truth in Accounting*, University of Pennsylvania Press, Philadelphia.

MacNeill, J. H. (1971), Response (to Ijiri, 1971), pp. 15-18 of Sterling (1971).

Macve, R. (2010), The case for deprival value, *Abacus*, Vol. 46, No. 1, pp. 111-119.

Mallinson, D. (1980), *Understanding Current Cost Accounting*, Butterworths, London.

Mason, P. (1956), *Price-Level Changes and Financial Statements: Basic Concepts and Methods*, American Accounting Association, Sarasota, Florida.

Mathews, R. L. (1965), Price-level changes and useless information, *Journal of Accounting Research*, Vol. 3, pp. 133-158.

— (1968), Income, price changes and the valuation controversy in accounting, *The Accounting Review*, Vol. 43, July, pp. 509-516.

Mathews, R. L. and Grant, J. M. (1958), *Inflation and Company Finance*, Law Book Co., Sydney.

McDonald, D. L. (1968), A test application of the feasibility of market based measures in accounting, *Journal of Accounting Research*, Vol. 6, No. 1, pp. 38-49.

McCafferty, I. (2013), Monetary policy in a changing economy. Speech given at Bloomberg, London. Available at www.bankofengland.co.uk/publications/Pages/speeches/2013/267.aspx.

McIntyre, E. V. (1975), The effects of restating financial statements for price-level changes: a reply, *The Accounting Review*, Vol. 50, No. 4, pp. 815-817.

McKeown, J. C. (1971), An empirical test of a model proposed by Chambers, *The Accounting Review*, Vol. 46, No. 1, pp. 12-29.

McMonnies, P. N. (1988), *Making Corporate Reports Valuable*, Kogan Page, London.

McRae, W. T. and Dobbins, R. (1974), Behavioural aspects of the inflation accounting controversy, *Accounting and Business Research*, Vol. 4, No. 14, pp. 135-140.

Meade, J. E. (1978), *The Structure and Reform of Direct Taxation* [the Meade Committee Report], George Allen and Unwin, London.

Meeks, G. (1974), Profit illusion, *Bulletin of the Oxford Institute of Economics and Statistics*, Vol. 36, No. 4, pp. 267-285.

Merrett, A. J. and Sykes, A. (1974), article in *The Financial Times*, 30 September.

— (1980), Inflation accounting: how badly flawed is ED24? *The Times*, 11 February.

Mey, A. (1966), Theodore Limperg and his theory of values and costs, *Abacus*, Vol. 2, No. 1, pp. 1-23.

Middleditch, L. (1918), Should accounts reflect the changing value of the dollar? *The Journal of Accountancy*, Vol. 25, No. 2, pp. 114-120, reprinted in Zeff (1976).

Moonitz, M. (1973), *Changing Prices and Financial Reporting*, International Centre for Research in Accounting, University of Lancaster, Lancaster, UK.

Moore, B. (1980), Equity values and inflation: the importance of dividends, *Lloyds Bank Review*, No. 137, July, pp. 1-15.

Morris, R. C. (1975), Evidence of the impact of inflation accounting on share prices, *Accounting and Business Research*, Vol. 5, No. 18, pp. 82-90.

Moser, D. V. and Martin, P. R. (2012), A broader perspective on social responsibility research in accounting, *The Accounting Review*, Vol. 87, No. 3, pp. 797-806.

Most, K. S. (1977), *Accounting Theory*, Grid Inc., Columbus, OH.

Muller, K. and Riedl, E. (2002), External monitoring of property appraisal estimates and information asymmetry, *Journal of Accounting Research*, Vol. 40, No. 3, pp. 865-881.

Mumford, M. (1979), The end of a familiar inflation accounting cycle, *Accounting and Business Research*, Vol. 9, No. 34, pp. 98-104.

Murdoch, B. (1986), The information content of FAS 33 returns on equity, *The Accounting Review*, Vol. 61, No. 2, pp. 273-287.

Nelson, C. L. (1973), A priori research in accounting, in Dopuch and Revsine (1973).

Nguyen, D. T. and Whittaker, R. A. (1976), Inflation, replacement and amortisation funds: a case study of UK industries, *Journal of Business Finance and Accounting*, Vol. 3, No. 1, pp. 43-52.

Nissim, D. and Penman, S. H. (2008), *Principles for the Application of Fair Value Accounting*, CEASA, Columbia Business School, New York.

Nobes, C. W. (1977), Current cost accounting – valuation by intent?, *Accounting and Business Research*, Vol. 7, No. 26, pp. 95-99.

— (2011), On relief value (deprival value) versus fair value measurement for contract liabilities: a comment and a response, *Accounting and Business Research*, Vol. 41, No. 5, pp. 515-524.

Norby, W. C. (1983), Applications of inflation-adjusted accounting data, *Financial Analysts Journal*, Vol. 39, No. 2, pp. 33-39.

Norton, C. L. and Smith, R. E. (1979), A comparison of general price level and historical cost financial statements in the prediction of bankruptcy, *The Accounting Review*, Vol. 54, No. 1, pp. 72-87.

Office for National Statistics (2011), *Implications of the Differences between the Consumer Prices Index and Retail Prices Index*, Office for National Statistics, London.

Ohlson, J. A. (1995), Earnings, book values, and dividends in equity valuation, *Contemporary Accounting Research*, Vol. 11, No. 2, pp. 661-687.

Parker, J. E. (1977), Impact of price-level accounting, *The Accounting Review*, Vol. 52, pp. 69-96.

Parker, R. H. and Harcourt, G. C. (1969), *Readings in the Concept and Measurement of Income*, Cambridge University Press, Cambridge.

Parker, R. H., Harcourt, G. C. and Whittington, G. (1986), *Readings in the Concept and Measurement of Income*, 2nd ed., Philip Allan, Oxford.

Parker, Sir W. E. (1975), CPP accounting: what is the argument really about?, *The Accountant*, Vol. 172, No. 5231, pp. 426-428.

Patell, J. M. (1978), Discussion of the impact of price-level adjustment in the context of risk assessment and the effect of general price-level adjustments on the predictive ability of financial ratios, *Journal of Accounting Research*, Vol. 16(Suppl.), pp. 293-300.

Peasnell, K. V. (1977), A note on the discounted present value concept, *The Accounting Review*, Vol. 52, No. 1, pp. 186-199.

— (1978), Interaction effects in CCA valuation, *Accounting and Business Research*, Vol. 8, No. 30, pp. 82-91.

— (1982), Some formal connections between economic values and yields and accounting numbers, *Journal of Business Finance and Accounting*, Vol. 9, No. 3, pp. 361-381.

Peasnell, K. V. and Skerratt, L. C. L. (1976a), *Current Cost Accounting: The Index Number Problem*, International Centre for Research in Accounting, University of Lancaster, Lancaster, UK.

— (1976b), Long-term debt and shareholder wealth: a comment, *Journal of Business Finance and Accounting*, Vol. 3, No. 3, pp. 137-141.

— (1977a), How well does a single index represent the nineteen Sandilands plant and machinery indices? *Journal of Accounting Research*, Vol. 15, No. 1, pp. 108-119.

— (1977b), Price indices for current cost accounting- a reply and some further evidence,

Journal of Business Finance and Accounting, Vol. 4, No. 1, pp. 139-144.

— (1978), Income-group inflation rates and general purchasing power adjustments: an empirical test of the heterogeneity hypothesis, *Accounting and Business Research*, Vol. 9, No. 33, pp. 45-59.

Peasnell, K. and Whittington, G. (2010), The contribution of Philip W. Bell to accounting thought, *Accounting Horizons*, Vol. 24, No. 3, pp. 509-518.

Penman, S. H. (2007), Financial reporting quality: is fair value a plus or a minus?, *Accounting and Business Research*, Special Issue: International Accounting Policy Forum.

— (2015), Valuation models: an issue of accounting theory, Chapter 11, pp. 236-253, of Jones (ed.) (2015).

Petersen, R. J. (1973), Interindustry estimation of general price-level: impact on financial information, *The Accounting Review*, Vol. 48, No. 1, pp. 34-43.

— (1975), A portfolio analysis of general price level restatement, *The Accounting Review*, Vol. 50, No. 3, pp. 525-532.

— (1978), Interindustry estimation of a general price-level impact on financial information: more data and a reply, *The Accounting Review*, Vol. 53, No. 1, pp. 198-203.

Petri, E. and Gelfand, J. (1979), The production function: a new perspective in capital maintenance, *The Accounting Review*, Vol. 54, No. 2, pp. 330-345.

Picur, R. D. and McKeown, J. C. (1976), Alternative income concepts and relative performance evaluations: a comment and extension, *The Accounting Review*, Vol. 51, No. 2, pp. 415-420.

Plantin, G., Sapra, H. and Shin, H. (2008), Marking-to-market: panacea or Pandora's box?, *Journal of Accounting Research*, Vol. 46, No. 2, pp. 435-460.

Prakash, P. and Sunder, S. (1979), The case against separation of current operating profit and holding gains, *The Accounting Review*, Vol. 54, No. 1, pp. 1-22.

Preinreich, G. A. (1936), The fair value and yield of common stock, *The Accounting Review*, Vol. 11, No. 2, pp. 130-140.

Rayman, R. A. (1980). Is inflation accounting an academic confidence trick?, *The Financial Times*, 16 January, p. 13.

Revsine, L. (1970), On the correspondence between replacement cost income and economic income, *The Accounting Review*, Vol. 54, July, pp. 513-523.

— (1973), *Replacement Cost Accounting*, Prentice Hall, Englewood Cliffs, NJ.

— (1976), Surrogates in accounting theory: a comment, *The Accounting Review*, Vol. 51, No. 1, pp. 156-159.

Richardson Committee Report (1976), *The Report of the Committee of Inquiry into Inflation Accounting*, New Zealand Government Printer, Wellington.

Ross, H. (1969), *Financial Statements: A Crusade for Current Values*, Pitman, Canada.

Sale, T. and Scapens, R. (1978), Current cost accounting as a surrogate for dividend paying ability, *Accounting and Business Research*, Vol. 8, No. 31, pp. 208-216.

Samuelson, R. A. (1980), Should replacement-cost changes be included in income?, The *Accounting Review*, Vol. 55, No. 2, pp. 254-268.

Sandilands Committee (1975), *Inflation Accounting: Report of the Inflation Accounting Committee*, under the chairmanship of F. E. P. Sandilands, Cmnd 6225, HMSO, September.

Scapens, R. W. (1977), *Accounting in an Inflationary Environment*, Macmillan, New York.

Schmalenbach, E. (1959), *Dynamic Accounting*, trans. G. W. Murphy and K. S. Most, Gee.

Schmidt, F. (1921), *Die Organische Bilanz im Rahmen der Wirtschaft*, Gloeckner, Leipzig.

— (1930), The importance of replacement value, *The Accounting Review*, Vol. 5, pp. 235-242. Reprinted in Zeff (1976).

— (1931), Is appreciation profit, *The Accounting Review*, Vol. 6, pp. 289-293. Reprinted in Zeff (1976).

Schneider, D. (1998), German reflections on asset valuation, *Abacus*, Vol. 34, No. 1, pp. 31-35.

Scott, M. F. G. (1976), *Some Economic Principles of Accounting: A Constructive Critique of the Sandilands Report*, IFS Lecture Series, No. 7, Institute for Fiscal Studies, London.

Secretary of State for Trade (1977), *The Future of Company Reports: A Consultative Document*, Cmnd 6888, HMSO, July.

Securities and Exchange Commission (SEC) (1976), *Accounting Series Release No. 190 (ASR 190), Amendments to Regulation S-X Requiring Disclosure of Certain Replacement Cost Data in Notes to Financial Statements*, SEC, Washington, DC, 23 March.

Sen, A. K. (1979), The welfare basis of real income comparisons: a survey, *Journal of Economic Literature*, Vol. 17, March, pp. 1-45.

Short, D. G. (1978), The impact of price-level adjustment in the context of risk assessment, *Journal of Accounting Research*, Vol. 16(Suppl.), pp. 259-272.

Skerratt, L. C. L. and Thompson, A. P. (1984), Market reaction to SSAP16 current cost accounting disclosures, pp. 289-319 of Carsberg and Page (1984).

Solomon, E. (1966), Return on investment: the relation of book yields to true value, in *Research in Accounting Measurement*, ed. R. K. Jaedicke, Y. Ijiri and O. Nielsen, American Accounting Association, Sarasota, Florida.

Solomons, D. (1961), Economic and accounting concepts of income, *The Accounting Review*, Vol. 36, pp. 374-383. Reprinted in Parker and Harcourt (1969).

— (1966), Economic and accounting concepts of cost and value, Chapter 6, pp. 117-140, of M. Backer (ed.), *Modern Accounting Theory*, Prentice Hall, Englewood Cliffs, NJ.

— (1979), The politicization of accounting, pp. 25-39 of S. A. Zeff, J. Demski and N. Dopuch (eds), *Essays in Honor of William A. Paton*, University of Michigan, Ann Arbor.

— (1986), *Making Accounting Policy: The Quest for Credibility in Financial Reporting*, Oxford University Press, New York.

Stamp, E. (1971), Income and value determination and changing price levels: an essay towards a theory, *The Accountant's Magazine*, June, pp. 277-292.

— (1972), R. J. Chambers: quo vadis et cui bono, *Chartered Accountants in Australia*, August, pp. 10-12.

— (1979), Financial reports on an entity: ex uno plures, Chapter 8, pp. 163-180, of Sterling and Thomas (1979).

Stark, A. W. (1997), The impact of irreversibility, uncertainty and timing options on deprival valuations and the detection of monopoly profits, *Accounting and Business Research*, Vol. 28, No. 1, pp. 40-52.

Staubus, G. J. (1971), The relevance of evidence of cash flows, Chapter 3, pp. 42-69, of Sterling (1971).

Sterling, R. R. (1970), *Theory of the Measurement of Enterprise Income*, University Press of Kansas, Lawrence.

— (ed.) (1971), *Asset Valuation and Income Determination: A Consideration of the Alternatives*, Scholars, Houston, TX.

Sterling, R. R. and Lemke, K. W. (eds) (1982), *Maintenance of Capital: Financial versus Physical*, Scholars, Houston, TX.

Sterling, R. R. and Radosevitch, R. (1969), A valuation experiment, *Journal of Accounting Research*, Vol. 7, No. 1, pp. 90-95.

Sterling, R. R. and Thomas, A. L. (eds) (1979), *Accounting for a Simplified Firm Owning Depreciable Assets*, Scholars, Houston, TX.

Stone, J. R. N. and Stone, G. (1977), *National Income and Expenditure*, 10th ed., Bowes and Bowes.

Study Group on the Objectives of Financial Statements (1973), *Objectives of Financial Statements* [the Trueblood Report], American Institute of Certified Public Accountants, New York, October.

Sweeney, H. W. (1927), Effects of inflation on German accounting, *The Journal of Accountancy*, Vol. 43, No. 3, March. Reprinted in Zeff (1976).

— (1928), German inflation accounting, *The Journal of Accountancy*, Vol. 45, No. 2, February. Reprinted in Zeff (1976).

— (1933), Capital, *The Accounting Review*, Vol. 8, pp. 185 – 199. Reprinted in Zeff (1976).

— (1935), The technique of stabilized accounting, *The Accounting Review*, Vol. 10, pp. 185-205. Reprinted in Zeff (1976).

— (1936), *Stabilized Accounting*, Harper, New York. Reprinted 1964 by Holt, Rinehart and Winston, with a new foreword by W. A. Paton and an essay 'Forty years after: or stabilized accounting revisited' by H. W. Sweeney.

— (1964), Forty years after: or stabilized accounting revisited, pp. 17 – 39 of the 1964 reissue of *Stabilized Accounting*, Holt, Rinehart and Winston.

Thomas, A. L. (1969), *The Allocation Problem in Financial Accounting Theory*, Studies in Accounting Research, 3, American Accounting Association, Sarasota, Florida.

— (1974), *The Allocation Problem: Part Two*, Studies in Accounting Research, 9, American Accounting Association, Sarasota, Florida.

— (1979), Matching: up from our black hole, Chapter 1, pp. 11 – 33, of Sterling and Thomas (1979).

Tippett, M. (1979), ED24-An inefficient means of information retrieval? *The Accountant's Magazine*, Vol. 83, No. 881, pp. 465-468.

Trevithick, J. A. (1977), *Inflation: A Guide to the Crisis in Economics*, Penguin, New York.

Tweedie, D. P. (1977), Cash flows and realisable value: the intuitive accounting concepts? anempirical test, *Accounting and Business Research*, Vol. 8, No. 29, pp. 2-13.

— (1979), *Financial Reporting, Inflation and the Capital Maintenance Concept*, International Centre for Research in Accounting, University of Lancaster, Lancaster, UK.

Tweedie, D. P. and Whittington, G. (1984), *The Debate on Inflation Accounting*, Cambridge University Press, Cambridge.

— (1997), The end of the current cost revolution, pp. 149-176 of Cooke and Nobes (1997).

United Nations (1980), *World Economic Survey*, 1979 - 1980, *Current Trends in the World Economy*, United Nations, New York.

United Nations (World Commission on Environment and Development) (1987), *Our Common Future* [the Brundtland Report], Oxford University Press, Oxford.

Van Zijl, T. and Whittington, G. (2006), Deprival value and fair value: a reinterpretation and a reconciliation, *Accounting and Business Research*, Vol. 36, No. 2, pp. 121-130.

Vatter, W. J. (1947), *The Fund Theory of Accounting*, University of Chicago Press, Chicago.

— (1966), Income models, book yield and rate of return, *The Accounting Review*, Vol. 41, No. 4, pp. 681-698.

Wagenhofer, A. (2015), Agency theory: usefulness and implications for financial reporting, Chapter 13, pp. 341-365, of Jones (ed.) (2015).

Walker, M. (1997), Clean surplus accounting models and market-based accounting research: a review, *Accounting and Business Research*, Vol. 27, No. 4, pp. 341-355.

Walton, P. (2007), *The Routledge Companion to Fair Value and Financial Reporting*, Routledge, New York.

Wanless, P. T. (1974), Reflections on asset valuation and value to the firm, *Abacus*, Vol. 10, No. 2, pp. 160-164.

— (1976), Current purchasing power accounting: a study of a cooperative venture, *Abacus*, Vol. 12, No. 1, pp. 61-72.

Wasserman, M. J. (1931), Accounting practice in France during the period of monetary inflation (1919—1927), *The Accounting Review*, March. Reprinted in Zeff (1976).

Watts, R. L. (2003a), Conservatism in accounting part I: explanations and implications, *Accounting Horizons*, Vol. 17, No. 3, pp. 207-221.

— (2003b), Conservatism in accounting part II: evidence and research opportunities, *Accounting Horizons*, Vol. 17, No. 4, pp. 287-301.

Watts, R. L. and Zimmerman, J. L. (1978), Towards a positive theory of the determination of accounting standards, *The Accounting Review*, Vol. 53, No. 1, pp. 112-34.

— (1979), The demand for and supply of accounting theories: the market for excuses, *The Accounting Review*, Vol. 54, No. 2, pp. 273-305.

— (1980), On the irrelevance of replacement cost disclosures for security prices, *Journal of Accounting and Economics*, Vol. 2, No. 2, pp. 95-106.

Weetman, P. (2007), Comments on deprival value and standard setting in measurement:

from a symposium to celebrate the work of Professor William T. Baxter, *Accounting and Business Research*, Vol. 37, No. 3, pp. 233-242.

Weston, F. T. (1971), Response (to Chambers, 1971a), pp. 97-106 of Sterling (1971).

Westwick, C. A. (1980), The lessons to be learned from the development of inflation accounting in the UK, *Accounting and Business Research*, No. 40, Autumn, pp. 353-373.

Whittington, G. (1974), Asset valuation, income measurement and accounting income, *Accounting and Business Research*, Vol. 4, No. 14, pp. 96-101.

— (1975), Baxter on inflation accounting, *Accounting and Business Research*, Vol. 5, No. 20, pp. 314-317.

— (1976), Indexation: a review article, *Accounting and Business Research*, Vol. 6, No. 23, pp. 171-176.

— (1979), On the use of the accounting rate of return in empirical research, *Accounting and Business Research*, Vol. 9, No. 35, pp. 200-208.

— (1980a), Pioneers of income measurement and price-level accounting: a review article, *Accounting and Business Research*, Vol. 10, No. 38, pp. 232-240.

— (1980b), Inflation accounting-why the debate has gone off course, *The Times*, 10 March.

— (1981a), The British contribution to income theory, Chapter 1, pp. 1-29, of M. Bromwich and A. Hopwood (eds), *Essays in British Accounting Research*, Pitman, London.

— (1981b), *Inflation Accounting: All the Answers*, Deloitte, Haskins and Sells Lecture, University College of Cardiff Press, Cardiff.

— (1983), *Inflation Accounting*, *An introduction to the debate*, Cambridge University Press, Cambridge.

— (1985), The Carsberg Report: a review article, *The British Accounting Review*, Vol. 17, No. 1, pp. 59-70.

— (1994), Current cost accounting: its role in regulated industries, *Fiscal Studies*, Vol. 15, No. 4, pp. 102-118.

— (1997), The economic rate of return and the accountant, Vol. 2, Chapter 9, pp. 97-108, of P. Arestis, G. Palma and M. Sawyer, *Markets, Unemployment and Economic Policy, Essays in Honour of Geoff Harcourt*, Routledge, New York.

— (1998a), The role of current cost accounting for regulated industries, Chapter 3, pp. 41-61, of P. Vass (ed.), *The Financial Methodology of Incentive Regulation: Reconciling Accounting and Economics*, Centre for the Study of Regulated Industries (CRI), Bath, UK.

— (1998b), Deprival value and price change accounting in the UK, *Abacus*, Vol. 34, No. 1, pp. 28-30.

— (2008a), Fair value and the IASB conceptual framework: an alternative view, *Abacus*, Vol. 44, No. 2, pp. 139-168.

— (2008b), Harmonisation or discord? The critical role of the IASB conceptual framework review, *Journal of Accounting and Public Policy*, Vol. 27, No. 6, pp. 495-502.

— (2008c), What the "old guys" can tell us: Edwards and Bell's *The Theory and Measurement of Business Income*, Irish Accounting Review, Vol. 15, No. 1, pp. 73-84.

— (2010), Measurement in financial reporting, *Abacus*, Vol. 46, No. 1, pp. 104-110.

— (2015), Fair value and IFRS, Chapter 10, pp. 217-235, of Jones (2015).

Whittington, G., Saporta, V. and Singh, A. (1997), *The Effects of Hyper-Inflation on Accounting Ratios*, IFC Technical Paper No. 3, The World Bank, Washington, DC.

Wiles, P. (1981), Equity values and inflation: the importance of dividends, *Lloyds Bank Review*, No. 139, January, pp. 58-59.

Wright, F. K. (1964), Towards a general theory of depreciation, *Journal of Accounting Research*, Vol. 2, pp. 80-90. Reprinted in Parker and Harcourt (1969).

— (1965), A theory of inventory measurement, *Abacus*, Vol. 1, No. 2, pp. 150-155.

— (1968), Measuring asset services: a linear programming approach, *Journal of Accounting Research*, Vol. 6, pp. 222-236.

— (1970), A theory of financial accounting, *Journal of Business Finance*, Vol. 2, No. 3, pp. 57-69.

— (1971), Value to the owner: a clarification, *Abacus*, Vol. 7, No. 1, pp. 58-61.

— (1978), Accounting rate of profit and internal rate of return, *Oxford Economic Papers*, Vol. 30, No. 3, pp. 464-468.

Yoshida, H. (1973), Value to the firm and the as set measurement problem, *Abacus*, Vol. 9, pp. 16-21.

Zeff, S. A. (1976), *Asset Appreciation*, *Business Income and Price-Level Accounting*, 1918—1935, Arno Press, New York.

— (1982), Truth in accounting: the ordeal of Kenneth MacNeal, *Accounting Review*, Vol. 57, No. 3, pp. 528-553.

— (2007), Some obstacles to global financial reporting comparability and convergence at a high level of quality, *The British Accounting Review*, Vol. 39, No. 4, pp. 290-302.

— (2016), The Trueblood Study Group on the objective of financial statements (1971—1973): *A historical study*, *Journal of Accounting and Public Policy*, Vol. 35, No. 2, pp. 134-161.

索 引^{译注}

─────────────────

译注　本索引中页码为原著页码。

译　后　记

我最初学习和接触通货膨胀会计(物价变动会计)的思想和方法,印象中是在 20 世纪 80 年代末至 90 年代中期。20 世纪 70 年代末,在改革开放的背景下,我国在物价领域实施的重大改革举措就是价格双轨制,这引发了长时间的剧烈通货膨胀,对我国经济和人民生活产生了巨大影响。当时实行的居民储蓄存款"保值贴补率"政策,就是国家为应对通货膨胀而采取的重要措施。处于当时通货膨胀的大环境下,加之我国会计理论界受英美国家通货膨胀会计理论和会计准则的影响和启发,很多会计期刊陆续发表了介绍和研究通货膨胀会计的论文,我断断续续读了一些,初步了解了通货膨胀会计的基本思想和方法。而我比较系统地学习钻研通货膨胀会计,则是受益于上海财经大学汤云为教授和厦门大学曲晓辉教授的博士论文。1987 年 11 月 10 日,汤云为以《论重置成本会计》为题的论文通过博士论文答辩。该论文于 1989 年由上海人民出版社出版出版,书名为《重置成本会计论——物价变动的会计对策》。1989 年,厦门大学曲晓辉以《论物价变动会计》为题的论文通过博士论文答辩。其论文于 1991 年由中国财政经济出版社出版,书名为《论物价变动会计》。时隔 30 多年,这两本书依然静静地竖立在我的书架上。两位会计名家的博士论文,研究主题都是通货膨胀会计,足见通货膨胀会计在当时我国会计理论界的地位和影响。

在翻译本书的过程中,我时常在想:在 21 世纪的今天,研究通货膨胀会计的意义在哪里呢? 本书讨论的许多概念、方法和思路,对于当今会计理论与实务有何帮助? 世界上哪个国家和地区真正实施了通货膨胀会计呢?

正如本书所阐述的那样,随着 20 世纪 70 年代末、80 年代初英国和美国通货膨胀的趋缓,通货膨胀会计实验逐渐退出历史舞台。即使在世界通货膨胀最为剧烈的 20 世纪 70 年代,各种形式的通货膨胀会计也只是在会计实务中扮演了非常次要的角色,历史成本会计的地位从未动摇过。

2022 年,随着俄乌冲突持续、新冠肺炎疫情蔓延以及逆全球化浪潮的兴起,原有的全球供应链被打破,而新的经济和金融秩序尚未确立,通货膨胀再度来袭。近两年,美国的CPI一直高居8%左右,不少拉美国家更是发生了恶性通货膨胀,部分欧盟成员国也深陷通货膨胀的泥沼。然而,一个有趣的现象和事实是,面对几乎是全球性的通货膨胀,国际会计准则理事会和美国财务会计准则委员会等会计准则制定机构,从未在其工作日程中加入与应对通货膨胀会计对策相关的安排。会计准则制定机构到底是吸取了20世纪80年代通货膨胀会计实验惨败的教训,还是其他什么原因呢?

会计本质上是一门关于计量的科学。根据资产负债观,收入和费用不存在独立的计量属性,收入和费用的计量取决于资产和负债的计量。因此,美国财务会计准则委员会和国际会计准则理事会的概念框架,都只讨论资产和负债的计量属性。但有意思的是,在美国财务会计准则委员会2021年修订的概念公告第5号中,五大计量属性分别是历史成本、现行成本、现行市场价值、可变现净值和现值,与1984年最初发布的概念框架时相比毫无变化。而国际会计准则理事会2018年修订后的概念框架却将计量属性分为历史成本与现行价值两大类,并将"现行价值"计量属性具体划分为公允价值、使用价值和履约价值以及现行成本三小类,分类更为科学,逻辑更为一致。读者应该注意到,会计准则制定机构讨论的诸多计量属性,如可变现净值和现值等,与本书研究的诸多概念存在着共性。这从一个侧面说明,通货膨胀会计的理论和方法已经部分地融入现代会计准则和会计实务,研究和借鉴通货膨胀会计仍然具有理论的与现实的意义。

没有人希望通货膨胀之魔再度复活。但世界经济发展史已经证明,世界各国物价的长期温和持续上涨甚至短期内的剧烈上涨,是市场经济和经济发展的基本特征和一般规律。因此,将时间维度拉长来分析,我们会发现物价持续上涨是一个无法掩盖的事实。从这样的历史大背景来观察和分析,谁又能否定通货膨胀会计的思想和方法呢?

在本书即将面世之际,简单回望一下自己的学术心路,略陈管见,是为后记。

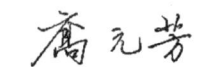

2022年10月16日于上海

This is Simplified Chinese edition of the following title published by Cambridge University Press:

Value and Profit: An introduction to Measurement in Financial Reporting
ISBN:978052115588
Copyright © Geoffrey Whittington

This Simplified Chinese edition for the People's Republic of China (excluding Hong Kong, Macau and Taiwan) is published by arrangement with the Press Syndicate of the University of Cambridge, Cambridge, United Kingdom.

© Lixin Accounting Publishing House, 2022

This Simplified Chinese edition is authorized for sale in the People's Republic of China (excluding Hong Kong, Macau and Taiwan) only. Unauthorized export of this Simplified Chinese edition is a violation of the Copyright Act. No part of this publication may be reproduced or distributed by any means, or stored in a database or retrieval system, without the prior written permission of Cambridge University Press and Lixin Accounting Publishing House.

Copies of this book sold without a Cambridge University Press sticker on the cover are unauthorized and illegal.

本书封面贴有 Cambridge University Press 防伪标签,无标签者不得销售。